歷史與文化叢書 20

臺灣史學五十年(1950-2000):
傳承、方法、趨向

Writing History in Taiwan:
Tradition and Transformation, 1950-2000

王晴佳(Q. Edward Wang)/著

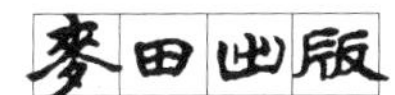

歷史與文化叢書 20

臺灣史學五十年(1950-2000):
傳承、方法、趨向

Writing History in Taiwan:
Tradition and Transformation, 1950-2000

作　　者　王晴佳
主　　編　盧建榮
責任編輯　鄧立言
發 行 人　涂玉雲

出　　版　麥田出版　城邦文化事業股份有限公司
台北市信義路二段213號11樓
電話:(02)2351-7776　傳真:(02)2351-9179
發　　行　英屬蓋曼群島商家庭傳媒股份有限公司城邦分公司
台北市民生東路二段141號2樓
讀者服務專線:0800-020-299
服務時間:週一至週五9:30~12:00;13:30~17:30
24小時傳真服務:(02)2517-0999
讀者服務信箱E-mail: cs@cite.com.tw
郵撥帳號:19833503
戶名:英屬蓋曼群島商家庭傳媒股份有限公司城邦分公司
香港發行所　城邦(香港)出版集團
香港灣仔軒尼詩道235號3樓
電話:25086231　傳真:25789337
馬新發行所　城邦(馬新)出版集團
Cite(M) Sdn. Bhd. (458372 U)
11, Jalan 30D/146, Desa Tasik, Sungai Besi,
57000 Kuala Lumpur, Malaysia
電話:603-9056 3833　傳真:603-9056 2833
印　　刷　禾堅有限公司
初版一刷　2002年8月
初版三刷　2005年5月

ISBN : 986-7895-81-9

售價:280元
Printed in Taiwan

目　錄

序言

也是一番反省

許倬雲

王晴佳教授的大作，對於臺灣五十年來的史學發展，分爲三個階段，指出由史料學爲主流，轉變爲以社會科學處理歷史，而在最近則以本土歷史爲顯學。他由閱讀史學研究及訪問有關學者，取得此結論。他的觀察，能夠掌握臺灣學術發展的大方向。臺灣歷史學的發展過程中，學者們曾有一番努力，致力於擺脫外在政治干擾。然而，在薩依德所稱族群認同的要求，終於政治又捲走了學術的自主性，——這是十分令人感慨的事！

王教授將我放在臺灣史學發展的第二代。我上承史語所師長前輩的教誨，第三代中的歷史學家中，又有不少曾與我有過師生香火之緣。論所屬世代，我的確屬於五十年臺灣史學發展途徑上的第二代。但是王教授謬許我在第二代史學開展時，曾有前驅之功。這一定位卻不是我敢於接受的。第二代史學工作者努力將歷史學與社會學、經濟學、人類學、考古學、政治學諸學科之間，多一番觀照，俾彼此都能有所啓迪。那是1960年後，二十餘年來，學術界的共同努力，不是一兩個人可以左右的。我在60年代，正值時代的浪潮正在湧起，躬逢時會，遂得有參預其事的緣份。至於最近族群認同引發學術政治化的發展大勢，也不是一兩個人可以鼓勵，更非學術圈子內的事。緣起緣滅，由當代的形勢，醞釀爲世變。我已年老力衰，早已不在弄潮之列。目前以觀潮人的角度，對於上述世變，自然有一番感慨。

回顧王教授指陳的第一代「史料學派」的時代，其背景是在大陸開展的長期演變。中國傳統史學大致受制於兩個使命。一是以褒貶人物，強化儒家行爲倫理，並以朝代正閏，確立政權的合法性。另一則是研究典章制度，汲取歷史經驗，作爲決策參考；也從研究天人之際及族群關係，作爲參悟人事世變的資料。這兩項使命，遂使中國傳統史學，滲雜了相當程度的工具性，不能發揮一門學科的學術主體性。

十九世紀，西方世界挾其軍事與經濟的力量，鋪天蓋地而來，中國經歷了數千年未見的變局。一切單純來自中國歷史的經驗，失去了過去居之不疑的參考價值。西方文明成爲主要的鏡鑒。中國的史學傳統，正如中國文化系統的其他傳統，也必須另闢蹊經。

救亡與啓蒙，在清末以來，即是中國人必須面對的雙重壓力。歷史學家更難以置身事外。王教授引證錢穆先生與余英時先生所說的「史觀學派」，實際即是中國知識分子爲了探索中國的前途，而爲中國及中國文化體系尋找歷史長河上的定位。從梁啓超、章炳麟，…以至三十年代中國社會史論戰的不少參戰者，其中專業的歷史工作者其實不多，「歷史」其實成爲知識分子都能自由出入的園地。

從這一時代特色看，社會進化論的唯物史觀，要革西方資本主義的命，中國知識分子很容易有「與子同仇」的感覺，而且這一史觀許諾了未來的大同世界，也毋寧爲中國知識分子帶來了「黑暗中的光明」。這一「史觀學派」的浪潮，在那次「中國社會史的論戰」之後，泛濫各處，遂使有些專業的歷史工作者，也不得不屈從於其先設的主張。1950年以後的大陸歷史學界，更是淪爲政治的工具，至今大陸漸漸開放，歷史學卻依然是這樣的局面！

另一個未有命名的史觀學派，應是民族史觀。推翻滿清的口號，本身是漢人的民族主義。這一族群認同的訴求，上承中國「內諸夏而外夷狄」的傳統，下開界定中華文化與中華民族的新意義。於是張之洞有「中學爲體、西學爲用」的本末之別，國故學者往往將西方制度及科技學說，在中國傳統中尋找我們「古已有之」的痕跡。日本侵華日亟，抗戰軍興，錢穆先生在警報聲中，講授國史，其貫注的精神，也是民族史觀。是以《國史大綱》對於中國文化的優美之處，發揚闡釋，甚多卓見。

傅斯年先生推動史料研究，並且建立了中央研究院的歷史語言研究所，實爲中國第一個現代的專業研究機構。他強調史料本身的研究，是承受了德國蘭克等人研究第一手檔案資料的傳統。這是史學擺脫神學束縛的一個重要轉變。然而，即使傅先生強調史料的研究，他規劃史語所的組織：分爲歷史、語言、民族、考古四個組，也是因爲他在德國留學時，這四門學科，都是顯學，而且彼此支援，互相印證。我們必須注意，日耳曼民族要從羅馬教廷脫身而出，重建族群認同，殆屬必然進行的工作。爲了確認日耳曼的族群認同，德國的學術界投身於探索諸侯譜系、民俗傳說、語言演化、遺址考古、城鎭沿革及其世俗特性…等項目。傅先生是一位強烈的民族主義者，我們這些臺大的老學生，至今仍能回憶老校長的愛國情操。他爲史語所規劃的四個組別，其實也在以專業的學術分工，將歷史資料羅列於世人眼前，俾世人認識中華民族與中國文化的由來及其融合過程。基本上，傅先生有其民族史觀，只是他堅持不具先設意見的專業工作，是獲得歷史眞相的基礎。基礎不夠堅實，則上面建構的歷史，都可能只是意見，而不是知識。在這一點，傅先生堅持歷史研究必須從史料研究爲根本，未嘗不是正本清源之道。同時，由於他理解到歷史發展的證據，不但見於傳統的史藉文獻，也見於考古學、民族學…諸學科取得的材料；於是他提出了「動手動腳找材料」的口號，要求歷史工作者將史料的來源推展及於各種學科工具可以發掘蒐取之廣大範圍，而不限於從故紙堆中找消息。

傅先生對於史料的定義，實已提示我們歷史學應當是跨越學科的學問。王晴佳教授將我列爲臺灣第二代史學的開拓者，以爲我們這一代是離開史料學派，另闢蹊經。其實，從我自己的學習研究西方，不過是遵從傅先生取材各方的教論，借用社會學、人類學、經濟學…諸姊妹學科的方法，榨取更多的訊息，作爲重建古人生活的素材。這是一個發展過程，並未背離史料學派的務實傳統。

王教授指出，我們這一代史學工作者，頗致力於將歐美社會科學的研究方法，引入臺灣的歷史研究。是的，我們這一代在50-60年代負笈海外，在美接受了30-40年代以來西方社會科學長足發展以致50-60年代的豐碩成果，反觀中國的情勢，30年代的學術發展一度蓬勃，旋即抗戰軍興，接著又是內戰，大家救死不遑，一切學術發展舉步躊躇不前。50年代的臺灣，歷史研究秉持30年代留下的傳統，我的師長們勤奮工作，仍有開掘不盡的資料，取得豐碩的收獲。相形之下，一些社會科學的姊妹學科，則大多有田園荒蕪的窘況。我們到了美國，大致對於社會科學的發展，都有深刻的印象。我在芝加哥大學讀學位時，韋伯的理論正引起美國學術界的注意。他所提出權力、地位及觀念諸項因素間的互相影響，對於我關注的先秦社會變動，甚具啓發。同時，我在芝加哥學習的近東考古學，對我所關注的中國古代文明發展，也有彼此比較之用。從那一時期開始，我經常利用比較研究及理論研究，建構一個「應該如此」的模式（亦即韋伯的「理想模式」），然後以此模式與中國古代歷史呈現的情況相比，由此探索中國文化發展的諸項特色。社會科學諸學科，正如一般科學，是爲了尋找「通性」，歷史學則爲了探索每一時空條件下的「特色」。但是，如果沒有另一模式爲參考，我們何以能找到某一個案的特色？所以，「殊相」必有「共相」對照，始能呈現其特殊之處。中國的歷史學傳統，何嘗不建構理想的共相？只是傳統史學往往從中國文化圈內不同時代的個案，作爲建構共相通性的參照資料。傳統史學中，某一型態的政治（治世、亂世）某一型態的人物（忠奸、賢愚⋯），何嘗不是歸納許多個案，建構爲一具有通性的印板？——這是我所理解社會科學對於歷史學研究的參照功能。有人以爲，借重社會科學的研究方法，爲硬套其理論於中國歷史，那是誤解了我與一些同行學者的工作方式。又有一些人以爲我有時從量化資料說明歷史現象，即是社會科學研究方法。這也是誤解。有些資料可以量化，有些不能量化，我們不應以爲有了數字與表格，即是「科學的」研究。以上兩點，其實是老生常談，卑之無甚高論，卻也是我必須解釋的實況。

王教授指出，臺灣第二代史學研究的題目，漸由國家政治軍事及典章制度，轉變爲社會經濟諸項課題。這一變化，毋寧是世界性的趨勢，但在60年代的臺灣，變化速度迅速，幾乎有一時風貌變易之勢。我以爲，中國近代歷史上，國家主體性常佔優勢，歷史研究矚目於國家，亦頗自然。臺灣在60年代，社會主體性逐漸露頭。我們在海外時，更早已深感社會主體性之重要。於是，我們這一代，不但將研究課題轉移於社會經濟方面，同輩的知識分子也有不少投身於提升民間社會的主體性，爭回長期由國家操持的權力。心之所念，就自然成爲自己研究的題目了。70年代以後的臺灣，國家與社會之間的主體性比重，漸漸移向社會，似乎與60年代時學者的努力，頗有呼應。

我自己反省當年的研究方向，覺得既有時代趨勢同步的變化，也未嘗沒有主動投入，求能有所推挽的心願。學術工作終究會與一時一地的情勢相左右，其功罪難知，也許竟是難以躲開的事實。我自己於70年代再度來美，事實上也因為在上述扶助社會以對抗國家的爭衡過程中，「槍打出頭鳥」，遂不能不自我放逐。個人的命運，禍兮？福兮？今日行年七十，也已不須再問。所幸國家的強勢壓力，已經不能如舊日之氣概。

王教授書中所說的，第三代史學工作的重點，似可分為兩個項目，一為由社會經濟史轉變為文化史，一為由中國史轉變為臺灣的本土研究。先說第一個項目：從社會史轉為文化史，雖然法國年鑑學派的影響是一個可見的因素，臺灣於經濟起飛及政治開放以後，個人的自覺也使個人主體性抬頭。我們這一代從國家爭到了社會主體性，我們的下一代又從集體的社會主體性爭取自覺的個人主體性。臺灣日漸走向社會的開放與政治的民主，日常生活及心態，遂成為大家關心的題目。中研院三個史學的研究群，近年來都趨於這一方向。這又是一次學術與社會風氣互動的現象。

第二個項目是臺灣本土歷史的研究，正在迅速成為臺灣的顯學。自從90年代以來，如眾週知，臺灣與大陸之間，不再是國民黨執政時代呈現的內戰延長。在李登輝主政時間始，臺灣明顯走向獨立的方向。為了達到這一目的，必須建構國族。於是，二十世紀初期，中國知識分子致力建構國族的工作，今日在臺灣又須重起爐灶，再做一次。然而，閩粵地區，漢人移植臺灣的歷史，彰彰在目；臺灣文化不能自外於中國文化，也是難以否認的現實。因此，這一切斷源頭，另闢天地的工作，十分艱難，而有意造作的斧鑿痕跡也終究難以自圓其說。以中國與臺灣爲兩元對立的極化對抗，則更有自陷困境的窘態。

杜正勝提出臺灣—華夏—世界三重同心圓的模式，正如「大學」八條目的步驟，由近而遠，先桑梓而後天下，當是較有彈性的解釋。不過，在全球化浪潮正在彌漫之時，如果世界化與本土化直接焊接，「華夏」一層可能壓縮至無形，臺灣可能成爲號稱多元的拼盤文化，實質上將兼收併蓄，各處的文化紛至沓來，臺灣的本土文化，於消除中國成份後，也難有自立的本錢，更遑論建構自足的文化理念與生活方式。於是，臺灣勢將實質上淪爲東洋西洋經濟上及文化上的共同屬地，喪失了眞正的自主性。

至於王教授指出，爲了營造建構安德森與霍布斯邦所謂「想像的共同體」，有些人不惜任意取捨與扭曲史實。可是，不少經過扭曲的史實，還在大家記憶之中，則營造新的「共同記憶」，難免有悖歷史學盡力求眞的基本操守。因此，雖然臺灣本土化的工作，其性質頗爲類似上一世紀中國的建構國族的過程，卻又有不易自圓其說，左支右絀的難處。首先提出「東方主義」觀念的薩依德教授，在其新近發表的論文集Reflections on Exile and Other Essays（我姑且譯爲「薩氏離騷」）一書中，針對巴勒斯坦建國運動中建構歷史的現實，指出建構認同而出現的政治化（Identity Politics），會出現因本土化而走向自囿於地方主義（parochialism）的危險，遂致與世界化大勢背向而駛。同時，建構狹窄的認同，又勢將強化排他主義，以致在小圈子中孤芳自賞，自閉於一隅而不能自拔，更遑論可久可大的開展與躍昇。

薩依德原籍巴勒斯坦，成長於埃及與敘利亞，在英國讀書，在美國執教三十八年。他的一生，都在外地，我讀他的自傳，「鄉關何處」，常有戚戚之感。在上述論文集中，他對於中東的變故，深有感慨，甚至以爲過分執著於故國本土，可能竟有自遮自蔽的盲點。王教授本書所揭，一部分第一代及一部分第三代的史學研究，是否也正在薩依德所說的兩難局中？第二代的史學研究，因其以通性共相爲參考鏡鑒，以尋求一時一地的特性殊相，或是可以匡救自囿自閉癥候的一味特效藥。如果能落實第三代史學研究的三重同心圓模式，臺灣的史學界可能找到脫困的出路。最近史語所正在嘗試發展世界史的研究，遠景是將該所工作定位爲「歷史學」的研究，以人類歷史爲注視對象，中國歷史與臺灣歷史都是近取於切身經驗，卻不是只以自己歷史爲唯一研究範圍。這一工作如能成功，臺灣歷史學界的努力，對於本土，對於中國，對於世界其他各處的史學，都將有重要的啓沃作用。王教授的大作，實際上亦由史學發展呈現一部臺灣歷史。本書客觀詳實，誠爲佳作，謹爲序，並作推薦。

許倬雲謹序於匹茨堡

2002年二月十二日

壬午年元旦之夜

前　言

歷史研究以過去爲對象，自不待言。但有趣的是，歷史學家對自己的過去，其興趣並不與生俱來。從中外史學的發展來看，史學史的研究只是近代以後的事；史學史課程在大學的開設，則要更晚一些。這一現象，不僅有趣，而且重要，體現了歷史意識和史學觀念的擴展與深化。首先，倘若史家沒有認識到實際的歷史與著述的歷史的區別，即歷史與史學的差別，史學史的研究便不會出現。其次，倘若在歷史研究中，史家一直遵循一種歷史觀念、採用一種史學方法，史學史的研究也就缺乏內容。複次，如果史家沒有看到歷史研究與社會現實之間始終存在一種互動，進而導致歷史研究的不斷變化，史學史的研究也就成了一本史家的「點名冊」、甚至「點鬼簿」，不但使人興味索然，而且也喪失了研究的意義。既然史學史的研究是史學觀念進展的產物，開展史學史研究應當有助於我們認識歷史意識的產生和變遷，並了解這些變遷與各個時代之間的聯繫與互動。

本書以過去五十年臺灣的歷史研究爲主要研究對象，但其重點則在描述和分析歷史意識的變化。因此，筆者所關心的範圍，可以說是既廣又狹。廣的地方在於，本書不但敘述了歷史研究在臺灣的發展和變化，同時也涉及其它與史學相關的領域，特別是臺灣文學界在構造臺灣歷史意識上所表現出的努力。對於歷史研究之社會影響，筆者也通過對歷史教科書的分析，而有所描述。狹的方面則是，本書雖然是一本臺灣史學史，以在臺灣工作的史家的作品爲基本分析素材，但筆者並無意對臺灣史學在各個方面的成就，作一總體評述。如果讀者想從本書中，看到對某種、某類歷史研究的具體回顧，甚至對某人、某書的具體評介，那就可能會非常失望，因爲限於學力，筆者無力作此類的概括和評介。筆者的寫作宗旨，只是想對臺灣史學在二十世紀下半葉的變化發展，從一個外部觀察者的角度，作一鳥瞰，希望能指出其發展的淵源、變化之原因和未來之趨向。

具體而言，筆者對臺灣史學演變的解釋，著重於內外兩個方面及其它們之間的相互影響和作用。所謂內部的方面，首先指的是史家在研究的理論與方法上所建立的某種共識。隨著歷史研究本身的發展變化，這一共識產生變動，造成史家興趣的轉移，因而開墾新的領域、發現新的史料和採用新的方法，由此而形成新的研究趨向。當然，這些內部的變化因素，並非空中樓閣，而是與史學外部的因素相互作用，兩者同時促使變化的最終實現。而外部的因素，則涵括甚廣，舉凡政治的變動、外交的成敗、社會的要求、鄰近學科的影響和海外同行的啓發，都可包括在內。就臺灣而言，其島嶼的地理環境和複雜的歷史經驗，也使得這些外部因素對歷史研究，造成至爲明顯的影響。在解釋臺灣史學的演變中，筆者無意衡量這內外兩個方面影響的輕重軒輊，只是想探討兩者之間的互動。但從其發展趨勢來看，外部的影響有愈來愈加強的傾向。換言之，史學與時代之間的交織、互動，愈到近年愈加明顯。這也是歷史研究在世界範圍的共同趨勢。但儘管如此，我們還應同時注意這兩個方面，因爲歸根結底，歷史研究有其自主性，其變化有反映時代精神的一面，但也有表現學科發展內在需求的一面；後者能使我們看到，縱有外部世界的千變萬化，歷史研究仍有其固有的規則和理念。在這過去的五十年中，像世界範圍的史學一樣，臺灣的歷史研究產生了巨大的變化，但史學作爲一門傳統的、獨立的學科，仍然生機勃勃，其道理也許就在於此。

從內外兩方面的影響考察，筆者把臺灣史學的發展變化，分爲三個時期，在本書中由上、中、下三編來代表。在篇幅上則厚今薄古，下編最大、中編次之，上編最小。第一個時期從1950年至1960年代的中期，代表的是臺灣史學的初創時期，其發展受到兩個方面的影響：一是與中國近代的史學傳統，特別是所謂「史料學派」保持著密切的聯繫。由於傅斯年的關係，中研院史語所和臺灣大學，成爲臺灣歷史研究的重鎮，其學風被史界同仁視爲歷史研究的楷模，並通過教學和出版而影響到新一代的歷史學家。二是冷戰的政治環境，使得當時的臺灣史界有一種復興中華文化的危機意識，以成爲中華文明的正統代表爲己任，使得臺灣的歷史研究，以中國史的研究爲中心，力圖延續和擴展民國時代的史學傳統。而冷戰的外部環境，也使得臺灣自然而然地成爲西方人士研究中國歷史和文化、尋求制約共產主義在亞洲擴張的一個重要基地。中研院近史所的建立及其與美國學術界和基金會的緊密關係，就是一個典型的事例。

從1960年代中期開始至1987年，臺灣的史學在內外兩個方面都經歷了顯著的變化，爲第二個發展時期。雖然臺灣史學仍以中國史的研究爲中心，但在理論和方法上開始有了明顯的改變。由於臺灣史界與西方史學之間的密切接觸，不但西方史學家頻頻來臺灣訪問，臺灣自己培養的學生也去西方留學，在這一時期回臺長期或短期的「傳道授業」，使得西方史學思潮很快波及到臺灣，其標誌是將社會科學（社會學、經濟學）的方法引人歷史研究，從而造成社會史的興起。這一社會史的潮流，不但與西方史學的新潮相呼應，而且與中國近代史學的傳統也有所銜接。《食貨月刊》的復刊及其在新一代史學家當中的廣泛影響，就是一個顯例。社會科學化的歷史研究，注重田野的調查和數據的分析，使得臺灣成爲「中國社會文化研究的實驗室」。社會科學界流行的「現代化理論」，也導致史家開始從事中國各地區的「現代化研究」，臺灣自然也成爲其中之一。臺灣史的研究，由此便登堂入室，成爲歷史研究的一個分枝。

臺灣史學由於其內部發展的需要而開始注意本土的傾向，由於1970年代臺灣國際地位的變化，而迅速得到強化。臺灣「正統中國」地位的喪失，使得臺灣人的歷史意識，產生危機，迫使史學家重新尋找自己的定位。史學界中有關清代臺灣社會「土著化」和「內地化」的討論，就表現了認同意識的變化。文學界有關「鄉土文學」的討論，黨外反對勢力的逐步壯大，國民黨內部的本土化趨向，新一代史學工作者的走向成熟，都使得臺灣的歷史研究在這一時期，產生了引人注目的變化。其中一個表現就是希求在吸收西方的理論和方法之外，也尋求開發本土的資源，使得臺灣史家對史學方法論的認識，又更進了一步。1979年創刊的《史學評論》，其英文標題是「中國歷史評論」(Chinese Historical Review)，其內容則尋求史學方法的多元化(「量身定做」，「史無定法」等等)，便是一例。

1987年解嚴之後，臺灣史學進入了第三個時期。由於政治的民主化、威權政體的逐步解體、新聞與言論的空前自由，使得歷史研究的禁區，一個個被打破，以前封閉的檔案資料也向外開放，因此臺灣史學進入了一個蓬勃發展的時期，其最突出的表現就是臺灣史的興起，成爲一門名副其實的「顯學」。在臺灣史之外，史學界的一個顯著變化就是生活文化史的勃興。1990年創辦的《新史學》雜誌，成爲這一新研究領域的主要園地，由此而吸引和團結了新一代的史學工作者。臺灣史研究早期的開展，也往往與這種力圖突破政治、軍事史的束縛，將眼光移向邊緣、女性、弱勢、下層的史學傾向，有所一致，因此與生活文化史的開展，有相互砥勵、促進的作用。但是，臺灣史「顯學」位置在這一時期的確立和穩固，標誌著它已經走向「中心」，獲得了政治上的「正統」地位，因此其政治色彩也就愈益濃厚。1997年由於《認識臺灣》教科書的試用而引起的政界、民間、媒體和學界的激烈爭論，表示出歷史的書寫，特別是臺灣史的研究和教學，已經變成當前臺灣政治的一個重要部分，成爲呼籲獨立建國的一個主要論述。對臺灣史研究所表現出來的民族主義史學的特徵，學界的人士有所警惕和批評。但臺灣目前的內外情勢又決定了民族主義的思想模式，仍然會對臺灣的歷史研究，有重大的影響。如何在史學觀念、史學方法上進一步突破，是二十一世紀臺灣史學發展所面臨的新挑戰。

筆者對史學理論、史學史的興趣，已有許多年，但開始研究臺灣史學，還僅是在幾年以前。其中原因，無法詳述，但筆者自1993年以來對臺灣的多次訪問，與臺灣史家的交往和參加各種會議，顯然是重要的因素。1999年1月至7月，筆者得到臺灣國家圖書館漢學研究中心的獎助，到中央研究院歷史語言研究所訪問，正式開始這一課題的研究，並完成有〈臺灣史學的「變」與「不變」：1949-1999〉一文，發表於《臺大歷史學報》（24期，1999年12月，頁329-374）。2001年夏，筆者又再度訪問中研院臺史所，爲本書的寫作進行補充研究。筆者感謝上述機構對我研究的支持和援助，特別是時任史語所的所長杜正勝和現任臺史所的所長劉翠溶。在這兩年中，爲寫作此書，筆者曾訪問過下列人士（有的還不止一次），如陶晉生、李亦園、孫同勛、李國祁、杜正勝、黃寬重、邢義田、古偉瀛、黃進興、黃俊傑、張朋園、張玉法、阮芝生、黃富三、蒲慕州、熊秉眞、蕭璠、王汎森、張瑞德、吳文星、林富士、陳弱水、周婉窈、盧建榮、梁其姿、黃克武、沈松僑、鄧世安、蕭阿勤、祝平一、廖咸浩、張隆志、林玉茹、彭明輝、蔣竹山、潘光哲等，特此致謝。除此以外，古偉瀛爲我聯絡採訪人士，張寧爲我尋找、影印資料，出力很多。黃寬重向筆者提供了他自己保存的有關「食貨討論會」、「國史討論會」和籌辦《新史學》雜誌的各種尚未公開的材料，使我對那一段時期史學界的變化，有了深入其內的了解。國科會人文處的前任處長黃榮村和現任處長王汎森，都對筆者的研究，提供了許多方便。王汎森還安排我採訪長期在國科會人文處工作的羅曼眞女士，有助於我掌握臺灣學術界的總體狀況及其發展演變。對於這些幫助，筆者表示由衷的謝意。

許倬雲先生在百忙之中，兩次接受訪問，並願意爲本書寫一序言，爲之增色不少。余英時先生對筆者的研究，也多有指點，在此一併表示深切的謝忱。本書的寫成，則要感謝盧建榮先生的鼓勵和督促，使其能濫竽他主編的「麥田歷史與文化叢書」之列，十分榮幸。本書的觀點與錯誤，則應由筆者一人負責。

臺灣史學五十年(1950-2000)：傳承、方法、趨向

上編

科學傳統的建立

一、「科學史學」之演變

在迄今已知的世界文明史中，若以歷史意識的形成和歷史著述的產生觀之，則以西文世界和中文世界在時間跨度上最長。這兩大史學傳統的形成，經歷了不少變化，而在十六、十七世紀以後，變化日趨激烈，影響也格外深遠。這一變化的結果是，植根於西方古典文化、又經過近代科學革命、理性主義改造的西方近代史學，借助西方強權在世界範圍的建立，開始走向全球，爲世界不少地區所接受。中文世界也不例外。這一西方近代史學，在觀念上以進化論爲主導，在形式上表現爲民族主義，在方法上則是科學主義；三者之間同時又有密切的互動和影響。進化論的觀念強調歷史的進程並非漫無目的，而是有其意義和走向的。民族主義賦予了歷史著述一個具體的目標：爲本民族在世界歷史上競爭一個位置。科學主義則爲這一競爭設定了統一的規則（自然以西方爲標準）：雖然民族史的寫作有其政治關懷，但又必須既取「信」於人，也取「信」於己。①

探究臺灣史學在過去半個世紀的變化，我們有必要從中文世界的歷史研究如何接受西方近代史學開始。如上所言，中國史學在過去也曾發生顯著的變化，但明清之際，也許是由於時間上較近的關係，似乎對現世的影響更大。那時出現的「經世致用」的觀念和以後乾嘉學派的方法，雖然代表了兩個不同層面的變化，但其中也存在重要的聯繫。它們都使人對經、史之間的關係，有了不同的認識。②在中國史學以後的改變中，我們仍然可以看到它們的痕跡與影響。不過，就程度和規模來看，上述變化都無法與清朝末年發生的「史界革命」相比擬。清朝在十九世紀以來所經歷的內外交困，對中國現代文化的變化與重建，形成了決定性的影響。面對西方強權的入侵，清朝統治者所表現出來的無奈與無能，使得當時的知識分子十分失望。這種失望逐漸轉化爲一種對文化傳統的反思，使他們認識到中國文化傳統的缺陷與落伍。從魏源的「師夷制夷」到張之洞之「中體西用」，中國的知識分子採取了一種從文化上檢討中國傳統的態度，希望在採納西方先進科學技術的基礎上，充實和重建中國的文化傳統。可是，雖然魏

①有關進化論、民族史和科學方法之間的關係，可參見Prasenjit Duara, *Rescuing History from the Nation: Questioning Narratives of Modern China* (Chicago: University of Chicago Press, 1995)，頁17-50；Q. Edward Wang, *Inventing China through History: The May Fourth Approach to Historiography* (Albany: State University of New York Press, 2001), Introduction，頁1-26和Dipesh Chakrabarty, *Provincializing Europe: Postcolonial Thought and Historical Difference* (Princeton: Princeton University Press, 2000)，頁27-71。

②有關的論點可見余英時《歷史與思想》（臺北：聯經，1976）和Benjamin Elman, *From Philosophy to Philology: Intellectual and Social Aspects of Change in Late Imperial China* (Cambridge MA: Harvard University Press, 1984)。

源、王韜等人已經認識到西方的先進在於其科學技術，也在歷史著作中將之盡力描述，但他們所採用的史學寫作模式，與過去相比並無大的不同。他們的史學觀念和方法，也缺少大的創新。換言之，魏源的《海國圖志》等作品雖然擴大了中國人的眼界，即林則徐所謂的「開眼看世界」，但他們並無意在史學編撰和寫作取徑上，完全採取近代西方史學的模式，即用敘述體的方式，描繪歷史運動的輾轉起伏，以此來證明一種歷史的解釋。③

這種「舊瓶新酒」的狀況，自然與十九世紀後期中國思想界信奉「中體西用」的原因有關。因此，史學的更新，首先仰賴於史學觀念的更新。如果中國人仍然相信自身文化思想的優越，外來的文化就只能成爲補充、點綴的角色。可是，史學觀念雖然能影響史學寫作，但史學寫作的形式也自有其獨立的生命力。思想可以先行，文化模式的變化則往往有待時日。在十九世紀晚期，特別是甲午戰後，先進的中國人如康有爲等人已經認識到政治、社會改革的必要，但他們在闡述這種必要性的時候，則往往仍然借助舊有的形式。康有爲對進化論的闡說，就是一個顯例。

由於嚴復等人的譯介、提倡，進化論在十九世紀晚期已經爲不少中國人所接受。出生於中國沿海廣東的康有爲，自然也不例外。在申述政治改革的必要時，康有爲用進化論爲武器，論證中國不改革便無法生存的道理。但是康有爲並不認爲進化論是西方文化的產物。相反，他指出在儒家的原始經典中，就包含了這一思想。他之信奉進化論，與其說是接受西方文化傳播的結果，毋寧說是他專研中國文化傳

③王韜在史學體裁上，有所革新。他的《普法戰紀》希圖綜合編年體和紀傳體，但在總體上，中國史家在那時並沒有急思改變史學寫作的形式。

統的「發現」。這種用舊的形式承載新的思想觀念的作法，不但在中國史學以後的發展中可以見到，也表現在臺灣史學近年的變化中（詳見本書下編）。

甲午戰敗對中國青年知識分子所造成的刺激，使得他們急於找出日本「迅速現代化」的原因，因此留日學生猛增。到了二十世紀初年，特別是1905和1906年，在日本的留學生已經有大約一萬人。④這些留學生留日的目的是想以日本爲過渡，發現西方文化成功的奧秘。因此，絕大多數留學生並不以學習日本文化爲學習目的。他們往往在學得一些日語以後，便轉入自然科學的專業學習。但是，由於他們身處日本，耳濡目染，還是能接觸到日本學者在更新舊文化上所作的工作。日本史家革新日本史學的努力，於是也爲他們所注意到。二十世紀之初，中國留學生就翻譯了不少日本史家的著作，如桑原鷿藏的《東洋史要》、小川銀次郎的《西洋史要》等。而且，不少日本研究中國歷史的學者也用中文寫作，如那珂通世的《支那通史》。該著由柳詒徵改寫後在中國出版，成爲當時影響甚大的「新」歷史教科書之一。⑤

中國學者之所以對日本史學產生興趣，主要是因爲日本史家在革新史學方面，比中國的前輩學者如魏源、王韜等人更爲徹底。如福澤諭吉的「文明史觀」，就強調史學必須反映民眾的生活，不能專爲君

---

④對於二十世紀初年中國留日學生的人數，有不同的統計，上下相差有幾千人，但最保守的統計也有七千人之多。詳見Douglas Reynolds, *China, 1898-1912: The Xinzheng Revolution and Japan* (Cambridge MA: Harvard University Press, 1993)，頁48-49。

⑤參見胡逢祥、張文建《中國近代史學思潮與流派》（上海：華東師範大學，1993），頁263-266。

主立傳。這是史學觀念的巨大革新。在史學體裁上，日本不少史家也已經開始採用西方的章節體、敘事式。如上述那珂通世的《支那通史》，就以章節體的形式描述中國歷史的變遷，使人感到耳目一新。日本史家的這些新的嘗試，都逐漸為中國學者所接受。如當時「國粹學派」的學者章太炎、鄧實、馬君武等人，就十分推崇「民史」的寫作，而將中國傳統的「正史」，一律視為「君史」，認為必須拋棄。

在當時發表的、以日本史學為模式寫作的史學著作中，無疑以梁啓超的《新史學》（1902）的影響為最大。梁啓超在追隨康有為從事政治改革失敗以後，流亡日本。通過日文的學習，他逐漸掌握了不少西方思想文化的知識。這在他所編輯的《新民叢報》上所發表的文章中可以看出。《新史學》正是由他在該報上發表的、有關史學的系列文章匯編而成。梁啓超的《新史學》，匯總了當時中國開明、激進學者對傳統史學反省和對新式史學探索的大部分看法。這些看法經由梁啓超「筆端常帶感情」的文筆寫出，影響巨大和深遠，難怪中國現代史學史專家常常將梁的《新史學》視為中國史學發展演化的一個轉折點。⑥

像章太炎、鄧實等人一樣，梁啓超對中國傳統史學持有一種尖銳的批判態度，以「新」史家自命。他們對中國「舊」史家的不滿，表現在許多方面，如史學觀念的陳舊、史學方法的因襲等等，但他們更為不滿的是中國「舊」史家以王朝更替為主的著述內容。對梁啓超等受到日本現代史學薰陶的「新」史家來說，傳統史學的根本缺點就是它的內容是「君史」，而不是「民史」。這與日本福澤諭吉所提倡的

⑥馬金科、洪京陵《中國近代史學發展敘論》（北京：中國人民大學，1994），第八章；胡逢祥、張文建《中國近代史學思潮與流派》，第三章。

「文明史」，異曲同工。由此可見，中國現代史學的誕生，與日本現代史學的變化有著密切的關係。梁啓超對「君史」的批判，與以後鄧實、黃節等人在《國粹學報》上闡說的觀點，非常近似，體現了當時一代史學家的共同看法。譬如，鄧實便指出，中國古代，只有「君學」沒有「國學」，即沒有民族國家的概念。「吾神州之學術，自秦漢以來，一君學之天下而已。無所謂國，無所謂一國之學。何也，知有君不知有國也。」⑦沒有民族國家的概念，因此，也就沒有民族國家的歷史。「國粹學派」的另一領導人物黃節嘆道：「吾四千年史氏有一人之傳記而無社會之歷史。」⑧因此，他就開始寫作一部「黃史」，以中國民族、種族的觀念出發回顧中國歷史的演變。

但是，就史學方法的探索來看，梁啓超《新史學》有其獨特的貢獻。這一貢獻表現在他不僅對「舊史學」批判，而且有志創建「新史學」。這一「新史學」從本質上看就是「科學史學」。梁啓超的《新史學》中有〈史學之界說〉一章，其中梁對史學的本質提出了一種界定。他指出了三點。「第一，歷史者，敘述進化之現象也。」這一進化，指的是事物的生長發達，而不是循環輪迴。「第二，歷史者，敘述人群進化之現象也。」也即人類社會的發展、演變。「第三，歷史者，敘述人群進化之現象而求得其公理公例者也。」梁啓超認爲，在人類歷史的進化背後，有一種通則或規律，希望歷史學家能在研究中發現。⑨

從梁的這一提法來看，他所信奉的是一種「進化史觀」，與當時

⑦〈國學眞論〉，《國粹學報》，27（1907）（臺北：文海出版社重印），頁3291。
⑧〈黃史・總敘〉，《國粹學報》，1（1905），頁43。
⑨《梁啓超史學論著三種》（香港：三聯書店，1980），頁11-13。

許多人一樣。與他的老師康有為相似，梁啓超認為中國經典文化中也有「進化論」的痕跡，但卻不夠明顯。他說道：「孟子曰：『天下之生久矣，一治一亂』。此誤會歷史眞相之言也。」至於對《春秋》的三世說，梁則有如此的評論：

（春秋家言，有三統，有三世。三統者，循環之象也。所謂三王之道若循環，周而復始是也。三世者，進化之象也。所謂據亂、昇平、太平與世漸進是也。三世則歷史之情狀也。三統則非歷史之情狀也。三世之義，既治者則不能復亂。藉曰有小亂而必非與前此之亂等也。苟其一治則復一亂，則所謂治者必非真治也。故言史學者當從孔子之義，不當從孟子之義。）吾中國所以數千年無良史者，以其於進化之現象見之未明也。⑩

由此可見，梁啓超認為由於進化觀念不彰，中國的史學有根本缺陷。其主要表現為陳舊、保守，只能「因襲」，沒有「理想」，也即沒有史學理論或歷史哲學。⑪

梁啓超當時的「新史學」理論，是一種純粹的「舶來品」，參考了日本學者浮田和民（1860-1946）的《史學通論》。⑫但從其基本觀念來看，則是西方近代史學觀念、歷史哲學，也即「科學史學」的延伸。就西方近代科學史學而言，如果我們採納Leonard Krieger的觀點，其表現有兩種。一是對人類歷史演化規律的探索，二是對歷史眞

⑩同上，頁11-12。

⑪同上，頁10-15。

⑫參見蔣俊《中國史學近代化進程》（濟南：齊魯書社，1995），頁33-34。

實的追求。這兩者之間雖然有緊密的聯繫，但在具體實踐中，往往有分道揚鑣的傾向。對人類歷史規律的探索，由於其探求的目標遠大，概括的內容也龐大蕪雜，因此往往長思辨而欠實證。黑格爾、馬克思、孔德和湯恩比等人的歷史哲學理論，突出體現了這樣的特點。於此相對照，對歷史眞實的追求，則以不說空話爲目的，處處都要有事實根據，因此史學家對史料考證十分重視，將史學方法的完善視爲科學史學的基礎。但是，這一派的代表人物如蘭克，也並不完全忽視史學思辨；他對歷史的認識，也自有一套觀念。⑬

從梁啓超《新史學》所表述的觀念來看，他對「科學史學」認識，屬於探求歷史規律那一派。他之所謂歷史須求其「公理公例」，就是一個明顯的例證。像黑格爾等人一樣，梁相信歷史必然進步，而歷史學家的任務就是要總結、描述這一進步的規律或通則。這一進化論的觀念，由於嚴復的大力推薦，在二十世紀初年的中國史學界和思想界，蔚然成風。如梁啓超的朋友、當時史學界的「新」人物之一夏曾佑，就以「朝聞道、夕死可矣」的心情，描繪了他如何通過與嚴復的交往，逐漸瞭解進化論的情形：

> 到津之後，幸遇又陵（嚴復），衡宇相接，夜輒過談，談輒竟夜，微言妙旨，往往而遇。徐（光啓）、利（馬竇）以來，始通算術，咸、同之際，乃言格致，洎乎近歲，政術始萌。而彼中積學之人，孤識宏懷，而心通來物，蓋吾人言西學以來不及此者也。但理賾例繁，旦夕之間，難以筆述，擬盡通其義，然後追想

⑬詳見Georg Iggers, "The Image of Ranke in American and German Historical Thought," *History and Theory*, 2 (1962)，頁17-42。

成書，不知生平有此福否？⑭

這一描述，生動地反映了當時一代中國學人對進化論思想的崇敬。梁啓超在當時從進化論的角度探討科學史學，也就不足爲怪了。

這一歷史進步的觀念，其實是西方文明在十九世紀長足進步的反照。西方思想家以此來總結人類歷史整體的演變規律，既體現了一種「目的論」（teleology）的思維方式，即用現在來解釋過去，也表現了一種文化上的優越感。由於工業化的成功，西方在向全球擴張時，幾乎戰無不勝。他們將這種軍事、工業上的強盛，視爲進步的象徵，而將戰敗者，看作落後文明的代表。但是，就在梁啓超等人接受這種進步史觀不久，西方已經開始面臨危機。1914年第一次世界大戰的爆發，使得不少西方人開始懷疑自身文化的優越，從而對歷史進步的必然性，提出了懷疑。⑮這一新的思潮，也慢慢爲中國人所注意到。如梁啓超在一次大戰以後的訪歐之行，就使他對西方文明從崇敬到懷疑，並改變了他對中國史學傳統的批判態度，提出中國人也應該和可能對世界文明作出貢獻。⑯

梁啓超的期望，正是當時不少留學生所嚮往的。在梁啓超旅歐期

⑭夏曾佑致汪康年信第十三函，《汪康年師友手札》二，見陳其泰，《中國近代史學的進程》（鄭州：河南人民，1994），頁307。

⑮有關這一時期西方思想與社會的變遷，見H. Stuart Hughs, *Consciousness and Society: The Reorientation of European Social Thought, 1890-1930* (New York: Vintage Books, re. ed. 1977)。

⑯見梁啓超〈歐遊心影錄節錄〉，《梁啓超全集》（北京：北京出版社，1999），第5冊，頁2968-2986。又見Tang Xiaobing, *Global Space and the National Discourse on Modernity: The Historical Thinking of Liang Qichao* (Stanford: Stanford University Press, 1996)，第3、4章。

間，他有機會與當時在歐洲的留學生接觸，並通過他們瞭解西方學術文化。⑰他所說的中西文化溝通，也反映了當時留學生的心態。身在異域，對故土鄉情往往有更多的懷戀。比如在胡適寫於康乃爾大學的日記中，就記錄了他在留美期間，發奮研讀中國經典的情形。胡適在西方用英文發表的著作，也不像他的中文著作那樣，對中國傳統進行強烈的批判。這表明，接受過西方訓練的留學生，往往更有意中西文化之間的交流。他們更願意用科學方法審視中國傳統，希圖從傳統中找出與現代文化吻合的地方。

這一尋求溝通中西文明的態度，導致了中國「科學史學」由注重史觀的建設到重視史學方法的轉變。1910年代以後，中國史家對「科學史學」的探索，從尋求歷史規律，轉向方法論的研究。余英時在反省中國史學轉變歷程的文章中，有這樣的觀察：

> 在現代中國史學的發展過程中，先後曾出現過很多的流派，但其中影響最大的則有兩派：第一派可稱之為史料學派，乃以史料之搜集、整理、考訂與辨偽為史學的中心工作；第二派可稱之為史觀學派，乃以系統的觀點通釋中國史的全程為史學的主要任務。⑱

這一概括，對我們瞭解中國現代史學的變遷，很有幫助。但是「史料

⑰見李宗侗的回憶，見杜維運〈西方史學輸入中國考〉，氏著《與西方史家論中國史學》(臺北：東大圖書，1981)，頁298-299。

⑱余英時《史學與傳統》(臺北：時報，1982)，頁2。周予同的論文〈五十年來中國之新史學〉已經有這樣的劃分方法，見《周予同經學史論著選集》，朱維錚編（上海：上海人民，1983)，頁514-520。

學派」與「史觀學派」的先後問題，尚可討論。據筆者的觀察，康有為、梁啓超之楬櫫進化史觀，是中國科學史學的先聲，早於馬克思主義史學。但這一進化史觀，經過胡適的改造，轉而成爲「史料學派」的理論基礎。

在胡適於1910年代發表的一篇題爲〈實驗主義〉的文章中，有這樣一段十分重要的文字：

> 這種進化的觀念，自從達爾文以來，各種學問都受了他的影響。但是哲學是最守舊的東西，這六十年來，哲學家所用的「進化」觀念仍舊是海智爾（Hegel，通譯黑格爾）的進化觀念，不是達爾文的《物種由來》的進化觀念。到了實驗主義一派的哲學家，方才把達爾文一派的進化觀念拿到哲學上來應用；拿來批評哲學上的問題，拿來討論真理，拿來研究道德。進化觀念在哲學上應用的結果，便發生了一種「歷史的態度」（The genetic method）。怎麼叫做「歷史的態度」呢？這就是要研究事物如何發生；怎樣來的，怎樣變到現在的樣子：這就是「歷史的態度」。⑲

胡適雖然用了「歷史的態度」，但他附注的英文，則是「method」，也即方法。他所謂的「要研究事物如何發生」，也就是要將進化論的理論，理解爲一種研究的方法。

通過這一方法論的轉化，胡適便能將進化論這一「舶來品」，與中國傳統史學相溝通了。在他1917年回國以後，他所發表的文字可分

⑲胡適〈實驗主義〉，《問題與主義》（胡適文存），第一集第二卷，頁66-67。

爲兩大類：一是有關他老師杜威的「實驗主義」，二是有關中國傳統學者的研究方法，即中西並舉。事實上，他在哥倫比亞大學的博士論文，已經表達了這一意向。他希望用「用現代哲學去重新解釋中國古代哲學，又用中國固有的哲學去解釋現代哲學，這樣，也只有這樣，才能使中國的哲學家和哲學研究在運用思考與研究的新方法與工具時感到心安理得」。⑳

經過胡適的科學觀察，他發現在中國傳統文化中，有不少科學方法的因素，從古代中國的「邏輯」方法到宋代理學家的「格物致知」，然後再到清代的「考據學」，都呈現出一種方法論的進步，與西方科學的演進，有類似之處。這一方法的進步，表現爲各種形式，但萬流歸宗，最後都由科學方法來統一。在胡適看來，雖然科學革命與科學方法都產生於西方，但並不表明只有西方人才能運用科學方法進行科學研究。相反，他認爲西方的科學方法不但能爲中國人所接受，而且由於中國的傳統中有科學的因素，因此中國人不會對此感到陌生而加以拒絕。在胡適眼裡，科學方法並不神秘，只需要兩個因素，一是「存疑主義」(agnosticism)，二是「實驗主義」(pragmatism)，前者有赫胥黎（Thomas Huxley）而來，後者來自杜威（John Dewey）。他自述道：

> 我的思想受兩個人的影響最大：一個是赫胥黎，一個是杜威先生。赫胥黎教我怎樣懷疑，教我不信任一切沒有充分證據的東西。杜威先生教我怎樣思想，教我處處顧到當前的問題，教我把

⑳胡適《先秦名學史》，見《胡適學術文集》(中國哲學史)，姜義華主編（北京：中華書局，1991)，下卷，頁770和776。

一切學說理想都看作待證的假設，教我處處顧到思想的結果。㉑

換言之，存疑主義是運用科學方法的前提，而實驗主義是科學方法的表現。對於後者，胡適有更明瞭的表述。他說杜威的實驗主義有兩個方面：

⑴歷史的方法——「祖孫的方法」：他（杜威）從來不把一個制度或學說看作一個孤立的東西，總把他看作一個中段：一頭是他所以發生的原因，一頭是他自己發生的效果；上頭有他的祖父，下面有他的子孫。捉住了這兩頭，他再也逃不出去了！……這種方法是一切帶有評判（Critical）精神的運動的一個重要武器。

⑵實驗的方法——實驗的方法至少注重三件事：㈠從具體的事實與境地下手；㈡一切學說理想，一切知識，都只是待證的假設，並非天經地義；㈢一切學說與理想都須用實行來實驗過；實驗是真理的唯一試金石。實驗主義只承認那一點一滴做到的進步，才是真進化。㉒

這兩段解釋，讓我們更明瞭地看到胡適如何從方法論的角度來看待、解釋進化論，然後把這一方法做了更精煉的解釋：「科學的方法，說來其實很簡單，只不過『尊重事實，尊重證據』。在應用上，科學的

㉑胡適〈介紹我自己的思想〉，《胡適哲學思想資料選》，葛懋春、李興芝編（上海：華東師範大學，1981），上，頁337。

㉒胡適〈杜威先生與中國〉，《胡適哲學思想資料選》，上，頁182。

方法只不過『大膽的假設，小心的求證』。」㉓如果細究起來，很明顯，存疑主義讓他發現問題，提出假設，而實驗主義則讓他對提出的假設加以認眞考證，檢驗其內容，以求獲得眞理。在胡適對科學方法做了這樣的界定以後，他又用來審視清代學者的治學方法，認爲他們的研究，符合了這一科學的方法。㉔於是，這種科學方法便成了中西兼有的一種研究手段了。

在胡適本人的研究中，他身體力行，運用這一研究手段，在歷史、文學、哲學、宗教等方面從事科學研究，取得了不少成果。從他的研究成果來看，胡適的確運用的是幾乎同一種方法，即從史料的考訂出發，檢驗事實的眞僞，以求可靠的知識。如他的中國哲學史研究，便把三皇五帝等不太可信的傳說拒之在外，堅持用比較可信的史料來描述中國古代哲學思想的發展。他在文學方面的研究，也同樣注重版本的鑒定與考證，不願在事實尚未弄清楚以前對作品的內容加以揣測分析。這在他的《紅樓夢》研究中可以見到。在史學方面，也同樣如此。如胡適對章學誠的研究，就以蒐集、考證史料爲重，用這些史料寫作傳記，重構章氏的一生。胡適的這種研究傾向，一直未曾有太大改變。如他對佛教，特別是禪宗的研究，就集中在神會和尚身上。他對《水經注》版本的考訂，也從事了許多年。

由此可見，科學史學經過胡適的整理、改造，成了一種以材料的蒐集、整理、考訂爲主的研究方法，其成份不但見於西方史學，而且也在中國的傳統中，特別是清代的乾嘉學問裡可以發現。中西史學的

㉓胡適〈治學的方法與材料〉，《胡適學術文化隨筆》，歐陽哲生編（北京：中國青年，1996），頁103。

㉔胡適〈清代學者的治學方法〉，《胡適哲學思想資料選》，上，頁208。

傳統便在此基礎上獲得了一個共同點。科學方法不但在中國生了根，而且還幫助中國人再造了一個新的文化傳統。㉕

二、「史料學派」的興起

從梁啓超到胡適，我們可以發現科學史學在中國的演變。這一演變從探求歷史的規律開始，逐步轉變到追求史料的收集與考訂。㉖經過了這一改變，史料成了問題的中心。胡適有這樣一段明確的解釋：「不但材料規定了學術的範圍，材料並且可以大大地影響方法的本身。文字的材料是死的，故考證學只能跟著材料走，雖然不能不搜求材料，卻不能捏造材料。從文字的校勘以至歷史的考據，都只能尊重證據，卻不能創造證據。」㉗因此在科學研究中，材料的發現與運用有決定一切的作用。

這一注重材料的作法，爲胡適的弟子傅斯年所發揚和強化，形成所謂的「史料學派」。傅斯年有一句名言：「近代歷史學只是史料學」，後由許冠三加以簡化，成「史學本是史料學」，由此命名其「學派」。但許冠三對史料學派的理解和界定，似乎過於狹隘，也不十分正確。㉘傅斯年是中央研究院歷史語言研究所的創始人，並任終身所

㉕參見Q. Edward Wang, *Inventing China through History: The May Fourth Approach to Historiography*。

㉖參見王晴佳〈論二十世紀中國史學的方向性轉折〉，《中華文史論叢》，62（2000），頁1-83，特別是頁22-26。

㉗胡適〈治學的方法與材料〉，《胡適學術文化隨筆》（北京：中國青年，1995），頁109。

㉘許冠三《新史學九十年》（香港：中文大學，1986），上冊，頁205以降。

長二十餘年，直至1950年他的逝世。同時，他又是五四運動時期的精神領袖胡適的學生和朋友；五四時期的學生刊物《新潮》的主編和學生領袖。在1926年底回國以後，在中國學術界名（權）重一時，抗戰勝利後任北大代理校長，1950年又出任臺大校長。如此種種，使得我們對他的歷史觀，必須有一個廣泛的認識，不能局限於傅本人。㉙換言之，所謂「史料學派」，並不只是傅斯年本人的史學研究所能包涵，而是當時（民國時代）史學主流傾向的一個代表。同樣用「史料學派」這一名稱，余英時對該學派的理解，便要寬泛得多。他指出，「史料學派，乃以史料之搜集、整理、考訂與辨僞爲史學的中心工作」。㉚如此看來，史料學派並非傅斯年史學所獨有，而是整個民國史學中兩個代表性傾向中的一個；另一個則以馬克思主義史學爲代表。這一理解，更爲精當。的確，自本世紀初梁啓超提倡「新史學」以來，中國近代史學的一個主要傾向便是史學研究的「科學化」，不但希求探索中國歷史演變、進化的通則與規律，而且希望在科學實證的基礎上，注意史料的蒐集、整理與批判。如果說前者的工作由馬克思主義史家所承擔，那麼後者則主要由自由主義史家胡適、傅斯年等人所倡導和付諸實踐。胡適、顧頡剛、傅斯年，加上梁啓超以後的參與，對科學方法做了實證主義的理解，並在此基礎上與中國乾嘉考據

㉙參見杜正勝〈無中生有的志業：傅斯年的史學革命與史語所的創立〉，《新學術之路：中央研究院歷史語言研究所七十週年紀念文集》（臺北：中研院史語所，1998），上卷，頁1-42。有關傅斯年的生平與學術，見王汎森 (Wang Fan-sen), *Fu Ssu-nien: A Life in Chinese History and Politics* (New York: Cambridge University Press, 2000)。

㉚余英時《史學與傳統》，頁2。周予同的論文〈五十年來中國之新史學〉已經有這樣的區分方法，見《周予同經學史論著選集》，頁514-520。

史學的傳統相連接，以此來革新、改造中國的史學傳統，重新認識中國文明的演變。㉛

以胡適、顧頡剛、傅斯年等人所代表的史料學派，在1920至1930年代的中國史學界以及學術界，有舉足輕重的影響，儼然是「科學史學」的正統。㉜他們的主要成就，可以從兩個方面來認識，即杜正勝所謂的「從疑古到重建」。這一疑古的工作，始自胡適在北大的任教，與五四運動期間的批判傳統思潮有密切聯繫，但主要以顧頡剛所引起的「古史辯」討論爲主要標誌。㉝顧頡剛等人通過對文獻史料的考證，讓人們在科學、實證的基礎上重新認識中國的歷史，揭露了以往文人僞造古史的現象。但如果說由於「古史辯」的討論，中國向來引以自豪的五千年文明首次讓人產生了一些懷疑；那麼傅斯年在

㉛對胡適、顧頡剛、傅斯年等人史學影響的研究，可見杜正勝〈從疑古到重建——傅斯年的史學革命及其與胡適、顧頡剛的關係〉，「傅斯年先生百齡紀念研討會」（1995年12月17-18日）。另見王晴佳〈中國二十世紀史學與西方——論現代歷史意識的產生〉，《新史學》，9：1（1998・3），頁55-82。

㉜參見余英時〈中國近代思想史上的胡適〉，《中國思想傳統的現代詮釋》（臺北：聯經，1995），頁519-574。逯耀東的《胡適與當代史學家》（臺北：東大圖書，1998）對後人瞭解胡適的學術圈子與地位，亦有生動的描述、分析。

㉝有關顧頡剛和「古史辯」的討論，見王汎森《古史辯運動的興起——一個思想史的分析》（臺北：允晨文化，1987）、陳志明《顧頡剛的疑古思想》（臺北：商鼎出版公司，1993）、劉起釪《顧頡剛學述》（北京：中華書局，1986）、彭明輝《疑古思想與現代中國史學的發展》（臺北：商務印書館，1991）、顧潮《顧頡剛年譜》（北京：中國社會科學，1993）。外文的有Laurence Schneider, *Ku Chieh-kang and China New History* (Berkely: University of California Press, 1971) 和 Ursula Richter, *Zweifel am Altertum: Gu Jiegang und die Diskussion über Chinas Alte Geschichte als Konsequenz der "Neuen Kulturbewegung", ca. 1915-1923* (Stuttgart: Franz Steiner Verlag, 1992)。

1926年底歸國以後、在開創和領導中央研究院史語所時獲得的成就，則讓史料學派的研究路線走上了重建中國古代史的道路。傅斯年對實證主義、科學主義的信仰和他激發、調配學術資源的能力，讓他對中國史學的科學化作出了令人稱羨的貢獻。史語所從1928年開始，連續對殷墟作了十餘次考古發掘，其成果不但證明中國的上古時代有高度文明，而且也直接、間接否定了顧頡剛的「疑古」思想，用實物史料論證了古書反映的中國古史的眞實性。㉞

作爲胡適的弟子，傅斯年崇信材料的重要性，認爲是科學史學的根基。但是，與胡適不同的是，傅對材料的認識，並不那麼悲觀，認爲在人文學科中，學者只能爲現有、現存的材料所限制。相反，他認爲，材料不但要搜集，而且還要擴充。在他成立歷史語言研究所時寫的「工作旨趣」中，傅斯年這樣宣告：「㈠凡能直接研究材料，便進步。……㈡凡一種學問能擴張他研究的材料便進步，不能的便退步。……㈢凡一種學問能擴充他作研究時應用的工具的，則進步，不能的，則退步。」㉟這裡的第一條與胡適的觀點相仿，但第二條則顯出傅的不同來了。傅斯年想做的是擴張歷史研究的材料，並不滿足於現存的史料。而第三條則表露出他還想更新歷史研究的工具。

傅斯年所謂可以擴張的材料，主要是語言學和人類學的材料，但

㉞有關傅斯年的史學成就，見Wang Fan-sen, *Fu Ssu-nien*的有關章節。另見前引杜正勝的〈從疑古到重建〉一文和屈萬里〈我國傳統古史說之破壞和古代信史的重建〉，《中國通史集編》（香港：未名書屋，無出版日期），頁246-266。張豈之主編的《中國近代史學學術史》（北京：中國社會科學，1996）對史語所的考古發掘，有詳細的討論，見頁474以降。

㉟傅斯年〈歷史研究所工作之旨趣〉，《傅孟眞先生集》（臺北，1952），第4冊，頁169-182。以下未注出處者，皆引自該文。

也包括地質、生物和考古學的材料，而要想運用這些材料，則必須借用那些學科的研究方法，這就是他所謂的「擴充工具」。雖然在那個「工作旨趣」中，他還認爲必須「保持亭林百詩的遺訓」，即要繼承乾嘉的考據學風，但歸根結底，他已經不滿足於文獻資料的研究了。他於是高喊：「我們不是讀書的人，我們只是上窮碧落下黃泉，動手動腳找東西！」顯然，他的眞正興趣是要想突破文獻材料的限制來研究歷史。

傅斯年不但要用新的手段研究歷史，而且還提倡新的歷史著述形式。他反對以前「著史」這一形式，也反對做歷史知識普及的工作，因爲後者必須用敘述的方式。他寫道：

> 歷史學不是著史：著史多多少少帶點古世中世的意味，且每取倫理家的手段，作文章家的本事。近代的歷史學只是史料學，利用自然科學供給我們的一切工具，整理一切可逢著的史料，所以近代史學所達到的範域，自地質學以至目下新聞紙，而史學外的達爾文論，正是歷史方法之大成。

他顯然同意胡適的作法，將進化論視爲一種科學方法。但與胡適相比，傅斯年有更強的實證主義信念，認爲歷史學可以與其它自然科學一樣，以追求眞相爲目的，不爲社會效益爲左右。這種方法，放之四海而皆準，沒有國家之間的差別，也不受學科的限制。傅斯年寫道：「世界中無論哪一種歷史學或哪一種語言學，要想做科學的研究，只得用同一的方法，所以這學問斷不以國別成邏輯的分別，不過是因地域的方便成分工。」由是，歷史語言研究所的主要工作，便以研究中國的問題爲主，特別是中國古代的文明。但這樣做，在傅斯年看來，並不表明有一種僅僅屬於中國的科學，或「國學」。相反，這只是由於材料上的方便，而方法仍然是同一種，並不因國家而有差別。

歷史學既然以研究為目的，因此就必須以發現和鋪陳事實為手段。傅斯年對此有一段很重要的說明：

> 我們反對疏通，我們只是要把材料整理好，則事實自然顯明了。一分材料出一分貨，十分材料出十分貨，沒有材料便不出貨。兩件事實之間，隔著一大段，把他們聯絡起來的一切涉想，自然有些也是多多少少可以容許的，但推論是危險的事，以假設可能為當然是不誠信的事。所以我們存而不補，這是我們對於材料的態度；我們證而不疏，這是我們處置材料的手段。材料之內使他發見無遺，材料之外我們一點也不越過去說。果然我們同人中也有些在別處發揮歷史哲學或語言泛想，這些都僅可以當作私人的事，不是研究的工作。

從這裡可以看出，傅斯年力圖杜絕一切文學或哲學對史學的影響，把歷史研究完全限定在對材料的搜集、整理和考訂方面。因此，將傅斯年的史學稱為「史料學派」，十分恰當。他的這篇〈歷史語言研究所工作之旨趣〉，充分體現了「史料學派」的治史風格，對現代中國史學的演變乃至臺灣的史學研究影響很大。

在傅斯年成立歷史語言研究所以後，在歷史研究方面，他主要從事了兩個方面的工作，都與擴張史料有關。一是購買了內閣大庫明清檔案，加以整理出版。雖然由於抗戰的爆發，這一工作沒有完成，但其對整理史料的苦心，可見一斑。二是組織了十多次的殷墟考古發掘，不但擴充了殷商史的研究材料，而且還運用這些新的材料，證明了中國上古時代文明的發達。由於這些方面的成績，使得傅斯年聲名大噪，成爲中國學術界的領導人物。因此，許冠三有這樣的評語：傅斯年雖然與胡適「半師半友」，「論學術上的有形成就和思想見解，傅氏更有青出於藍而甚於藍之處。二人雖同是中國新史學運動的推動者，並以史學知名於世，但就所造的境界而言，傅的見識、條理與精深，每非胡氏所能及」。㊱

胡適本人在傅斯年逝世以後，應邀到臺灣大學演講，也幾次提到傅斯年的學術貢獻，特別是傅的〈歷史語言研究所工作之旨趣〉。胡適贊道：「我們的確可以說，他那時所提出的工作旨趣，不但是全國，亦是全世界的學術界所應當驚異的。」胡適還提到，在1928年傅寫作該文的時候，他也寫了〈治學的方法與材料〉一文，「都是特別提倡擴大研究的材料的範圍，尋求書本以外的新材料的」。㊲

傅斯年本人在殷墟考古發掘取得一定成績以後，也認爲運用科學的方法，能使得現代人在研究歷史上，勝於古人。他在未出版的〈中國上古史與考古學〉一文中，就對司馬遷的史學，從科學的觀點出發，多有批評。

> 中國先秦史料，相當豐富，惟最古一段，則感缺乏。……今所存者，僅《史記》一書，此自然為一偉著，而為後世所異常崇仰者。惟就其人而言，史公實為一今史學家，非古史學家，為一敘述之史家，非考古之史家也。故所編《史記》書中，刪削史料殊

㊱許冠三《新史學九十年》，上冊，頁209-210。

㊲胡適〈治學方法〉，《胡適哲學思想資料選》，上，頁469；頁461。

多。……今細繹之，此公纂集舊藉，委係整抄，致不計其矛盾。故其敘夏、殷不及敘周，周不逮秦，秦又不逮漢遠甚。

在傅斯年看來，更爲嚴重的是，司馬遷還帶有儒家的偏見，「純以儒家觀點，取捨古代史料。於是古代史料之委經春秋戰國儒家之倫理化與理論化者，皆去汰之。以其置不用過多，致今不能見他書，以聊勝於無耳。班固謂其『先黃老而後六經』，設就其取材言，實『先六經而後雜說』也」。這樣的評語，頗爲尖刻。

傅斯年之所以對司馬遷有這樣的批評，主要還是因爲他認爲由於科學方法的運用，現代中國人對古代的認識，已經超過了古人。他在下面說道：

嘗謂「學問係後來居上」所以然者，有前之長，無前之短。……近由發掘事業之勃起，東至青島，西抵安陽，南極香港，所得於上古史之材料者至夥。以至孔子不能徵，史公不能曉，吾人於二千年後於安陽所出龜甲文字并其他遺物，據以考得上古史實，及當時人群之生活狀態。此後來之所以容易居上也。而況前車後鑑，前蹶後捷乎？

在傅斯年看來，考古的發掘，是今後上古史研究的方向。以前的學者，從王國維、顧頡剛到郭沫若，都還是以文獻材料爲主，輔以實物史料，或者用實物史料作爲補充，或者用其修正甚至否定文獻史料。而傅斯年認爲，「近以考古學之啓示，知眞理乃存在於新、舊二派之間」。因此，「此後中國上古史之康衢，要以發掘遺物，參以經典，而重建其最足傳信之上古歷史也」。㊳從當時史語所組織的考古發掘來看，「史料學派」在上古史的研究方面，的確取得了不小的成就，其影響也爲後人所繼承。如許冠三就寫道：「1950年以來的中國田野考古，實質上仍然是按〈旨趣〉所標舉的準繩、重心和步驟進行的。」㊴

傅斯年所提倡的以材料爲主的歷史研究，也爲當時許多人所追隨和堅持。由於研究扎實，史料豐富，《歷史語言研究所集刊》爲學術界所看重，視爲一流的學術刊物。而在1950年以前集刊所發表的文章中，史學論文佔了近一半。可以想見，那時「史料學派」在史學界的重要地位。這些論文，大都以直接整理和考訂史料爲主，很少議論，體現了傅斯年所提倡的研究風格。㊵這種情形，在當今的《史語所集刊》所見的論文中，仍然存在影響。

但是，這一史料學派的傳統到了1930年代的後期，則呈現一種斷裂的趨向，其原因主要有二。第一，1937年日本開始大規模的侵華戰爭，使得實證的研究工作，無法進行。如上述對殷墟及其它地方的考古發掘，只能停止。大學及研究機構的搬遷，更使得一般的學術研究，也只能暫告一段落。1929年爲顧頡剛推薦進京教書的錢穆，雖然在治史興趣和方法上與胡適、傅斯年等人不同，但也欣賞當時學術界的研究風氣，而對日本侵華所造成的危害，感嘆不已。他在回憶錄中寫道，那時的學界人物，「皆學有專長，意有專精。世局雖艱、而安和黽勉，各自埋首，著述有成，趣味無倦。果使戰禍不起，積之歲月，中國學術界終必有一新風貌出現。天不佑我中華，雖他日疆土光

㊳見「傅斯年檔案」，I-807，藏於中研院傅斯年圖書館。

㊴許冠三《新史學九十年》，上冊，頁231。

㊵勞榦〈出版品概況與集刊的編印〉，《傅所長紀念特刊》（臺北：中研院史語所，1951），頁45-60。

復，而學術界則神耗氣竭，光采無存。言念及之，眞使人有不堪回首之感」。[41]

戰禍對學術研究所造成的危害，實在是十分明顯的。當時的史家張蔭麟對此情狀有一生動描繪：

> 文獻的淪陷，發掘地址的淪陷，重建的研究設備的簡陋，和生活的動蕩，使得新的史學研究工作在戰時不得不暫告停滯，如其不致停頓。「風雨如晦，雞鳴不已」的英賢，固尚有之；然而他們生產的效率和發表的機會不得不大受限制了。[42]

實際上，即使有心做學問，也無法再以考訂史料的眞僞爲宗旨了。傅斯年本人就發出了「書生何以報國？」的疑問，並應急寫了包含許多史料錯誤的《東北史綱》。胡適、傅斯年等人在抗戰期間的主要活動，更多地圍繞著當時的政治生活，譬如編輯出版《獨立評論》，爲抗戰出謀劃策，而對於學問上的細微、點滴，則似乎不像以前那樣全力以赴了。

第二，雖然史料學派的科學考證曾增加了人們對中國文明源遠流長的認識，但面對日本侵佔東北、進而發動全面戰爭的嚴峻形勢，這一學派的治學路線還是讓人感到有一種遠水解不了近渴的感覺。那時馬克思主義和左翼史家所發動的「中國社會史和社會性質的論戰」，

---

[41] 錢穆《八十憶雙親・師友雜憶》(臺北：素書樓文教基金會，2000)，頁171。有關錢穆與「史料學派」的關係，可見王晴佳〈錢穆與科學史學之離合關係，1926-1950〉，《臺大歷史學報》，26 (2000・12)，頁121-149。

[42] 張蔭麟〈中國史綱上冊自序〉，《張蔭麟文集》(臺北：中華叢書，1956)，頁445。

觸及了當時中國社會直接和眼前的問題。㊸相比之下，胡適等人在年輕一代學人的眼裡，已顯得落伍了。㊹至少從他們與年輕學生的關係來看，他們已從青年的引路人變成要他們返回課堂、認眞讀書的規勸者。換言之，中國史學界、學術界已經爲以馬克思主義爲代表的左翼激進主義思潮所籠罩。㊺實證主義的史料學派與之相比，大有黯然老去之勢。不少爲傅斯年、胡適等非常賞識的年輕史學家，都逐漸「左傾」。其中吳晗便是一個突出的例子。㊻

三、「史料學派」的影響

但是，在國民黨政府1949年「轉進」臺灣以後，這一史料學派則成爲中國近代史學的「正統」，在臺灣的史學界佔據了舉足輕重的地

㊸有關這場論戰的中文論著很多，不再列舉。西文著作主要是Arif Dirlik, *Revolution and History* (Berkeley: University of California Press, 1973) 和 Mechthild Leutner, *Geschichtsschreibung zwischen Politik und Wissenschaft: zur Herausbildung der chinesischen marxistischen Geschichtswissenschaft in den 30er und 40er Jahren* (Wiesaden: O. Harrassowitz, 1982)。

㊹羅志田在其《再造文明之夢——胡適傳》（成都：四川人民，1995）中對胡適是否落伍的問題有所討論，頁317-320。

㊺余英時對此現象有分析，見氏著"The Radicalization of China in the Twentieth Century," *China in Transformation*, ed. Tu Wei-ming (Cambridge MA: Harvard University Press, 1994)，頁125-150。

㊻傅斯年曾在吳晗申請材料不全的情況下，將吳列爲中基會申請人之甲等，並謂：「手續未備之處，仍乞貴會斟酌。在此次請款各人中，研究能力，無疑以吳君爲第一，其他各人相差甚遠」，見傅致中基會信，「傅斯年檔案」，I-271。有關吳晗的轉變，參見潘光哲〈學習成爲馬克思主義史學家——吳晗的個案研究〉，《新史學》，8：2（1997・6），頁133-183。

位。這裡有多方面的原因。首先，這些政治傾向上屬於自由主義的學者，雖然對國民黨及其政權有不滿之處，但認同卻大於不同，因此也相繼追隨來臺，成爲史學界的主幹力量。如長期擔任臺大文學院院長的沈剛伯，便在1948年來到了臺灣，爲傅斯年擔任臺大校長作了準備。㊼而傅斯年出任臺大校長以後，又聘用了不少他所熟悉的朋友和在史語所或者中央研究院的同事，如姚從吾、李濟、毛子水、董作賓、劉崇鋐等。當時的《國立臺灣大學文史哲學報》(1950年6月創刊)，也聘請傅斯年爲名譽編輯，上述他的朋友爲編委。因此，在臺大和史語所，傅斯年的影響在當時可以說是如日中天。

傅斯年1950年底逝世以後，其影響有增無減。1952年胡適在臺大演講時，就特別提到傅斯年在臺大任校長時的成就，特別是在文史方面的成績：

> 現在臺大文史的部門，就是從前在大陸沒有淪陷的時候也沒有看見過有這樣集中的人才；在歷史、語言考古方面，傅先生把歷史語言研究所的人才都帶到這裡來，同臺大原有的人才，和這幾年來陸續從大陸來的人才連在一塊，可以說是中國幾十年來辦大學空前的文史學風。㊽

由上可見，傅斯年在世的時候，已經將史語所的研究風氣，帶進了臺大，而通過臺大的教育，在臺灣史學界影響深遠。

這種由大陸來臺學者控制臺灣史學界的情形，也是十分自然的。

㊼參見逯耀東〈『量才適性』的沈剛伯先生〉，《胡適與當代史學家》，頁321。

㊽胡適〈治學方法〉，《胡適哲學思想資料選》，上，頁438。

雖然國民黨政府在大陸受到了挫敗，但對於二次大戰的戰敗國日本來說，它儼然還是一個勝利者。1945年臺灣「光復」以後，日本人逐漸撤離，臺灣大學的教職員，自然由從大陸撤退、逐漸來臺的學者充任。事實上，臺大那時招收的學生中，也有相當數量來自大陸。如現任中央研究院院士的人類學家李亦園，就在那時從福建孤身來臺應考，進入歷史系，以後才選擇人類學爲專攻方向。㊾另外，許倬雲、林毓生等歷史學家，也曾在大陸接受初中或者高中教育，以後才進入臺灣大學歷史系。而在臺大畢業以後，傑出的學生又進入史語所工作，接受更嚴格的學術訓練。如許倬雲在回憶他早年的求學生涯時就談到臺大和史語所不少師長（李宗侗、李濟、董作賓等）對他的栽培和影響。㊿史語所的研究人員從那時起，就常到臺大和其它學校任教，這一傳統，至今仍然存在。

在大陸來臺的學者中，無疑以信奉或同情「史料學派」的人佔多數。如果我們接受余英時的說法，將1949年以前的史學界大致上分爲「史料學派」與「史觀學派」兩派，那麼很顯然，唯有史料學派的人才會選擇到臺灣，而以馬克思主義爲代表的史觀學派的人物，自然都會留在大陸，「迎接解放」。甚至，即使史料學派的人物中，還是有不少人出於各種原因，滯留大陸，如陳寅恪、顧頡剛。另有一批人則選擇流亡國外，以胡適爲代表，以後才慢慢尋機會到臺灣或者回大陸。

1950年到1960年代中期的臺灣史學界，因此是史料學派的天下；毋須與其它學派爭勝，因爲除此之外並無其它。這一情形可見於

㊾李亦園與筆者的談話，1999年4月7日於中央研究院學術活動中心。

㊿許倬雲《歷史分光鏡》（上海：上海文藝，1998），序，頁1-2。

兩個方面。從當時發表的史學研究論文來看，很顯然以「考證」、「校補」、「年譜」爲多數，不但史語所集刊是如此，而且也見於上面所提到的《臺灣大學文史哲學報》。實際上，在這些刊物上發表文章的就是同一批人，如董作賓、姚從吾、方豪等。其次，這一實證、考據的學風，也反映到歷史系的教學上，因爲在那時臺大歷史系任教的，也還是同一批人。這一實證主義的學風，影響了好幾代臺灣史學家。

杜正勝在回顧臺灣的史學研究狀況的文章中指出，「在臺灣的中國史研究，以具備學術意義者而言，應從民國三十八年稍前大陸歷史學家播遷來臺開始算起」。這些史學家奠定了臺灣歷史研究的基礎，他們的史學思想與歷史研究有一種「規範性的作用」，其特點有三：

> 第一，學術與現實保持適度的距離。選定的課題強調學術意義的單純性，不必呼應現實的政治社會情境，更不屑於現實問題作詮釋。其次，研究對象重政制而輕物質，所以政治制度史、學術思想史比較發達。第三，研究態度崇尚實證，不喜理論，實證方法蓋以辨別史料真偽、發掘原始史料為主，較少涉及歷史學之外其他各種學問的方法和觀念。[51]

這一概括，基於作者的親身經歷，比較準確地描繪了「史料學派」在臺灣史學界的影響，其中也涉及了自由主義思想與實證主義方法之間的聯繫。唯一有所異見的是杜正勝認爲「史料學派」的史家不注意吸收其它學科的方法和觀念，其實在該學派興起之初，恰恰是以提倡史

[51]杜正勝〈中國史在臺灣研究的未來〉，《歷史月刊》，9（1995），頁79-80。

學與科學結盟爲標誌的。這裡的情形是，社會科學已經有了長足的發展，其觀念與方法都表現出明顯的不同，因此「史料學派」的科學觀，便有點落伍了。

在論述「史料學派」的影響時，李東華還注意到了該學派與日本現代史學之間的聯繫。這一聯繫的基礎在於日本在臺所建的臺北帝國大學，即現今國立臺灣大學的前身。臺北帝國大學設有史學科，有「國史學」(即日本史)、東洋史學、南洋史學、西洋史學和史學地理學五個講座。另外還有一特殊的土俗學人類學講座。但臺北帝國大學主要以培養日本學生爲主，臺籍畢業生僅兩名。[52]不過，就學術淵源來看，李東華發現了不少相同點：

> 從方法論的觀點來看，傅孟真在大陸所提倡的「歷史學就是史料學」的理念，實與日本現代初期新史學，並無本質上的差異，蓋二者皆淵源於歐陸科學史派，觀史語所集刊和臺北帝大史學科研究年報之內容即可知。兩者皆以蒐集史料、考訂個別歷史事件為研究主旨。

他還提到，在傅斯年出掌臺大以後，「先後有數文檢討臺北帝大的講座制度，再三推崇它的學術研究上的貢獻，及優良的研究風氣，但認爲它在教育功能上則未有良好成果」。[53]由此可見，「史料學派」在臺灣的生根開花，似乎也與日本在臺灣所建立的學術傳統有著一定聯

---

[52]參見《Academia: 臺北帝國大學研究通訊》，創刊號（1996・4）。

[53]李東華〈一九四九年以後中華民國歷史學研究的發展〉，《中國論壇》，21：1（1985・10），頁38-39。

繫。在近年研究臺灣史學的人中間，也有人特別強調日本與臺灣在史學研究上的傳承關係。如在一本紀念臺灣史研究前輩學者曹永和的論文集中，就有人特別指出曹永和與日本實證史學的聯繫，認爲他的治學可以與曾在臺北帝國大學任教的日本學者岩生成一和村上直次郎相接，而後者又承繼了蘭克的弟子里斯（Ludwig Riess）在日本所開創的科學史學的傳統。[54]如果這一說法可以成立，那麼「史料學派」與日本人在臺北帝國大學所建立的學術傳統便源出一流，都是德國蘭克學派的延伸。當然，若想確實證明這種學術上的傳承關係，尚需更多的證明。王汎森對傅斯年的研究已經指出，傅斯年與蘭克史學的關係，並沒有像我們以往所認爲的那樣簡單、確定。[55]曹永和與日本史家岩生成一的關係，自然十分深厚，但後者與蘭克學派之間的聯繫，尚需更多的研究。[56]至於臺灣的歷史研究，是否與日本人在臺北帝大所建立的傳統存在聯繫，仍然不夠明朗。上述杜正勝對臺灣史家三代人的劃分，就十分突出強調臺灣史學與民國時期史學之間的承繼關係。他在1999年仍然強調，

> 臺灣的學術傳統，嚴格說只能從最近五十年算起。日本統治的五十年，臺灣的田野資料雖然成就不少日本第一流的學者，但沒有培養出獨樹一幟的傳人。日本投降後，學者撤離，原來的一些

[54] 見《臺灣史論集：曹永和教授古稀嵩壽紀念》，陳俐甫編（臺北：臺灣史專題研究課程同窗會恭印，1991），頁287。有關曹永和經日本學者而與蘭克學派相聯的說法，筆者曾詢問於參與曹「臺灣史專題研究課程」的張隆志，張表示不以爲然。據筆者對張隆志在2001年7月4日的採訪。

[55] 見Fan-shen Wang, *Fu Ssu-nien*。

[56] 參見曹永和《臺灣早期歷史研究》(臺北：聯經，1979)，〈後記〉，頁502。

> 制度和設施也沒有充分的利用和發揮，所以明治維新以後受西學影響的日本新學術在臺灣沒有留下足以構成學派的影響（至少在人文社會科學如此）。一九四九年一群避秦之士帶來的中國學術，基本上是二十世紀才逐漸發展成功的新學術，五十年來的臺灣學術傳統即從這個源頭流傳下來。[57]

不過，雖然「史料學派」的研究風格在1950年代的臺灣影響巨大，但即使在當時，也還是有人對此有所不滿。如現以思想史研究見長的林毓生，就有這樣的評論：

> 臺大歷史系的師資，號稱集過去北大、清華與中大（中央大學）三校史學系教授的精華。但，他們的課程（除了少數例外）大多相當瑣碎，主要是考證史實。考證史實——尤其是考證重大事件的史實，當然有一定的意義與貢獻，這是史學研究的基本工作。不過，不是每一事件的考證都有相同的意義。當時臺大史學系的師長們的考證工作，許多失之於屑瑣。然而，他們卻以為學問而學問來辯解他們工作的價值，特別強調追求真理不可滲入世俗的、功利的考慮；並舉科學史上當初看來是瑣碎的研究，後來變成重大發現的例子，來說明他們的工作的意義。我對這樣冠冕堂皇的說辭，心中甚感不安；但當時卻想不出令人信服的論點來反駁他們，……[58]

---

[57] 杜正勝〈有山頭無學派〉，氏著《走過關鍵十年：文化關懷》（臺北：麥田，2000），頁286。

[58] 〈殷海光先生對我的影響（代序二）〉，《殷海光、林毓生書信錄》（上海：遠東，1994），頁4。

林毓生的回憶，一方面從一個接受者（雖然不太心甘情願）的角度，證明了當時「史料學派」在史學界的統治地位，但在另一方面，又指出了其對立面存在的可能。我們將在下面再論。

當時「史料學派」之所以能有如此崇高的學術地位，除了上述人事上的原因以外，更與當時的政治局勢有著關係，其中包括當時的冷戰形勢和國共兩黨對峙於臺灣海峽兩岸的緊張局勢。從學術背景和政治態度來看，史料學派的學者，特別是那些渡海來臺的人，對國民黨政府抱有相當程度的同情心，對社會主義、共產主義有一種天然的反感。這是他們追隨國民黨來臺的主要原因。但是，如果我們把那些在林毓生眼裡以追求所謂實證、純粹學問爲己任的學者都一概視爲國民黨的同路人，也顯然是不對的。事實上，我們可以很明顯地看出他們與國民黨政府由於政治理念的差異而造成的歷史觀的不同。這一不同在1949年以前就表現出來了，比如胡適、傅斯年等人就常以批評者的身分評論國民黨的一些政策，寧願置身於國民黨及其政府之外。即使在日本侵佔東北（1931）以後，他們仍然力圖保持「獨立」的立場，創辦《獨立評論》。在政治傾向上，他們所追求的是一種西方模式的自由主義。

國民黨撤退到臺灣以後，企圖吸取以往的教訓，對思想界採取更嚴厲的控制，如那時《自由中國》雜誌的封刊和創辦人雷震的被捕，就是個顯例。同樣的手段，以後也用來對付其他持不同政見者，因而造成「彭明敏事件」，「臺大哲學系教授事件」等。而這些事件的先例，就是1947年的「二二八事件」。可是，1950和1960年代的「白色恐怖」所造成的對自由主義思潮的壓制，並沒有使它在學術界失去其影響力。事實上，這種壓制反而使得它在年輕的學子眼裡更具吸引力，將其奉爲學術研究的「正統」路子。這一「正統」，就是要以追求純粹學問爲目的，不曲學阿世，不急功近利，完全以科學的標準出發來面對事實，保持客觀的態度和嚴謹的治學風格。因此，政治上的自由主義往往與學術上的科學主義、實證主義是聯繫在一起的。

我們可以舉一例來看一下兩者之間的關係。在1950和1960年代，奧裔美籍經濟學家海耶克（F. A. Hayek）的經濟自由主義思想曾在臺灣學術界高度流行。事實上，海耶克的經濟思想在那時的西方也十分風行。其原因與冷戰的氣氛大有關係，因爲海耶克從經濟發展的角度批評了社會主義，認爲它是死路一條，正好適應了當時自由世界反共的需要。但是，海耶克自由主義思想的影響，也觸及了學術界。那些研究、詮釋海耶克思想的人，在用來批判共產制度的同時，也用來倡導思想和學術自由。[59]如海耶克自由主義在臺灣主要詮釋者殷海光，就在《自由中國》第一期上，發表了〈思想自由與自由思想〉一文，對蘇俄共產制度對人們思想的鉗制，做了有力的批判。但在同時，殷海光提出要想眞正有效地反對共產制度，非允許思想自由不可。然後他說：

> 但是，要實現思想自由，必須首先能夠自由思想，這也就是說，要實現思想自由，我們自身首先不可沒有自由思想的能力。這種自由思想的能力，是獨立不倚的，不受任何權威或暴力之影響的。這種自由思想能力之養成，固需外界不給任何限制，在思想者自身除了具備至大至剛之氣和必須的思想技術以外，還須有

[59]傅大爲在〈殷海光的『海耶克』〉中指出，當時的臺灣學者如殷海光對海耶克思想的解讀，並不十分正確，反映了他們自己的政治與人文關懷。見氏著《基進筆記》（臺北：桂冠圖書，1990），頁177-179。

> 重經驗的（Empirical），分析的（Analytical），懷疑的（Sceptical），試行的（Tentative），和少談籠統主義多談問題的重事件的（Piecemeal），（雖然這是許多有求『全體』的習慣的人所不喜的。）的態度。具有這樣的氣魄，技能和態度的人，才可能養成自由思想的能力。⑥⓪

這段話，再清楚不過地表明自由主義與實證主義之間的內在聯繫。難怪提倡科學方法最力的胡適會對《自由中國》刊載海耶克的思想，表示讚賞。⑥①不過，雖然這些人以自由主義反對共產主義，但在實行思想控制的國民黨政府眼裡，他們對自由思想的倡導，還是有害於對臺灣的統治。於是就有《自由中國》的封刊。

但反過來，正是由於殷海光等人的自由主義政治立場所隱含的批判政府的態度，使得實證主義的治學風格爲學術界人士所欣賞，在史學界更加固了「史料學派」的地位。當時領學界風騷的殷海光就在詮釋海耶克思想的同時，對胡適的名言「大膽假設、小心求證」作了新的論證，提出「小心求證」在社會思想上的「意義尤爲重大」，因爲「如果我們抱著『小心求證』的態度，『不信一切沒有證據的話』，那末對於五花八門的宣傳詞令會保持一種有彈性的抗力」。⑥②易言之，

---

⑥⓪殷海光〈思想自由與自由思想〉，《自由中國》，1：1（1949．11），頁14-16，引文在頁16。

⑥①胡適〈從『到奴役之路』說起〉，《海耶克和他的思想》（臺北：文星叢刊，1965），頁149-156。殷海光翻譯海耶克的文章主要載於《自由中國》第9卷（1953）數期。

⑥②殷海光〈論『大膽假設，小心求證』〉，見氏著《思想與方法》（臺北：文星書店，1964），頁131-161，引文見頁160-161。

雖然殷海光用新的科學理論將胡適的實驗主義作了新的闡述，但他的基本結論依然如故，即多談「主義」還不如解決「問題」。

其實，殷海光對科學與民主之間的關係，也與胡適的說法十分類似，即兩者之間互爲條件。殷海光對科學的界定，基於一種實證主義的態度。他認爲科學歸根結底就是「一些基本態度或看法」，其性質是「印證的」、「懷疑的」、「累聚的」、「試行的」、「系統的」、「互爲主觀的」和「運作的」。除了他將「客觀的」改爲「互爲主觀的」以外，其它方面都與胡適等人在民國初年對「科學」的界定沒有區別。而且，正因爲科學有以上這些特徵，因此便與「民主」緊密相連；科學可以促進民主的建立，因爲後者可以建立在「累聚」、「試行」的基礎上逐步臻於完善。[63]這些想法又與胡適在《獨立評論》上有關「民主與獨裁」爭論的論點相似。

總之，雖然胡適等人的自由主義思想和實證主義的治學方法在1940年代到1950年代有一段曲折的經歷，但從那時臺灣學術界的思想氛圍來看，其影響力非但沒有減弱，而且有愈益增強的趨勢。[64]這裡僅舉一例。錢穆在1960年代初訪美，到哈佛、耶魯大學講學，遇到不少留學生。他回憶道：「余知當時臺灣留學生在美，大體均抱反政

[63]殷海光〈論科學與民主〉，見同上，頁1-20。

[64]傅大爲在〈科學實證論述歷史的辯證——從近代西方啓蒙到臺灣的殷海光〉一文中，對1950和1960年代臺灣學術界的實證主義氛圍有所分析，見《臺灣社會研究季刊》，1：4（1988），頁11-56。又見林毓生〈『科學實證論述歷史的辯證』閱後〉和陳光興〈斷裂歷史的辯證〉的商榷文章以及傅大爲的〈平行、斷裂、與幽靈：後記與答辯〉，載《臺灣社會研究季刊》，2：1（1989），頁193-198；199-205和2：3-4（1989），頁175-188。另見章清《殷海光》（臺北：東大圖書，1996），第2、3章。

府態度。彼輩一登飛機，即感要踏上自由國土，即爲一自由人。而彼輩之所謂自由，即爲反政府。」(65)由此可見，自由主義是當時臺灣學術界所推崇的思潮，而提倡這一思潮最力的，還是胡適等人。因此，在這一思想氛圍的籠罩下，史學界能夠接受胡適、傅斯年「史料學派」的研究方式，也就不足爲奇了。

可是，即使在學術界，這種崇尚自由主義、實證主義的思潮，也不是沒有對立面和批評者的。錢穆對當時臺灣留美學生的激進態度，就從民族國家的立場出發，提出了不同的意見。(66)對當時這種自由主義思潮批評最力的是具有強烈民族主義傾向的「新儒家」。比如胡適就爲徐復觀等人所強烈批評，幾乎視他爲國民黨葬送大陸的思想界禍首。「新儒家」所針對的正是五四以來中國學術界「親」西方的傾向。當然他們的矛頭主要指的是馬克思主義，但對同樣來自西方的實證主義和實驗主義，也無好感。雖然錢穆與「新儒家」之間的關係，尚有爭論；從學術觀點來看，錢穆與「新儒家」的牟宗三、唐君毅等，確有差別。(67)但錢穆在當時所持的民族主義的立場和高揚民族文化的態度，與「新儒家」比較類似。

對於「史料學派」的研究風格，錢穆在大陸期間，就有批評。不過，在他學術生涯的早年，還是以考證史學聞名的。他的成名作，便是《劉向、歆父子年譜》和《先秦諸子繫年》，由此而爲顧頡剛所推薦，進入北京學術圈，任教於燕京和北大。傅斯年在1930年代初在史

(65)錢穆《八十憶雙親‧師友雜憶》，頁318。

(66)同上。

(67)有關這些討論可見余英時〈錢穆與新儒家〉一文，《錢穆與中國文化》（上海：遠東，1994），頁30-90以及錢穆妻子胡美琦的〈讀劉著《對於當代新儒家的超驗內省》一文有感〉，《中國文化》第十三期（1996年6月），頁8-19。

語所宴請外賓時，常邀錢穆作陪，向外賓介紹說他是《劉向、歆父子年譜》的作者。但是，由於兩人學術興趣終究不同，因此錢穆寫道：「繼此以往，則余與孟眞意見亦多不合。」(68)這種分歧，到了抗戰時期，表現格外明顯。堅持「史料學派」宗旨的傅斯年，不喜歡「疏通」、「著史」，強調專門的學問和斷代史，而出於崇揚民族文化的立場出發，錢穆則注重通史，不但在北大一人承擔中國通史的課程，而且還在流亡雲南期間，寫作了轟動一時的《國史大綱》，力圖從歷史的演進過程中，發現其「精神」與「意義」。(69)

在《國史大綱》的〈引論〉中，錢穆對現代中國史學的發展，作了回顧，指出有「傳統派」、「革新派」和「科學派」三大派別，而所謂的「科學派」，就是以胡適、傅斯年所代表的「史料學派」。錢穆對之頗有批評：

> 此派與傳統派，同偏於歷史材料方面，路徑較近；博洽有所不逮，而精密時或過之。二派之治史，同於缺乏系統，無意義，乃純為一種書本文字之學，與當身現實無預。無寧以「記誦」一派，猶因熟諳典章制度，多識前言往行，博洽史實，稍近人事；縱若無補於世，亦將有益於己。至「考訂派」則震於「科學方法」之美名，往往割裂史實，為局部窄狹之追究。以活的人事，換為死的材料。治史譬如治岩礦，治電力，既無以見前人整段之活

(68)錢穆《八十憶雙親・師友雜憶》，頁157。

(69)有關錢穆與科學史學、或「史料學派」的關係，見王晴佳〈錢穆與科學史學之離合關係，1926-1950〉有詳細的分析，《臺大歷史學報》，26（2000・12），頁121-149。

> 動，亦於先民文化精神，漠然無所用其情。彼惟尚實證，夸創獲，號客觀，既無於成體之全史，亦不論自己民族國家之文化成績也。(70)

在錢穆看來，歷史材料是死的，而從歷史材料當中獲得的歷史智識是活的。「歷史智識，隨時變遷，應與當身現代種種問題，有親切之聯絡。歷史智識，貴能鑒古而知今。」(71)這就從根本上表明了他對歷史研究的不同態度。

從這一不同的治史態度出發，錢穆提出了一種不同的研究歷史的方法。他說：

> 近人治學，都知注重材料與方法。但做學問，應知先應有一番意義。意義不同，則所應採用之材料與其運用材料之方法，亦將隨而不同。即如歷史，材料無窮，若使治史者沒有先決定一番意義，專一注重在方法上，專用一套方法來駕馭此無窮之材料，將使歷史研究漫無止境，而亦更無意義而言。黃茅白葦，一望皆是，雖是材料不同，而實使人不免有陳陳相因之感。(72)

錢穆的《中國歷史研究法》，也與1920和1930年代所見的同類著作有顯著的不同。譬如，他不像梁啓超那樣，從史料出發，討論史家如何蒐集、整理、考訂史料，以此基礎寫成史書。錢穆的《中國歷史研究

(70)錢穆《國史大綱》(臺北：商務印書館，1995)，〈引論〉，上冊，頁3-4。

(71)同上，頁2。

(72)錢穆《中國歷史研究法》(臺北：三民書局，1969)，序，頁1。

法》，以研究的種類爲重，先談如何研究通史，然後再論政治史、社會史、經濟史、學術史、歷史人物、歷史地理和文化。顯然，他所談的歷史研究法，以「著史」爲目的，而不是以「考史」爲宗旨。而且，這一分類方法也表明，錢穆並不認爲有一種普遍的研究歷史的方法。相反，在寫作不同的歷史的時候，史家應當採用不同的手段。

1949年以後，錢穆離開中國大陸，到了香港，創辦新亞書院，慘淡經營，宣揚中國民族文化，培養了不少傑出的史家。自那時以來，他著述不斷，在港臺地區和海外流行，有不小的影響。1960年代以後，錢穆在臺灣學術界和史學界的影響也日漸顯著，其突出標誌就是錢穆的《國史大綱》，從那時以來常被各校歷史系用作大一的通史教材。對那些初入史學之門的莘莘學子來說，錢穆的文字顯得有些古奧，對書中所闡述的微言大義和時世背景也不甚了了，但作爲他們進校以後所接觸的第一本專業歷史書籍，其思想影響可以說是潛移默化、細長久遠。

在1967年錢穆來臺定居以後，不但他的著作得以方便印行，而且他還在素書樓授課，聽課的不僅有大學生，還有不少教授。因此，錢穆所代表的弘揚中國傳統文化的史學，成爲影響臺灣史學研究的另一重要因素。[73]以後隨著時代的變化，臺灣學者對中國歷史所存的「溫情」與「敬意」，已經有不同的認識，但錢穆史學所強調的史學與現世結合的觀點，卻在許多新的變化中，仍可見其影響之存在。

---

[73]李東華的〈一九四九年以後中華民國歷史學研究的發展〉一文，就將錢穆的史學視爲與史語所幾乎同樣重要的、影響臺灣史學研究的一個學術淵源。《中國論壇》，21：1（1985・10），頁38。相似的看法也見於黃俊傑〈三十年來史學方法論研究的回顧與前瞻〉一文，見賴澤涵主編《三十年來我國人文及社會科學之回顧與展望》（臺北：東大圖書，1987），頁178-184。

錢穆史學在1950和1960年代的流行，與當時臺灣的政治認同有密切的關係。雖然國民黨政府丟失了中國大陸，但在國際上和心理上，仍然強調其作爲中國文化正統代表的地位。這就有助於錢穆提倡、推廣其史學觀念和方法。雖然有志於在史學研究方面深造的莘莘學子，仍然以史語所的研究風格爲典範，並追求自由主義的政治理念，但在文化認同上，他們還是以中國人自居，以代表中國文化而自豪。這也就使得他們對錢穆的史學，帶有許多尊敬之意。不過，如果嚴格從時間跨度來說，錢穆史學的影響與「史料學派」相較，還是略晚一些，其影響的程度也有明顯的不同。對學術圈內的人來說，史語所和臺大所代表的仍然是史學研究的所謂「正統」。

中編

科學史學的轉折，
1960年代中期至1987年

一、《思與言》與史學革新

1960年代以來錢穆史學在臺灣史學界的影響，與當時史學界開始反省「史料學派」的傳統頗有關係。在這方面，以「五四後期人物」自許的殷海光的變化，有值得一提的必要。如所周知，殷海光好學不倦，在其晚年受到弟子林毓生、張灝等人的影響甚大。①而林、張等人那時已經到了美國留學，受到了新的科學方法的訓練，因此對「史料學派」的研究風格，有所不滿。在殷海光與林毓生的書信往來中，我們可以瞭解這一方面的情形。②受到新學問的激勵，殷海光開始對五四時期所提倡的科學主義、科學方法，做了深入的反省。他在〈科

①參見章清《殷海光》，頁55-64。

②見《殷海光書信集》，盧蒼主編（臺北：桂冠圖書，1988）。

學與唯物論〉和〈論「大膽假設，小心求證」〉兩篇文章中，一方面申揚科學主義，或邏輯經驗論，詮釋胡適等人的科學主義，而在另一方面，他又針對陳獨秀與胡適對科學主義的認識，加以批評和反省，希圖在新的學術背景下，重新認識科學主義及其功能。③在這以前，殷海光已經與胡適就民主政治的問題，有過爭論。這些現象表明，殷海光雖然一生都沒有改變對五四新文化運動的崇敬，但在1960年代，他也開始希求有所突破，在新的條件下「再出發」。④

殷海光所追求的突破，就是要突破「史料學派」的藩籬。他在1957年，就提出若想打開歷史研究的新局面，就必須靠科際整合，即採用不同的科學方法。而當時臺灣的歷史著作，在他看來，常「做些捉蝨子工作」和「純粹的紀事」。他指出，在歷史考證方面，單單靠「動手動腳」的「簡單的枚舉歸納法」是不夠的，需要引進其它方法，特別是文化人類學、社會學、心理學等行為科學的方法。⑤

1964年，殷海光出版《思想與方法》一書，集中體現了他在科學方法論方面的新探索。在《思想與方法》一書中，他寫有〈論科際整合〉一文，分析、介紹維也納學派的邏輯經驗論，用來進一步闡述他對科學功能的實證主義認識。他指出，各學科之間有不少共同的地方，包括設定、構造、方法和語言，因此，科際整合有其基礎，因為演繹、歸納、統計、分析、綜合、定義、假設和求證，是一切科學必須全部或者部分運用的方法。由於他相信科學方法的統一性，因此就

③見《殷海光全集》，林正弘主編（臺北：桂冠圖書，1990），第14冊，頁701-737和頁837-880。

④傅大為〈科學實證論述歷史的辯證——從近代西方啓蒙到臺灣的殷海光〉，《臺灣社會研究》，1：4（1988），頁11-56。

⑤殷海光〈經驗科學整合底基礎〉，《殷海光全集》，第13冊，頁459-465。

對如何在人文研究中，特別是如何將歷史學科學化，興趣很濃，他曾一度提出「後設歷史學」（metahistory）的概念，即想在歷史研究中，抽繹出一種普遍的科學方法，與其它學科相比擬。⑥雖然他在以後通過與弟子林毓生等人的討論，想法有所改變，但殷海光對史學進一步科學化的探索，體現了當時學術界的一個新的現象。不過，誠如林毓生所言，殷海光雖然已經覺察到史學應與社會科學接觸，但「他對社會科學的理解僅止於帶有科學主義色彩的行爲科學，反而於史學困難最有幫助的社會科學，如韋伯的貢獻，並不清楚」。⑦

許冠三對殷海光在史學研究方面的貢獻，有這樣一段比較中肯的評論。雖然殷在科學主義觀點有些陳舊，

> 然而不容否認的是，海光實是最先以「科學底哲學」眼光透視歷史知識構造、從而作出別開生面之分析的學者，同時也是最早昌言「科際整合」，為海外「歷史科學化」運動開路的先知。近十餘年來，採借社會科學入史一說，逐漸成為臺灣史界的共識，是功是過雖不得由海光一人承擔，但是他那充滿無限信心的議論，顯然是造成這一風尚不可或缺的思想媒介。⑧

殷海光的先知與不足，都爲他的學生輩所繼承和彌補。臺灣的史學研究在1960年代中期左右之所以會產生一個方法論上的轉折，正是

⑥見〈後設歷史學試論〉，《殷海光全集》，第14冊，頁739-760。另見許冠三〈殷海光：走科際整合的路〉，《新史學九十年》，下冊，頁191-206。

⑦林毓生〈殷海光先生對我的影響（代序二）〉，《殷海光、林毓生書信錄》，頁20。

⑧許冠三〈殷海光：走科際整合的路〉，《新史學九十年》，下冊，頁206。

借鑒社會科學進行歷史研究的結果。促成這一方法論轉向的一個重要機關就是創辦於1963年的《思與言》雜誌。當然，1971年復刊的《食貨月刊》雜誌和1979年創刊的《史學評論》在推動史學方法論的建設方面也有重要的貢獻，但《思與言》以其跨學科的姿態，更能反映史學與其它學科結合的趨向，況且它創刊又早，因而在當時代表了史學界、甚至整個學術界的嶄新氣象。

從《思與言》的創刊，我們也可以看出西方史學與臺灣史學研究之間開始的緊密聯繫。自然，這一聯繫始終存在。由於冷戰的局勢，許多研究中國歷史的美國學生、學者無法去大陸接受語言訓練和從事研究，加上國民黨政府又以「正統中國文化」的代表者自居，以復興中華文化爲己任，臺灣因此也就自然而然地成爲培養美國「中國通」的基地。這一方面的典型例子就是1955年美國幫助創辦的中央研究院近代史研究所。當然，創辦該所的最初動機，可以追溯到朱家驊任中研院總幹事的時候，當時（1936年）朱就與傅斯年商量成立近史所。而1955年近史所的成立，正是朱任中研院院長的時候。⑨但美國學者費正清、韋慕廷等人在幫助郭廷以獲得美國基金會的支援，對近史所的創辦，有直接的推動作用。⑩

對於美國學者來說，臺灣是研究共產主義中國的一個基地，符合冷戰的需要。費正清對此有十分明確的表述：

不論臺灣的政治再糟糕，我們（美國）需要那塊地方，因為那

⑨見陳之邁著《朱家驊先生年譜》(臺北：傳記文學，1967)，頁92。

⑩詳見張朋園《郭廷以、費正清、韋慕廷：臺灣與美國學術交流個案初探》(臺北：中研院近史所，1997)。另見《走過憂患的歲月——近史所的故事》，陳三井主編（臺北：中研院近史所，1995)。

> 兒沒有共產黨。在那兒（我們的政府）可以得到情報，了解大陸的軍事，我們（學術界）的人員可以得到語文訓練，做學術研究。加上當地的人傾向西方，我們需要這樣的盟友。

在另一場合，費正清又從文化的角度，對臺灣作爲研究中國的基地做了說明：

> 中國的文化是一體的。留下臺灣有一個建設性的意義，在中國文化的生活環境中訓練我們的學者和專家。他們在臺灣可以親身體驗中國的文化和中國人的生活方式，臺灣是美國的一個學術基地。⑪

另一位幫助近史所得到美國基金會資助的韋慕廷，也在給基金會寫的報告中，說明了當時美國應該資助臺灣學術界的原因：「基金會給予近史所的補助，目的在協助該所成爲中國近代史的研究與出版中心，相信該所必將有助於美國和全球學術界更加瞭解中國。」同時，他也指出，近史所也能成爲美國對臺灣施加影響的據點。韋慕廷寫道：近史所出版的論文，「在選題、架構方面，可以看出受到美國學術的影響，而這些著作是用中文撰寫的」。近史所同仁的著作，在韋慕廷看來，其價值在於「闡發中國的觀點，但又不像中國大陸的學術著作，受到意識型態的束縛」。⑫事實上，沒有一部歷史著作是不受

---

⑪引自張朋園《郭廷以、費正清、韋慕廷》，頁75-76。

⑫見韋慕廷〈福特基金會報告與近史所〉，《走過憂患的歲月——近史所的故事》，頁240和頁246。

到意識型態影響的。韋慕廷認爲臺灣學者的觀點反映了「中國的觀點」，表現了那時美國學術界視臺灣爲「正統中國」的共識。

作爲這樣一個學術基地，臺灣爲美國研究中國，培養了不少人才。費正清在當時把中研院稱爲「南港學派」，將其視爲全世界範圍內中國研究的一個重要據點，與他所在的哈佛大學和美國西岸的華盛頓大學相提並論。在費正清看來，中研院在資料佔有和整理方面，得天獨厚，是訓練「中國通」的一個不可或缺的重鎭。⑬在當時研究中國歷史的美國學生中間，就有二十多人在臺灣從事研究而完成了博士論文。一些當時在各大學任教的中國史教授，也到臺灣做過訪問和研究，如Knight Biggerstaff, Albert Feuerwerker, Mary Wright等。⑭那時還年輕一輩的學者，現在有不少都成了當今美國史學界的名牌學者。他們的來訪，促進了雙方之間的交流。如臺灣美國史研究的權威學者孫同勛，就在現今美國中美關係史的權威之一、時任密西根州立大學歷史助教授Warren Cohen當年訪問臺大時，幫助後者蒐集和整理過資料。而Cohen以後又幫助孫到美國留學，助其受到美國史的訓練。⑮

在1950和1960年代，西方和美國的史學界，對史學與社會科學的聯盟，非常重視，形成一個新的研究風氣。在法國，年鑑學派（Annales School）在二次大戰以後，得到長足的發展，引領西方史學

⑬據張玉法回憶，費正清在訪問中研院近史所時曾說，中國史研究有哈佛學派、西雅圖學派與南港學派。「哈佛學派有理論有資料，南港學派有資料無理論，而西雅圖學派無理論、無資料。」見氏著〈中國近代史研究的新方向〉，收入其《歷史講演集》（臺北：東大圖書，1991），頁7-8。另據筆者對張的採訪記錄，2001年7月6日於近史所。

⑭張朋園《郭廷以、費正清、韋慕廷：臺灣與美國學術交流個案初探》，頁20。

⑮孫同勛與筆者的談話，1999年4月3日於孫寓所。

界的潮流。史家布勞岱（Fernand Braudel）等人，運用社會科學的方法，提倡研究歷史的「長時段」（longue durée），即歷史變動與地理結構、人口增長、生態環境等方面的聯繫。在德國，則有所謂「社會科學的歷史學」一派，也主張在歷史研究中，引入新的社會科學的方法與理論，突破蘭克學派史料批判的傳統。在美國，歷史學與社會科學的結合，則造成了社會史的興起和發達，成爲史學界最爲引人注目的新潮，至今不衰。⑯

對於西方史學界的這一變化，學者們做了這樣的總結觀察，「年鑑學派和馬克思主義促成了二十世紀社會史的興起。雖然十九世紀的史家也模糊地談到『人民』，二十世紀的社會史家則希圖細微地展現普通民衆的日常生活」。而在美國，社會史的興起，也有其社會背景，除了當時蓬勃開展的民權運動和反戰運動以外，二次大戰以後退伍老兵進入高等院校，促成了美國高等教育的長足發展，因此，史學家的隊伍也有所改造。一些出身勞工階級的史學家，對社會政治精英的生活，不感興趣，而樂意研究一般民衆的生活。於是，從1958年到1978年的二十年中，以社會史爲題的論文增長了四倍，超過了政治史。社會史的研究，也使得人們對美國歷史的認識，有了重大的改變。⑰

正如韋慕廷所觀察到的那樣，臺灣學術界那時受到西方學術很大的影響。美國學者的來訪和受訓，自然是這一影響的根源之一。但在

---

⑯ Georg Iggers, *New Directions in European Historiography* (Middletown CT: Wesleyan University Press, 1975)。

⑰ Joyce Appleby, Lynn Hunt, Margaret Jacob, *Telling the Truth about History* (New York: W. W. Norton, 1994)，頁84和頁146-148。

幫助臺灣史學家瞭解西方史學新潮這方面出力最多、影響最直接的是那些由臺灣赴美留學、以後又長期或短期回臺教學的人物。如果我們採用杜正勝的說法，臺灣史學家自1949年以來，有三代人，而從大陸來臺的是第一代，那麼，這些在1960年代學成的學者，則屬於第二代。有關他們的治史風格，杜正勝說道：

> 他們治史也有一些特色，最突出者莫過於援引社會科學方法到歷史研究的領域。臺灣歷史學家重視社會科學方法固不始於第二代。……但強調運用社會科學方法無疑是第二代的特點，當時傑出的史家即使不以提倡「社會科學的史家」為職志，也多和社會科學方法有些關係；歷史家和社會科學家經常有學術對話，甚至創辦社會科學的史學雜誌。⑱

這裡的「社會科學的史學雜誌」，以《思與言》爲代表。在第二代歷史學家中，以許倬雲和陶晉生在當時的影響比較主要。而許又比陶早回臺灣，擔任臺大歷史系主任多年，因此作用發揮得更早一些。但陶在回國以後，與其父陶希聖復刊《食貨月刊》雜誌，推動史學的科學化和中國社會史的研究，其影響力也十分重要。

在許倬雲1962年從芝加哥大學獲得博士學位回臺以後，他與差不多同期回臺、與他背景相似的胡佛、李亦園、楊國樞、文崇一、張存武等人共同創辦《思與言》雜誌，開始有系統地促進臺灣史學的方法論轉向。許倬雲與胡、李、楊所受訓練雖有不同（胡佛是政治學家，李亦園爲人類學家，而楊國樞爲心理學家），但卻能相互砥勵，相互

---

⑱杜正勝〈中國史在臺灣研究的未來〉，《歷史月刊》，92（1995・9），頁80。

借鑒，更有效地將史學與社會科學結合起來。他們對「史料學派」專注考據的學風，開始表示不滿。在《思與言》雜誌創辦的第二年（1964），該刊發表一篇〈社論〉，題爲〈史學可走之路〉，其中說道：

> 逮及近世，民國以來的史學發展為二大類型。一類以狹窄的民族偏見為歸宿，正如歐洲在民族國家初起時一樣，治本國史者以證明本位文化之優越為目的。……另一大派則以史料學為史學，不談史學目的，只是點點滴滴的考訂一小段史實，一小件史料，或一小類制度。這一派以蘭克的史學為標榜，其實只抓住了蘭克史學的前一半，忽略了蘭克以解釋史事為目的的後一半。這一派一味求真，以致把對象的重要性程度撇開不提。⑲

他們認爲，爲瞭解歷史本身的複雜、多樣，「單靠傳統的史學方法是不夠的」。爲此，他們提出要借助心理學、文化人類學和社會學的研究手段。他們承認，史學需要考證，但是，「我們不可能有那麼多的時間來全盤重建過去。我們不能不以速寫的畫像，擷取神韻，來代替不可能由枯骨重生的血肉之軀」。總之，史學不僅要「敘述」，而且要「解釋」。⑳

這段話，可以視爲許倬雲他們這一代人革新史學的宣言。自此而降，臺灣史學的面貌開始發生了轉變。在1965年，《思與言》雜誌又再次向「史料學派」的學風展開了批評。在題爲〈史學的相對觀點〉的社論中，他們提出科學史學的性質值得進一步探討，因爲歷史必須

---

⑲〈史學可走之路〉，《思與言》，2：4（1964・11），頁1，總頁342。

⑳同上，頁2，總頁343。

不斷重寫，以反映時代的興趣。由此，他們說道：

> 由這一觀點來推廣，我們看出了單純為史料而尋史料的窘局。哪一種史料最受史學家的注意，也是不能離開史學家代表的注意重點。的確，歷史是史事與史家無盡無休的對白。必須承認這一個不可避免的限制，史學家方可接受其應擔任的角色，而不勉強冒充史學家不能做到的假科學英雄。㉑

如果上述言論只是從史學相對性的觀點對史料學派的一點旁敲側擊，那麼在四個月以後，《思與言》的另一篇〈有感於當代史學〉的社論，則將矛頭直接針對住了史料學派，稱之爲「新歷史考據學」。該社論在分析這一「新歷史考據學」的興起時，點了蔡元培、傅斯年的名，並引用了他們的原話，如傅著名的「近代的歷史學只是史料學」等。然後，《思與言》批評道：

> 這種只重史料考證而不著史的治史態度，在中國近代史學界發生了極深遠的影響，迄至今日，考史而不著史，是中國史學的主流。一些頗為淵博的史家，殫畢生精力於訂偽正謬，襞績補苴之間，而不肯寫屬於綜合性的歷史大著。他們所考證出來的結果，固然不無糾謬發覆之見，符合歷史求真的宏旨，可是一般說起來，太失之於繁鎖了，一個年代的考證，一處地名的考證，一本書作者真偽的考證，以及一般整齊類比，考訂異同的工作，都是瑣瑣碎碎，枝枝節節，考之者不憚其煩，覽之者難以卒讀。加以

㉑〈史學的相對觀點〉，《思與言》，3：1（1965・5），頁1-2，總頁491-492。

> 不宗尚簡之義，鋪張敷陳，喋喋不休，一小的考證，有至數萬言或數十萬言者，洋洋灑灑，可稱巨製，而稽之則其義不多，有傷堆砌。這無怪乎一般讀者對之仰之彌高而避之惟恐不速了！㉒

以這樣的批評語氣來總結以往臺灣史學界的狀況，表明了《思與言》的編輯與作者對社會科學史學的嚮往之意。因此我們有理由將1960年代中期視爲臺灣史學一個新階段的開始。㉓

在這之後，《思與言》雜誌成爲介紹、研究西方史學思潮，並以此來推進臺灣史學研究與社會科學相結合的主要陣地。那時常在該雜誌上發表論文的既有當時年富力強的中年學者，如杜維運、張存武、李恩涵、王爾敏，又有初出茅廬的年輕學子李弘祺、黃俊傑等人。自然，從美國長期或短期回臺的陶晉生、陳啓雲等也爲該刊的成長提供了不少幫助。如陳啓雲在1967年發表的一篇談話式的文章〈談歷史研究〉，就對當時美國史學界的最新動態有不少介紹。他以美國「漢學」傳統之變化爲例，來分析史學與社會科學如何走向結合的問題。㉔當

㉒〈有感於當代史學〉，《思與言》，3：3（1965・9），頁2，總頁588。

㉓黃俊傑在爲賴澤涵主編的《三十年來我國人文及社會科學之回顧與展望》（臺北：東大圖書，1987）一書所寫的〈三十年來史學方法論的研究的回顧與前瞻〉一文中（頁161-240），從臺灣史家重視史學方法論的角度，將1970年視爲一個新的階段。但他的考慮方式，主要以有關論文的發表數量爲基準，而我更注意的是史學觀念的變化，因此有所不同。我的分期與李東華在〈一九四九年以後中華民國歷史學研究的發展〉和杜正勝在〈中國史在臺灣研究的未來〉的觀點類似。李文載《中國論壇》，21：11（1985・10），頁36-42。杜文載《歷史月刊》，92（1995・9），頁79-85。

㉔陳啓雲〈談歷史研究〉，《思與言》，5：2（1967・7），頁11-14，總頁1201-1204。

時還是學生的李弘祺、黃俊傑則或以專論、或以翻譯來介紹引進西方史學研究的新趨勢、新理論和新方法。㉕這表明那一代的學生中，至少有一些人已經在嘗試用新的手段研究歷史，不再像林毓生的時代那樣既不滿又無奈了。

年輕一代的史學工作者能開始在史學界冒頭，也正是由於到了1960年代，第一代的史家已經相繼老去，即使沒有過世的，也由於種種原因，離開了臺灣。譬如，「史料學派」最重要人物之一的胡適，便於1962年與世長辭。傅斯年長期共事的老友，以後曾擔任史語所所長的董作賓，也於1963年過世。不過董作賓在過世以前，已經出任了香港大學東方文化研究所的高級研究員。在胡適逝世以前，他曾以中央研究院院長的身分，堅持考證史學的傳統和學術自由的理念，抵制當時國民黨政府希望學術爲「反攻大陸」政策相結合的作法。㉖但是，一旦胡適去世，這一傳統的繼續也就變得愈益困難了。史語所的一些精幹，如勞榦和全漢昇，也分別到了美國與香港。1970年姚從吾和1979年李濟的逝世，更說明到了那時，第一代史家已經基本退出臺灣史界了。

即使在世的第一代史家，他們的史學觀念在那時也產生了轉變，不再爲舊有的傳統所束縛，而是鼓勵新一代的史家做新的探索。傅斯年的老友、長期擔任臺大文學院院長的沈剛伯，便是一例。1968年沈應邀到史語所演講，慶祝史語所創辦四十週年，就發表了意味深長的

㉕李弘祺〈試論思想史的歷史研究〉；黃俊傑〈科學方法與史學家的工作〉，分別見《思與言》，7：2（1969・7），頁30-43，總頁104-117；9：6（1972・3），頁41-46，總頁359-364。

㉖參見許冠三〈三十五年（1950-1985）來的臺灣史界變遷〉，《新史學九十年》，下冊，頁246-251。

〈史學與世變〉的演說。他指出：「史學產生以後，物質環境仍然是日新月異，史學也就跟著不斷底變。世變愈急，則史學變得愈快；世變愈大，則史學變得愈新。」具體說來，史學順應時代變化的作法是，「用新的史料，來配合新的重心和觀念，就得用新的方法；用新的方法編著的書，一定有新的體裁。像這些新的觀念，新的資料，新的方法，同新的體例所構成的新史學往往因時代的進步而又成爲不合時宜的舊學，須得再變」。

在演說中，沈剛伯又舉了中西史學發展的例子，來說明史學必須跟上時代的必要性。他指出，史語所的工作，「一方面繼承從歐陽文忠以來，直到清朝的治史風氣；一方面採用西方十九世紀以來的史學方法」，這就把傅斯年的「史料學派」，做了時代的定位。然後他在底下講，「在史語所成立的時候，世界潮流已開始變動，彼時還不十分顯著，可是後來就越變越大，到現在，那第一次大戰前所盛行的史學已難完全適用，而新的史學卻又未能確實成立。這是現在史學界所遭遇到的大困難……」㉗這也就等於明確表明，他認爲史語所所代表的治史風格，已經過時了。

沈剛伯的這一態度，在當時的史學界產生了一定的反響。另一老輩史家李宗侗，也在主編《二十世紀之人文科學：史學》一書時，邀請其弟子許倬雲寫了〈社會學與史學〉，置於篇首。在該書中，還有〈考古學與中國上古史〉、〈民族學、人類學與史學〉等章。㉘難怪杜正勝在評論第一代史家時說：「大體上第一代史家的心態是開放的，

㉗沈剛伯〈史學與世變〉，《沈剛伯先生文集》（臺北：中央日報編印，1982），上，頁63-75。

㉘《二十世紀之人文科學：史學》（臺北：正中書局，1966）。

並不刻意營造嚴格的學派；所以當六○、七○年代，他們教出的學生出國留學帶回許多新的歷史研究的觀念和方法時，並沒有遭到阻礙，很快地成爲歷史研究的新潮流。」㉙這一概括，固然可以商榷，但以沈剛伯弟子自許的杜正勝，或許是意有所指的。

在1970年代初期，《思與言》雜誌召開了三個有意義的討論會，一個題爲「二十年來我國的史學發展」，另一個題爲「歷史研究與歷史教學」，最後一個題爲「社會科學與歷史學」，分別由張存武、陶晉生單獨或共同主持。這三個討論會，觸及了史學史研究的主要方面，既有對以往史學規範的檢討，又有對培養史學人才的思考，更有對史學未來發展的探索。在第一個討論會上，主講的杜維運、李恩涵都認爲，在以往的二十年中，考據是史學研究的主流。杜維運說道：

> 近二十年來，不可否認的考據仍然是史學的主流，中央研究院歷史語言研究所可以說完全籠罩在考據風氣之下的，臺灣大學歷史系、歷史研究所與考據有極深的淵源，學術著作的審查以及資助，也以其是否有考據份量作最重要的標準之一。㉚

對此傾向，杜和李都表示了不同程度的不滿。杜維運認爲，過分重視考據，妨礙了史學家進行貫通的工作，使得有人「畢生研究春秋史，最後寫不出一部春秋史出來；畢生研究隋唐史，最後寫不出一部隋唐史出來」。而李恩涵則乾脆提出，「『歷史爲史料學』的時代已經過

㉙杜正勝〈中國史在臺灣研究的未來〉，《歷史月刊》，92（1995・9），頁80。

㉚見〈『二十年來我國的史學發展』討論會〉，原載《思與言》，10：4（1972・11），引自李弘祺等著《史學與史學方法論集》（臺北：食貨，1980），頁376。

去。當代史學工作者不應仍以單純的從事史實的重建爲滿足，而應在此之外，從事史實解釋的工作」。㉛

很顯然，李恩涵、杜維運能有這樣的認識，與他們都曾在西方受過教育不無關係。在當時史學走向科學化的風氣影響下，他們都傾向認爲歷史著述不應再以敘述故事爲滿足，而必須對歷史的活動有所解釋。實際上，提出歷史必須解釋，也就是表達了對人類解釋能力的一種自信。而這一自信，正是從西方社會科學的發展中獲得的。隨著人類學、經濟學、心理學和社會學在二次大戰以後的蓬勃進展，對人類社會的研究有了不少突破。這種突破對史學研究帶來了衝擊。這一衝擊，主要表現在史學家眼光的擴大和轉向——從個人擴大到集體、從上層轉移到下層——具體表現爲社會史的興起。

如前所述，社會史的興起，在西方史學界有其社會和政治原因。如1960年代的左傾激進主義運動，便以反精英文化爲其表現方式之一，因而促使歷史學家重視社會大衆的力量和作用。㉜饒有趣味的是，臺灣社會史在臺灣史學界的走紅，除了那些受到西方教育的人士的推動以外，也有其社會背景，那就是史學研究工作者隊伍的大幅擴大。自1950年代後期以來，歷史教育機構在臺灣激增。以前大學設有歷史系的只有臺大、師大和東海三校。由於臺灣經濟的逐步發展，高等院校也開始提升擴大。文化學院（今文化大學）在1963年成立了歷史系，輔仁大學則在1965年成立了歷史系。到了1967年一年中，政

㉛同上，頁377；頁383。

㉜有關二十世紀史學的發展變化，參見Georg Iggers, *Historiography in the Twentieth Century: from Scientific Objectivity to the Postmodern Challenge* (Hanover and London: Wesleyan University Press, 1997)。另外，Joyce Appleby, Lynn Hunt, Margaret Jacob, *Telling the Truth about History*也對美國社會史的興起作了一些分析。

治大學、中興大學和成功大學都相繼成立了歷史系。淡江大學和東吳大學也在1972年建立了歷史系。在這期間，師範大學、文化大學和政治大學還開設了歷史研究所，培養史學碩士和博士。於是，史學研究的隊伍急劇擴大，很快改變了原來臺大與史語所獨撐局面的情形。這些新的研究人員，雖然也不免受到已有的學術傳統、譬如「史料學派」的影響，但畢竟由於增長過快，無法做到嫡傳師承，因此其治學風格也就顯得不同了。於是，少數精英支撐臺灣史學界的情形自此開始便慢慢煙消雲散了。

就史學史的發展來看，要想對社會大眾作研究，除了有此意向以外，還需有手段。從十九世紀下半葉開始，西方就有人寫《英國人民史》、《法國人民史》等著作，但其內容卻與1960年代以後的社會史，差之甚遠。這裡的原因是，當時的史學家沒有從事社會團體研究的手段，還是採用了傳統的敘述方式，運用常識作分析。而這些研究大眾社會的手段，正是由於社會學、政治學、心理學和經濟學的新發展所提供的。有了這些手段（其中包括量化的分析和理論模式的建立），解釋集體的心理、行爲才變得可能；史學家才能引用這些手段來從事「眞正的」社會史研究。

在《思與言》召開的「社會科學與歷史學」討論會上，主持人陶晉生就在引言中引述別人的話說，史學與社會科學的共同點就是它們的研究對象都是人，而既然要研究人，就必須「對有關人所據以判斷的只是常識而已。但是現代社會科學家的發現，使常識的層次提高，史家要轉向他們來充實自己的常識，不應墨守過去的陳腔濫調」。㉝

㉝〈『社會科學與歷史學』討論會記錄〉，原載《思與言》，12：4（1974・11），見李弘祺等著《史學與史學方法論集》，頁31。

而張朋園在該會的一個發言，更是一言道破了史學與社會科學的密切關係。他認爲史學借助社會科學是「必然的趨勢」，其原因在於：「歷史的研究，過去我們注意一個皇帝、一個大人物，而今天要注意的是人群大眾，如果研究一般大眾而不借重社會科學家的理論與方法，則無法看出問題來。」㉞在那次會上，文崇一、胡佛、李亦園、易君博、楊國樞從各自的研究領域，介紹了與史學相關的、社會科學的理論和方法。雖然他們的介紹，由於隔行的原因，有隔靴搔癢之感，但召開這樣的會議，請外行的人來指導史學研究的工作，正好說明史學家本身感受到的方法論危機。

張玉法對此危機感有十分準確的描述。他說：

> 各類科學都在無限擴張其範圍，尤其是社會科學的擴張，對史學的威脅極大，史學家如不振作，史學將有被瓜分的可能。有價值的史學著作將為政治學家、經濟學家、社會學家、人類學家，甚至統計學家，心理學家所寫的歷史，史學家將只是「東抄西湊」的人，而史學也就變成了雜燴。㉟

由此憂慮，張玉法在那個年代，對史學方法論的更新作了不少思索，其文字大都見於他與臺灣師範大學的同仁在1971年所辦的《新知》雜誌。這一雜誌與《思與言》一樣，具有跨學科的性質，但又以普及爲

㉞同上，頁67。

㉟張玉法〈史學革命論〉，見氏著《歷史學的新領域》（臺北：聯經，1978），頁155。

目的，在學界也有一定的影響。㊱

二、《食貨月刊》和史學方法論

如果換一個角度來理解這一危機意識，就是一種對傳統史學方法的懷疑態度。史學家開始感到考證方法的不足，希望對歷史的演變提出一種解釋。在這樣的背景下，陶希聖把《食貨半月刊》在1971年復刊，改成月刊，並把副題從「中國社會史專攻」改爲「中國歷史社會科學雜誌」，明確地以倡導史學與社會科學的結合爲宗旨，使得該雜誌很快成爲史學界論文發表的主要園地。於是，借助社會科學研究歷史逐漸爲人所重視，成爲臺灣史學界的一個新潮。

陶希聖在復刊詞中，用十分淺顯的文字表明了他的宗旨。對他來說，「社會科學家就其所研究的部門作歷史的探討，是常有的或必有的工作。歷史學家或有意或無意，借助於社會科學以期其解釋歷史上的事件和問題，也是常有或必有的事」。這是因爲「歷史學的理論和方法不止一端，而採用社會科學的理論與方法以致力中國歷史及社會研究的道路，迫切需要我們再拓寬，再延長。如何促使中國歷史學從文學家的筆下走進社會科學的講壇之上，就是我們應該解答的課題」。㊲陶希聖之所以這樣說，顯然與他原來的經歷有關。作爲「中國社會史論戰」的代表人物之一，他早在1930年代就企圖利用社會科學的理論來解釋中國歷史的演變。

㊱張玉法在《新知》上的譯作和文章，均收入《歷史學的新領域》一書。《新知》雜誌自1971年開始發行，到1974年結束，共有四卷。那時該刊的作者還有李國祁、張朋園等。

㊲〈食貨復刊詞〉，《食貨月刊》復刊，1：1（1971・4），頁1，總頁1。

但是1971年復刊的《食貨月刊》，其關懷的問題與舊的《食貨半月刊》不同。雖然舊的《食貨半月刊》也不想用史料來論證諸如中國社會發展的經濟規律等觀點，但作者寫作時還是帶有這樣的問題意識。正如那時的陶希聖所說的：「心裡一點什麼也沒有，我們去就史料論史料，好嗎？這也是不成的。」㊳因此杜正勝總結說：「陶希聖仍然不能忘懷於大理論。」杜還引用陶晚年的話說：「《食貨》半月刊反公式主義，反教條主義，主張自由運用史學方法，不能算是考據，也不算歷史哲學，也不完全是馬克思的唯物史觀，從這裡就產生了社會史觀。」㊴其實，陶所用的「社會史觀」一詞，就表明他那時對理論的興趣。

當然，我們也不能說復刊後的《食貨月刊》就完全沒有問題意識，只能說那時《食貨月刊》作者所關心的史學與社會科學結合的問題，已經與陶所關心的十分不同了。在某種程度上，陶也無法眞正理解那些新的理論和方法，只有在美國經過社會科學「洗禮」的陶晉生、許倬雲等人及其弟子才能有深入的體會。正如杜正勝所言：「我們看到的《食貨月刊》月刊遂多反映五、六〇年代美國社會科學的面孔，和原來的半月刊其實有很大的距離。」㊵從陶希聖那時給《食貨月刊》的作品來看，也能說明這一點。陶那時的幾篇大作〈齊學入晉，晉學入秦〉和〈秦用晉法，漢行周道〉，特別是〈儒法關係之社會史的考察〉和專著《中國法制的社會史考察》，既有理論方面的探

㊳陶希聖〈編輯的話〉，《食貨月刊》，1：1（1934・12），頁29-30，總頁29-30。

㊴杜正勝〈中國社會史研究的探索：特從理論、方法與資料、課題論〉，《第三屆史學史國際研討會論文集》（臺中：中興大學歷史學系，1991），頁32。

㊵杜正勝〈中國社會史研究的探索〉，同上，頁47。

索，更有個案的具體研究，對倡導社會史的研究，有榜樣的作用。㊶用杜正勝的話來說，陶希聖對社會史研究的貢獻在於用「禮」和「律」兩方面「來分析中國社會組織的特色，文化的根源，和制度的傳承，貫通先秦經典與秦漢以下的歷史，對中國歷史社會作通盤性、整體性、有機性的解釋」。㊷這一方法，對當時的年輕學者頗有影響。杜正勝以後的研究興趣和取向，就顯然有陶希聖影響的痕跡。對此我們下面再述。

對年輕一代的學者來說，他們對社會史的興趣，既受到前輩學者的影響，也與他們對西方史學發展的關心有關。從他們對《食貨月刊》的投稿來看，可以看出他們對西方、特別是美國史學家採用社會科學的理論與方法研究歷史的作法，有著濃厚的興趣。復刊後的《食貨月刊》，花了大量篇幅譯介這一方面的論述，以求把新的理論與方法引進到臺灣。如果說殷海光對社會科學方法與理論的理解，有些落伍的話，那麼到了1970年代，這一不足就爲他的學生輩所克服了。《食貨月刊》從一卷三期開始就登載了殷門弟子鮑家麟譯的〈作爲社會科學的歷史〉的長文。一卷八和九期又登載了她譯的〈科際與社會科學的歷史〉，充分表現了《食貨月刊》想建立「中國歷史科學」的理想。那時在該雜誌上發表譯作的還有黃俊傑、古偉瀛、梁庚堯等人，分別介紹史家運用社會科學研究歷史的各種方法與理論。在各種手段當

㊶見《食貨月刊》復刊，2：12（1972・3）和3：2，4，6，8（1973・5，7，9，11）和《中山學術文化集刊》第十七集（1976），第十八集（1976）和第十九集（1977）。專著由臺北食貨出版社1979年出版。另見陶晉生〈陶希聖論中國社會史〉，《古今論衡》，2（1999・6），頁32-43。

㊷杜正勝〈陶希聖先生的社會史研究〉，《國史館館刊》，復刊第5期（1988・12），頁21。

中，用統計方法從事量化史學的譯介最多，最受讀者重視。因此許冠三有如此觀察：「以注重點來說，最受青睞的是早經梁啓超與丁文江提倡的量化史學與比較史學，其次是心理學、社會學與史學的結合。……量化技術的應用就成了新銳學人關注的課題之一。」㊸

饒有趣味的是，在黃俊傑回顧臺灣史家在史學方法論的探索的長文中，他也多次採用了量化的手段。譬如，他將從《食貨月刊》復刊以後的十年中刊載的論文，根據其研究範圍，分門別類，製成圖表，做了量化的研究。他的結論是：

> 十一年（1971-1981）裡，《食貨月刊》共刊登了70篇屬於史學方法論範圍的論文，其中屬於歷史哲學者有3篇，屬於史學史者有17篇，屬於史學通論性質者9篇，而屬於研究方法領域者有41篇，其中專論社會科學與史學結合者尤其佔了絕大份量。㊹

這一統計充分顯示《食貨月刊》在提倡史學與社會科學結合方面的努力。同時，這也表明在新一代的學人中，如何用新的方法研究歷史，已經逐步成爲一種共同的興趣。

那麼，受到社會科學影響的臺灣的歷史研究，其主要關懷和特點是怎樣的呢？我們可以看一下許倬雲的一些論述。雖然許在1970年已經去了美國教書，但他在這以前，任教臺大八年，培養了好幾代（指學校畢業的屆數）學生，因此他對歷史的態度和對社會史的提倡，既

㊸許冠三〈三十五年（1950-1985）來的臺灣史界變遷〉，《新史學九十年》，下冊，頁261。

㊹黃俊傑〈三十年來史學方法論研究的回顧與前瞻（1950-1980）〉，《三十年來我國人文及社會科學之回顧與展望》，頁185。

有其代表性，又有很大的影響力。對許倬雲來說，他之所以對社會科學有興趣，並不想由此來發現歷史演進的普遍規律。因此，他與參加「中國社會史論戰」的人物有很明顯的差異。比如他說：

> 早期社會學，曾經認定了要追尋單一的因果原則，至今還有若干史學界為此對於社會學不無猜疑，也有人凡用到「社會學的方法」一詞時，總誤以為相當於社會經濟決定論。事實上，社會學家早已放棄了追尋放諸天下彌不合的金科玉律。大多數的社會學家，只應用一些中距離的理論，找相當的社會，來研究其中諸變相的適度因果關係而已。㊺

這一段話，可以說是許的「夫子自道」；他所想用的理論，也就是他所謂的「中距離的理論」。他在文中舉的一些西方學者將社會學與史學研究結合的例子，也說明了他自己的興趣。具體說來，許倬雲的社會史研究，據他自己的總結，有以下的特點和成績：

> 作者（許倬雲）在利用社會學理論討論中國歷史上的社會，也是心之所好。作者受李玄伯師的啓示，注意到古代春秋間君子小人的凌替現象。其後，又接受Max Weber利用理想型作比較研究工具的方法學，採用Tonnies Durkheim和Maine的社會關係分類的觀念，以功能主義挑選一個變數，分析全體各函數關係的工具，駕馭量化了的文獻資料，同時用許多個案說明實際的升沉情況。作者的《先秦社會史論》即以上述態度，把春秋社會與戰國社會

㊺許倬雲〈社會學與史學〉，《求古編》(臺北：聯經，1984)，頁624。

作成兩個橫切面，從兩個時間平面間的差別為出發點，嘗試討論所以致異的動源因素（dynamic elements）。近頃，作者又嘗試用權力結構的觀點，來解釋漢代中央政權與地方勢力間的關係，用地方勢力與脫離中央管束的地方獨立社群，試求中國人口移到新拓地區時的社會結構。㊻

許倬雲承認，這種「功能主義」的作法，如果從史學與社會學的結合來看，更多見到的是社會學的影響，而少見史學予以社會學的「時間深度」。或者說，這一「時間深度」往往爲時甚短，充其量只是一種「短距離」。從這裡我們可以看出1970年代的社會史與1930年代的社會史之間的顯著不同。許倬雲自己對三〇年代以來中國史學界在社會史研究方面的回顧，也顯出這一偏好。他認爲陶希聖等人參與的「中國社會史論戰」，雖然在推動社會史研究方面有積極意義，但若就其著述來看，則「仍具有過分強烈的政治性，在方法上具有過分公式主義的氣息」。反過來，他對陳寅恪等人並不標榜社會史的著作，倒反而十分欣賞。更有甚者，許對以往社會學家的著作，評價似乎更高，如費孝通和張東蓀等人的作品。㊼許的評論，並不是無源之水，而是反映了當時一代人的治學風格。與他一樣受到美國學術訓練的學者，也比較注重對某個課題、某個歷史時期的研究，而不願對歷史的通則與規律，隨意猜測。這一傾向，也體現了史學發展的世界潮流。㊽

㊻同上，頁641-642。

㊼同上，頁637-640。

㊽西方從1970年代以來，有所謂的「微觀史」、「日常史」等學派的產生，也就體現了這一潮流。而在中國史的研究領域，除了許倬雲、何炳棣的著作以外，最著名的也許就是黃仁宇的《萬曆十五年》了。

在當時的臺灣史學界，由於意識型態的原因，對那種希求在歷史中尋找規律的馬克思主義學風，自然有天生的反感，因此對社會科學所帶來的新的治學方法，很容易接受。晚年的沈剛伯寫了一篇方法論方面的短論〈從百餘年來史學風氣的轉變談到臺灣大學史學系的教學方針〉，對十九世紀流行的歷史哲學，做了總結和批判，認爲這種「史演論」，即希望總結歷史演變通則的作法，漏洞百出，不再符合時代的需要。黃俊傑在1987年回顧史學方法論研究的評論中，特意引用了沈的文章，體現出一種在史學與社會科學結合方面新老兩代史學家的一種共識。㊾

這一共識，體現在1960年代以來出版的大量有關史學與史學方法論的著作中。這些探討史學方法的著作，都或多或少受到《食貨月刊》的影響，希求把史學與社會科學相聯繫。據許冠三的統計，「在《食貨》復刊後的十年中，因科際史學遠景而編撰的書籍，平均每年在一本以上」。他寫道：

> 由直接緣於殷海光啓發而編輯之《社會科學方法論》(陳少廷編，1971)始，接著有方豪主編的《歷史學》(即《雲五社會科學大辭典》之十二，1971)，黃培撰的《歷史學》(1973)，楊懋春寫的《史學新論：試作社會學與歷史學的整合》(1974)，以及張玉法自選的論文集《歷史學的新領域》(1978)。編譯成書的則有《歷史學手冊》(張存武、陶晉生合編，1976)，《史學方法論

㊾沈剛伯文載《國立臺灣大學歷史學系學報》，1：1（1974・5），頁1-8。黃俊傑文見前引賴澤涵主編《三十年來我國人文及社會科學之回顧與展望》，頁203-206。

叢》（黃俊傑自譯自編，1977），《史學方法論文選集》（杜維運、黃俊傑合編，1979），《史學與史學方法論集》（李弘祺編，1980），《歷史學與社會科學》（康樂、黃進興合編，1981）。翻印的海外述作，則有許冠三的《史學與史學方法》（上、下）和《歷史解釋》譯文集（1971）。[50]

其實，雖然許冠三所舉的書目已經讓人印象頗爲深刻，但還不完整。所遺漏的還有周培智的《歷史學歷史思想與史學研究法述要》（1973）和王爾敏《史學方法》（1977）等。特別値得一提的是，許冠三沒有提到杜維運在1979年出版的《史學方法論》一書以及杜與陳錦忠、黃進興等人編的《中國史學史論文選集》（一、二、三），其中也包括了不少探討史學方法革新及其運用的文章。

杜維運的《史學方法論》，成書較晚，又基於作者長期在臺大和其它大學講授「歷史方法論」的經驗，內容全面而且豐富，可以集中顯示當時臺灣史學界在史學方法論的探究的成果。杜維運的治史，受到大陸來臺的第一代學者如姚從吾的影響很深。在追念姚從吾的文章中，杜維運寫道，他在1952和1953年間，上了姚的歷史方法論的課，對姚所推崇的德國蘭克學派，印象很深，也熟知姚所總結的一些史學方法的原理，如「騎馬要坐到馬背上」，「游水要跳到河裡去」，「轉手記載不如原書」，「以漢還漢、以唐還唐」等等。在他1963年從英國劍橋進修回臺以後，又應姚之邀請，共同在臺大開設「歷史方法

[50] 許冠三〈三十五年（1950-1985）來的臺灣史界變遷〉，《新史學九十年》，下冊，頁260。

論」。[51]因此，他與第一代史家，即「史料學派」的關係，可謂深厚。

但是，與姚從吾和傅斯年有關史學方法的論著相比，杜維運的著作顯然有很大的不同。前者的著作，以核定、批判史料爲主，如姚從吾的《歷史方法論》，除了闡述德國蘭克學派的興起以及影響以外，討論最集中的是處理史料的方法及其例子。姚當然也涉及一些其它學科，稱之爲歷史學的輔助學科，但其目的仍然是爲了更有效地核定史料。[52]在傅斯年當年在北大上的「史學方法導論」的講義中，也只存有「史料論略」一節，其它有關史學史與史學觀念的章節，均已不存。[53]這一現象，雖屬巧合，但與傅斯年重視史料的態度，卻亦符合。

杜維運著作的特點是，盡量吸收西方史家在歷史學的理論與方法方面的新見解，並將之融會在書中。他在「自序」中寫道，他曾兩度到英國劍橋，專研史學方法，「遇有西方史家論及史學史與史學方法的專書或專文，或蒐購，或傳鈔，寅夜誦讀，孜孜矻矻」，甚至「矢志不寫文章，悉力閱讀」。[54]可見他專研西方史學之勤。在出版《史學方法論》一書之前，杜維運寫有《與西方史家論中國史學》一書，希圖在西學衝擊的背景下探討中國史學發展的前景，顯示出他力求溝通中西史學的雄心。[55]

[51]杜維運〈姚從吾師與歷史方法論〉，《姚從吾先生哀思錄》(臺北，1971)，頁81-85。

[52]見《姚從吾全集》(一)(臺北：正中書局，1971)。

[53]見《傅孟眞先生集》，第二冊，頁1。

[54]杜維運《史學方法論》(臺北：華世，1979)，自序，頁1。

[55]杜維運《與西方史家論中國史學》(臺北：三民書局，1977)。

杜維運在《史學方法論》的第三章，就引入了西方史家就史學是科學還是藝術的爭論，並在第四章探討史學方法與科學方法與藝術方法之間的關係。這與傅斯年的「史料學派」提倡「考史」而不「著史」的作法，就產生了相當的距離。就歷史學是科學還是藝術這一問題，杜維運在羅列了西方史家的意見以後，提出了自己的看法：

> 歷史所研究者為往事，往事包羅萬象，錯綜複雜，因此歷史是一門綜合性的學術，它包括任何學術，但不等於任何學術，它不是科學，不是藝術，也不是任何其他學術，歷史是歷史，歷史女神克麗歐（Clio）永遠凜凜不可侵犯。(56)

這一說法，有點迴避問題之嫌。但是，杜維運在書中，還是將「史料學派」把史學等同於科學的作法，做了批評。他指出，歷史學的研究對象、研究目的、研究性質等方面，都與科學研究有明顯的不同。他特別提出歷史的變化無窮無盡，因此歷史研究無法揭示規律。(57)這顯然與上述沈剛伯對「史演論」、也即馬克思主義史學的批判相一致。

更值得注意的是，杜維運認爲歷史研究除了考訂史料以外，還需用藝術方法將其寫作成文，而且後一步的工作更爲高級。他寫道：

> 劇作家、小説家靠藝術的想像，有時比學者型的史學家更能接近歷史的真理。至於文學的技巧，更是史學家不可須臾離的工具。史學家是要執筆寫的，史料的蒐集、排比、考證與闡釋，只

(56)杜維運《史學方法論》，頁47。

(57)同上，頁47-49。

> 是初步工作，最後要將認為真切與有意義的史料寫成歷史。歷史的寫成，於是需要高度的文學技巧。……文學技巧以及藝術想像，都需要藝術的方法以培養，科學方法在此所能發揮者，微乎其微。將用科學方法研究出來的成果，用藝術方法表達出來，才是史學上的盛事。[58]

在這一段話裡，杜維運不僅認爲「著史」比「考史」更爲重要和高級，而且還暗示文學比史學更能反映歷史的眞理。這就不但與傅斯年等人的追求背道而馳，而且也與傅斯年、姚從吾的德國學術淵源，即蘭克學派，齟齬不合。如所周知，德國的蘭克之所以一生衷情於歷史，就是因爲受到當時人們熱衷於司各特（Walter Scott）的歷史小說的刺激。在蘭克看來，基於歷史事實的歷史陳述，應當比小說更吸引人。

由於杜維運將史學與科學做了明確的劃分，因此他的《史學方法論》，對如何運用社會科學方法治史，所花篇幅甚少。該書的第十一章題爲「歷史輔助科學」，分爲狹義和廣義兩種。狹義的「輔助科學」，以幫助史學家考訂史料爲目的，因此與姚從吾等人所談的無大差別。所謂廣義的「歷史輔助科學」，則主要指的是社會科學的方法。但杜維運所論的，主要是量化的方法。他指出，「政治學、社會學等社會科學輔助歷史研究，主要在方法與理論方面。社會科學的量化方法，能使史學家的結論，趨於穩健；其理論則對史學家有重大的啓發作用」。對於量化的方法，他認爲能幫助人們認識人口的變遷、社會的流動。但是，他又提出：「史學家可以儘量應用量化方法，但

[58] 同上，頁58。

不能迷信量化方法。歷史的最神秘處，往往須用量化以外的方法去尋覓。」[59]

從杜維運討論史學的性質以及史學方法的例子可以看出，他主張歷史學的自主性，而這一自主性，又來自歷史本身。他認爲歷史的變動有一種神秘的地方，非沉潛於內多年，心領神會不可。至於社會科學的理論與方法，則只有一些輔助的作用，並無法幫助史家獲取歷史的神韻。他的這種認識，顯然與錢穆之重視歷史精神的治史方法，有相似之處。[60]由此可見，1960年代以來的史學方法論研究，與錢穆史學異曲同工，對「史料學派」的學術理念，提出了挑戰（在1970年代，錢穆的史學通過其弟子余英時的著述及演講，在臺灣史學界頗有影響，我們會在下面再論）。同時，杜維運對史學自主性的重申，也說明了臺灣史家對於社會科學與史學的聯盟，也開始在進行批判性的反省。

在杜維運《史學方法論》出版的年代，臺灣史家對史學與社會科學的聯盟的態度，已經開始有所改變。他們一方面肯定《食貨月刊》在大力提倡在歷史研究中運用社會科學的方法，特別是引進量化和心理史學等方面的貢獻，另一方面，又開始注意到其中的不足。如杜正勝就評論道：

> 七〇年代以來臺灣研究社會史的人無不推崇《食貨》，唯其馬首是瞻。《食貨》復刊十七年，刊載的論文雖大部分集中在中國

[59]杜維運《史學方法論》，頁182-186。

[60]有關錢穆史學對歷史精神的強調，可見胡昌智《歷史知識與社會變遷》（臺北：聯經，1988）。

> 社會經濟史，真能落實所謂量化、心理分析等方法，用到歷史研究者卻絕無僅有。其中原因不能完全怪罪史家的態度保守，可能是缺乏可以配合新方法的史料的緣故吧。61

杜正勝的評論，略微顯得過於悲觀了一些。事實上，在那個年代對新方法既有介紹又付諸實踐的，還是有人。如古偉瀛的量化史學研究，涉及的範圍很廣，從春秋戰國到清末民初，都作了些研究，顯示出量化方法的廣泛適用性。古偉瀛對量化史學的倡導和研究，開始於在臺大研究所的階段，但以後一直不斷耕耘，達二十多年，即使在加拿大留學期間，也不放棄，而且還利用機會，修了有關方面的課程。62他的量化史學，就顯得比較專業化。具體說來，他的作法是，選擇一個「變數」，然後把它放到史料中進行量化的考察，從其出現的頻率多寡來分析歷史的變化。在春秋戰國時代，他用了「交戰度」。而在清末，他則用了「不安程度」。對於中國民族主義的興起，他用了「主權」來檢驗。63這些研究，「對讀者極具啓發作用」。64

當時嘗試用量化的方法進行歷史研究的，並不只是少數幾個人而

61同上，頁49。

62古偉瀛與筆者的談話（1999年6月15日）。

63古偉瀛有關量化史學的文章多見於《食貨月刊》，既有翻譯，又有研究心得。見〈內容分析之幾種用於研究傳記歷史的方法及其於中國材料的初步運用〉；〈愛德華．休特的史學與電腦〉；〈中國社會的正式組織與昇遷〉（譯作）；〈C分析簡介〉；〈史學量化及其應用於中國史料的一些考察〉，《食貨月刊》復刊，1：12；4：4；5：1；5：4；10：1，2。〈「闘蹊」（PC）與歷史研究〉，《第三屆史學史國際研討會論文集》，頁77-118。

64黃俊傑〈三十年來史學方法論研究的回顧與前瞻〉，《三十年來我國人文及社會科學之回顧與展望》，頁191。

已，而是相當普遍。中研院近史所的「中國現代化之區域研究計劃」，便把量化分析作爲其計劃的主要研究方法。該計劃規定：「在可能的範圍內，採用量化方法（如經濟建設社會統計資料，均以量化爲主），以表示現代化發展的趨勢。爲達成此一目的，預先擬定量化項目」。(65)張朋園的〈湖南省地方傳統中的幾個方面：量化分析〉一文，是一實例。在文中，張以地方志爲材料，研究了清代湖南省的政治、經濟和社會文化等方面的變化與發展。他不但用量化的手段將湖南官吏的任期、功名等做了統計，他還從許多方面，對他們的治績做了量化比較，包括有治安、撫綏、文教、賑災、建設、清廉、農耕、斷訟等。用量化的方法來考量官吏的治績（以通志記載的頻率爲準），似乎很難有說服力。但卻能看出當時量化研究風氣之盛。在其它方面，張的量化研究卻幫助了他獲得一些新的發現。如對湖南的教育，一般人認爲那時當地文風很盛，但張的量化研究卻使他看到，清代湖南人的識字率只有百分之二十左右，社會存在嚴重的兩極分化。基於這些量化的數據分析，張得出了這樣的結論：雖然湖南是魚米之鄉，可能實行現代化，但其傳統的政治與社會環境，則對之造成了很大的阻礙。因此，中國內陸省份如湖南等地自行推行現代化的可能性並不大。(66)張的這一結論，與美國史家費正清所提出的、流行於當時中外史界的所謂「西方衝擊、中國反應」的說法，頗爲一致。事實上，近史所當時參與這一計劃的同仁，都認爲中國近代的變遷，「乃

(65)張朋園〈「中國現代化之區域研究，1860-1916」計劃〉，《中央研究院近代史研究所三十年史稿》（臺北：中研院近史所，1985），頁113。

(66)張朋園〈湖南省地方傳統中的幾個方面：量化分析〉，《國立臺灣師範大學歷史學報》，10（1982・6）。

因西力東漸而起」，是「對西力入侵的一種反應」。[67]

1980年代以後，量化史學的吸引力已經沒有像以前那麼大。通過多年的探索，史學家慢慢取得了一個共識，那就是量化史學作爲史學的一個新學門，尙欠獨立性，而作爲一種史學方法，則頗爲有用。在這方面，古偉瀛的反省比較典型。他指出，「量化較大的助益是在從事研究的『過程中』，而非在其結果」。換言之，雖然量化史學作爲新興史學的一支遭到了一些挫折（這在西方亦是如此），但量化研究作爲一種方法，卻已經深入人心，成爲社會史、經濟史研究工作者的看家本領之一。[68]臺灣經濟史家如劉翠溶、陳國棟和林滿紅等人的著作，常以量化分析作爲研究的手段，資料詳實、分析詳盡，足以體現量化分析在歷史研究中的有效功能。量化史學的興起，也使得史家注意使用電腦。據古偉瀛觀察，電腦的運用對於歷史研究，有兩大功能，一是「文字處理」，二是「資料處理」。[69]就目前的發展來看，運用電腦寫作在臺灣的史家中已經十分普及。而在「資料處理」方面，也有長足的進展。近年中研院史語所的重點計劃（由黃寬重主要負責）之一，是將中國歷史典籍（包括二十四史和其它重要經典）輸入電腦，製成索引，讓讀者在網路上查詢。這一工作，不但嘉惠於臺灣的史學工作者，也對世界各地的學生學者，提供了很大的便利。這也可視爲量化史學在臺灣的一個新發展。

不過，對於當時積極參與提倡通過方法論的革新來改造史學研究

---

[67] 張朋園〈「中國現代化之區域研究，1860-1916」計劃〉，《中央研究院近代史研究所三十年史稿》，頁111。

[68] 參見古偉瀛〈歷史量化的反思〉，《新史學》，2：2（1991・6），頁109-122。

[69] 古偉瀛〈「闢蹊」(PC) 與歷史研究〉，《第三屆史學史國際研討會論文集》，頁77-118。

的人而言，他們的期望與實際獲得的效果中間，還是有明顯的距離。因此，在1980年代初，黃俊傑、杜正勝和黃進興等人都開始對研究方法論的熱心，進行了一些批判性的反省。黃進興提出，如果只希望社會科學對史學研究作一種方法論上的指導，其貢獻「是相當受限制的」；方法及方法論，不是「實際歷史研究的充分條件，也不是必要條件」。(70)黃俊傑則希望史學界同仁在注重吸收西方社會科學的方法時，也注意中國的學術傳統，「寓開來於繼往，能守舊方能創新」。(71)而杜正勝在反省那時社會史研究的不足時，逐步孕育出「新社會史」研究的動機，並在1990年創辦的《新史學》雜誌上，加以具體闡述和大力推廣。(72)

他們這些人的批評，也並非無中生有，而是有一定的事實根據的。從《食貨月刊》復刊以後所刊載的文章看，眞正能運用新的方法研究歷史的，並不太多，比較多的是翻譯與介紹。如張玉法就在推廣、提倡心理史學、量化史學方面，用力甚勤，但似乎介紹大於運用、興趣大於實踐。他今天在學術上的地位，也並非以此爲基礎。(73)當然，張玉法的例子並不特別，當時在方法論的討論中比較活躍的鮑

(70)黃進興〈論『方法』及『方法論』〉，《歷史學與社會科學》，康樂、黃進興主編（臺北：華世，1981），頁37；頁39。

(71)黃俊傑文見前引賴澤涵主編《三十年來我國人文及社會科學之回顧與展望》，頁221。

(72)杜正勝的〈中國社會史研究的探索〉對許倬雲等人的社會史研究，有不少批評，並提出了新的構想，載《第三屆史學史國際研討會論文集》頁49以降。他的「新社會史」觀點見氏著〈什麼是新社會史？〉，《新史學》，3：4（1992・12），頁95-116。

(73)張玉法的有關文章均收入氏著《歷史學的新領域》一書。他的力著《中華民國史》等並沒有標榜方法論上的創新。

家麟、黃俊傑、康樂、黃進興，以後都慢慢將學術興趣轉到了其它方面，眞正能對純粹史學方法的研究一直保持濃厚興趣的，似乎只有杜維運。(74)

從現在的眼光來看，我們對於1960年代中期以來的史學走向社會科學的運動，應該從兩個方面來認識其成績與不足。雖然運用新方法寫作的歷史著作，並不多見，成果也良莠不齊，但通過這些有關革新史學方法論的討論，史學家對新方法的敏感度和對西方學術界的興趣，則在1970和1980年代有一浪高過一浪的趨勢。促成這一興趣的，主要還是在美的華裔教授的回臺講學。比如許倬雲、林毓生、陶晉生等人雖然在美國任教，但時常回臺講學，不斷將新的理論與方法帶入臺灣學術界。對他們的每次訪問演講，學生們總是趨之若鶩，場場爆滿。而雖然不是臺灣出身的余英時，其訪問和在臺灣發表的論著也受到了臺灣師生的熱烈歡迎，在某個時期甚至超過其他學者。(75)另外，那些在西方受教育後回臺或來臺任教的年輕學者，也十分注意將自己的所學引入臺灣學術界。比如對法國年鑑學派的介紹、研究，就由海外的汪榮祖、夏伯嘉、李弘祺開其端，以後梁其姿、賴建誠等留法的和留美的周樑楷又作了進一步的研究，分別刊載於《思與言》、《史學評論》等刊物上。梁和賴以後還出版了譯作和專著。(76)

(74)黃進興在於筆者的談話中（1999年6月18日），對他自己未能繼續跟隨杜維運從事這方面的研究，表示出某種遺憾。他在〈中國近代史學的雙重危機〉(《中國文化研究所學報》新第六期『1997』，頁263-284）文章的首頁注中，也表達了這樣的心情。

(75)根據古偉瀛、黃進興的回憶和與筆者的談話（1999年6月15日和18日）。

(76)汪榮祖的〈白德爾與當代法國史學〉首先提到了年鑑學派，見《食貨》復刊，6：6（1976・9），頁1-8，總頁233-240。夏伯嘉的〈馬克布洛克與法國年鑑但在另一方面，臺灣史學界雖然受到社會科學的激蕩，但史學作爲一門古老的學科，自有其內在的活力和固有的治學態度，不太容易像張玉法所擔憂的那樣，爲社會科學所分割而成爲一種「雜燴」。換言之，史學有其本身的自主性，不可能爲社會科學的潮流所徹底吞沒。1981年康樂與黃進興編輯出版了《歷史學與社會科學》一書，就是一個比較有意思的例子。在學生時代，康和黃都受到了1960年代以後史學社會科學化的影響，對在史學研究中運用社會科學的方法，自然有興趣，於是就有了該書的編輯。但在編書的時期，他們又都到了美國深造，親身感受到了美國學界對於這一問題的態度，因此在如何對待史學的社會科學化的問題上，做了比較深入的思考，產生了一些不同的認識。在〈編輯前言〉中，康樂開宗明義，提出了他們的問題意識：「作爲一門源遠流長的學科，歷史學除了在方法運用上保持不封閉、不偏執的態度外，是否也有自己獨具特色的『方法』呢？」他的回答是：

> 在一般方法（搜集、檢驗材料）以及理論（經濟模式、社會結構等理論）的層面上，史學與社會科學確有不少可資互相觀摩借鏡之處，史學與社會科學在這方面的合作成果也已是有目共睹

學派〉可能是臺灣介紹年鑑學派的第一篇，載《史學評論》，1（1979・7），頁211-228。不過在同期，李弘祺的〈歷史主義的危機與超越〉也談到了「年鑑學派」，見頁41-70。另見李的〈從社會科學到社會整體歷史〉，《史學評論》，3（1981・3），頁39-78。周樑楷的〈年鑑學派的史學傳統及其轉變〉和梁其姿的〈心態歷史〉載《史學評論》，7（1984・4），頁57-74；75-98。另見梁其姿編譯《年鑑史學論文集》（臺北：遠流，1989）和賴建誠譯著《年鑑學派管窺》（臺北：麥田，1996）。

> 的;但若就其特重「時代性」、「獨特性」等「內部觀點」層面而言,則強將史學與社會科學拉入同一陣營既不實際,亦無若何意義而言。(77)

康樂的觀點,爲黃進興所支持。黃在該書的「代緒言」〈論「方法」及「方法論」〉的長文中,以中外史學和科學的發展爲例,堅持史學有其自己獨立的研究手段,而來自其它學科的方法,都只有輔助的作用。他甚至這樣認爲,希圖革新研究方法來促進學科的進步的作法,是本末顛倒的作法:

> 當一門學科滯止不前時,此輩學者首先歸咎於缺乏有效的「方法」可以使用,缺乏正確「方法論」的指引,然而卻忽略了實質問題的研究及突破。實際上,一門學科之進步與拓展真正的關鍵端賴實質問題的解決,而重要實質問題的解決經常又帶來「方法」的改革或創新,然後才輪到「方法論」對這些成果加以「事後先見之明」式的理論說明及辯護。(78)

這一說法,有可以商榷之處。(79)但黃的意思卻十分明確:如果單純想從方法論的討論中尋求史學的革新,恐怕很難如願,因爲史學研究有

(77)康樂〈編輯前言〉,《歷史學與社會科學》,頁16和18。

(78)黃進興〈論「方法」及「方法論」〉,《歷史學與社會科學》,頁35。

(79)一門學科的進步,的確依賴學者對實際問題的研究性突破,但這一突破常常表現爲方法的革新。但純粹方法論的討論是否能帶來學問的突破,則另當別論。黃進興的論點,似乎有將方法與方法論混爲一談的傾向。

其獨立性。

康樂和黃進興對史學方法論的反省，與他們在美國的留學經歷有聯繫，而這種聯繫，又直接與他們在美國的老師余英時有關。在他們編輯《歷史學與社會科學》一書，余爲該書寫了序。康和黃的觀點，在很大程度上反映了余英時的想法。1979年《史學評論》創刊的時候，余英時爲之寫了一篇十分有意義的〈代發刊詞〉。他從近代中國以來的史學發展爲經，以臺灣史學界當時對西方社會科學的興趣爲緯，具體分析了史學與社會科學之間的關係。一方面，他提出原來的史料學派已經不敷現實的需要，因爲史料學派將歷史事實作孤立的處理，證而不疏。「在『史學即史料學』的理論支配下，他們的『證』的範圍則退縮到材料的眞僞這一點上。在這種情形下，眞正的史學研究是無從開始的。」但在另一方面，他提出史觀學派，也即馬克思主義用理論指導歷史研究的作法，也失之偏頗，使得史學成爲政治鬥爭的工具。余認爲，「任何一門科學都有它的基礎研究、理論研究，這是科學紀律的基本要求。……沒有基礎研究，史學便根本不能成爲一種獨立的學術」。而馬克思主義的歷史觀，就是無視史學研究中的基本紀律，將源自西方的所謂歷史規律強加於中國的歷史。

因此，余英時提出了「史無定法」這一論點。不管有多少好的理論或方法值得歷史學家去吸收、運用，但這些都只能起一種輔助的作用，而不能將之視爲史學本身的方法。史學家應有的態度是（余借用章學誠的說法）：「切己者雖錙銖不遺；不切己者雖泰山不顧。」那麼，什麼是史學本身的方法，即史學家的「獨特的一套工作程序」呢？照余的看法就是要「確定證據，建立史實，發現史實與史實之間的關係，解釋變化等等」。這些工作雖然需要其它學科的幫助，但卻是獨特地屬於歷史學的。換言之，史學有其自主性；社會科學的方法

只能在「技術層面」上予以幫助，但卻不能取代史學方法本身。(80)

余英時的這番話，對當時正熱衷於借鑒西方社會科學方法的臺灣史家來說，無異是「當頭棒喝」。而且這番話由余這麼一個在美國著名大學任教授的人說出，其作用更是不同凡響。在文章中，雖然余表現得不偏不倚，對史料學派與史觀學派都各打五十大板，但他在最後強調「史無定法」，強調史學研究的自主性和基礎訓練，其後果顯然有利於史料學派，因爲正是史料學派才更重視史學家對史料的蒐集、證據的建立等余英時所謂的「工作程序」。雖然余也希望史學家要對歷史事件的關係作某種說明，但這一類的工作在余的工作程序上，是建立在前者的基礎上的。他的「史無定法」，從本質上看，就是希望讀者不放棄傳統的研究方法，因爲其實歷史研究一直是有「定法」的，只不過在當時的風氣下，這一傳統的「定法」不再有吸引力了。而他提出「史無定法」，就是要人們不迷信新的研究方法，而不迷信、搬用新的方法，舊的就自然回來了。

其實余英時之所以能在當時對臺灣學術界有很大的影響，也是因爲他能在一切向西方靠攏的風潮中，奉勸讀者、聽衆保持一個清醒的頭腦。他個人對西方學術常常持有一種批評的態度，不是一味推崇。同時他對中國的學術傳統，也一直保持一種適度的尊敬。(81)他在當時發表的論著，雖然問題的提出往往與西方學術界的理論有某種聯繫，

(80)余英時〈中國史學的現階段：反省與展望——代發刊詞〉，《史學評論》，1（1979．7），頁1-14。「量身定做」一詞，爲陳弱水形容余英時史學方法時所用。

(81)古偉瀛回憶道，在余英時的一次演講中，他提問一個史學初學者的入門書籍。余的回答是「讀四史」，讓當時著迷於西方新方法的古，感到吃驚。古與筆者的談話（1999年6月15日）。

但讀者在他的論證、展開過程中，卻能感受到他深厚的中國文化、學術素養。這種兼通中、西的學問，在心理上和教育背景上都容易與當時臺灣的師生產生共鳴。因此，即使在史學走向社會科學的熱潮中，史學家基本的治學傳統還是沒有根本改變。這種傳統，既有「史料學派」所提倡的尊重史料的嚴謹態度，更有錢穆所注重的對歷史文化精神的內在的理解。

余英時的《史學評論》「發刊詞」發表以後，該雜誌登載了胡昌智的一篇評論，對余文的重點及其立意，從中國史學史的演化角度，做了中肯的評價。胡昌智認爲余英時寫作該「發刊詞」的重點是強調歷史學與社會科學之間的本末關係；雖然歷史研究應該吸收社會科學的方法，但不可迷信方法，因爲所有的方法，都必須「切己」，即使用恰當，才能有效。而要想建立中國歷史研究的主體性，那麼就必須了解「中國文化的獨特型態及其發展的過程」。於是，余英時的觀點，便與其老師錢穆的史學，產生了顯而易見的聯繫。胡昌智這樣寫道：

> 余氏的歷史理論是歷史主義的——它是以獨特性（Individualität）以及發展性（Entwicklung）的觀點看歷史。余氏這個看法在中國近代史學史上並不是孤立的。一九四〇年左右錢穆對國史的解釋，他在《國史大綱》的寫作正表達了這個歷史主義式的歷史論。錢穆在《國史大綱》的序論中一方面斥宣傳派（余氏的史觀派）、一方面斥考訂派（余氏的史料派）的史學。……余文中表現的歷史理論是屬於錢穆的史學思想範圍，是中國歷史主義史學的另一突起，是它的繼續發展。余氏對國史研究的展望是站在錢穆奠立的史學基石上做的展望：他一方面能堅守這塊基石，另方面能出錢穆方法論之上，敞開大門迎接社會學的解釋法則。《史

> 學評論》代發刊詞——中國歷史學的現階段：反省與展望——本身代表近代史學中一支的繼續發展。[82]

的確，就余英時在1970年代的影響來看，我們可以視其爲錢穆史學在臺灣學術界影響的一個高峰時代。自1973年以後，余英時到了香港做學術訪問，期間又多次到臺灣做學術演講，並用擱置多年的中文寫作，其著作在臺灣擁有廣大的讀者，如他在1976年出版的論文集《歷史與思想》，在臺灣的歷史學界，特別是青年學子中間，幾乎人手一冊。從該書的書名、自序到書的內容，都可以見到作者的意圖是對自二十世紀上半葉以來中國史學走向科學化的路線提出批評。首先，余英時將「歷史」與「思想」聯合起來，就是要將歷史學家對歷史的演化所做的思考，引人歷史研究的核心領域。這與其老師錢穆所談的史家應認識歷史現象背後的精神，一脈相承。余英時在「自序」中提到，他寫作該書的主要目的，是想對歷史決定論提出一種反駁。而所謂歷史決定論，就是那種企圖用科學方法解釋一切歷史現象的觀念。用余的話來說，「我們目前所處的是一個決定論思想得勢的時代。在共產世界裡，唯物主義的決定論當然是思想的正統；在所謂自由世界裡，則有各式各樣的行爲主義的決定論在大行其道」。這種研究歷史的態度，忽略了歷史本身的能動性，即人的思想所能產生的作用。他認爲：

> 思想一方面固然是在決定論的基礎上活動，另一方面則也具有

---

[82] 胡昌智〈從孔恩的「典範」觀念談《史學評論》發刊詞〉，《史學評論》，6(1983)，頁141-162，引文見頁159-161。

> 突破決定論的限制的潛能。在後一種意義上，我們可以說，思想創造歷史。正由於思想可以創造歷史，並且實際上也一直是歷史進程中的一股重要的原動力，所以人對於歷史是必須負責的；而且越是在歷史發展中佔據著樞紐地位的個人，其責任也就越重大。決定論的分析只能開脫個人所不應負責的部分，但決不能解除其一切應負的責任。(83)

這裡所談的所謂「責任」，反映了作者對中國大陸政府在文革期間對中國傳統文化摧殘的譴責。但他更為強調的是思想在歷史進程中的重要作用。在「自序」中，他引經據典，用西方學者的著作來說明即使在科學主義盛行的西方學術界，歷史學家（如柯靈烏（R. G. Collingwood）也認為思想在歷史研究中有很重要的地位。而作為科學史學代表的蘭克，其研究也受到他思想、宗教觀念的影響。(84)

在《歷史與思想》一書中，余英時不但指出歷史研究中思想之重要，而且還身體力行，從思想史的角度研究歷史。該書收有他兩篇在當時頗受好評的論文，一是〈反智論與中國政治傳統〉，二是〈清代思想史的一個新解釋〉。前者用豐富的材料來闡明在中國的思想文化傳統中，反智論的產生及其影響。從政治層面來看，該文顯然是對大陸的「文革」之產生及其惡果所做的反思。但其在方法論方面的反響似乎更大。余英時在文章的起始便指出，雖然中國知識分子可以通過科舉進入官場，但如果僅僅就入試官吏的出身背景作統計分析，並不能揭示反智的政治傳統。因為「一個政治傳統和智性的關係，不能僅

(83)余英時《歷史與思想》（臺北：聯經，1976），自序，頁4和頁6-7。

(84)同上，自序，頁7-14。

從形式方面著眼，也不能單純地以統計數字爲根據」。他在文中，旁證博引，用大量的史料、敘述的手段闡明自己的觀點，不用那時流行的量化方法。㉟他的研究取徑，在〈清代思想史的一個新解釋〉中，表現更爲明顯。他在其中提出思想不僅是一個重要的歷史現象，而且思想史本身有其「內在理路」，並不全受外界的條件所左右。因此，清代考證學的興起，與其說是明清兩代統治者的高壓所致，無寧說是理學內部衝突發展的結果。㊱由上可見，余英時對史學科學化的批評，既有理論，又有實踐，無怪莘莘學子對他格外崇拜了。

三、社會史的興起與史學領域的擴大

但是，雖然在《史學評論》創刊的1979年，有了像余英時等人對自1960年代中期以來的史學方法討論的反省（中研院民族所在那時召開的「社會及行爲科學研究的中國化」的研討會，也對一味跟隨西方的治學態度，做了批評），但整個方法論的討論，還是取得了一個顯著的成效。那就是史學領域的擴大。換言之，雖然人們對新方法的採用開始抱有一種謹慎的態度，但史學研究的面貌，卻還是與以往不同了。許倬雲1997年在回顧臺大歷史系博士班成立三十年的發言中說，自1967年以後，

> 在史學研究方面，社會經濟史逐漸由制度與文化史合流，發展為另一重要領域，審視臺大歷史學（系）博士論文的題目，這一

㉟同上，頁1-46，引語見頁3。

㊱同上，頁121-156。

> 趨勢顯已可見端倪。主題的擴散，也漸由上層社會，及於社會的各層次，由中國一盤棋，逐漸注視地區性的特色，由「正史」資料，逐漸顧及民間檔冊，記錄、碑傳……⑻

許倬雲的觀察，十分恰當。臺灣史家在史學方法革新這一方面的探索，其最明顯的結果就是幫助推動了社會史的研究和擴大了史學研究的領域。對於臺灣的社會史的興起，杜正勝以參與者的身分，寫過一篇長文，加以檢討。他寫道：「總結最近幾十年臺灣的中國社會史研究，五〇年代靠李宗侗傳習二十世紀初期的人類學社會史，六〇年代是許倬雲，七〇年代是《食貨》月刊，後二者皆宣揚五〇年代以來美國流行的社會科學方法。」就研究的成果來看，「臺灣的中國社會史家基本上單兵作戰，體現臺灣社會『中小企業』的精神，缺乏大計劃和顯著成績，但並不減低個人的成就」。在杜正勝看來，許倬雲、毛漢光等人成績較突出。⑻

讓我們先看一下許倬雲的社會史研究。許倬雲的專長是秦漢史，出版有英文專著三種，中文論著更多，無法一一評論。他的研究特點和貢獻，在於用社會科學的方法，特別是社會學的研究取徑，重視考察社會各層面之間的聯繫，以求獲得一種比較整體的認識，與「史料

⑻許倬雲〈走向史學的新途徑〉，《史學：傳承與變遷學術研討會論文集——紀念沈故剛伯先生百齡冥誕暨臺灣大學歷史學系博士班成立卅週年》（臺北：國立臺灣大學歷史學系，1998），頁7。

⑻杜正勝〈中國社會史研究的探索〉，《第三屆史學史國際研討會論文集》，頁50-51。許冠三也認爲毛漢光的中古史研究，運用量化的方法，非常出色。見〈三十五（1950-1985）年來的臺灣史界變遷〉，《新史學九十年》，下冊，頁273。

學派」那種零敲碎打的作風成鮮明的對照。他在這一方面的最初的嘗試，見於他在芝加哥大學完成的博士論文《中國古代社會史論》(*Ancient China in Transition*)。[89]他對該論文的寫作特點和研究方式，有這樣的自我評論：

> 我嘗試用統計方法，根據不同時代歷史人物的家世與社會背景，測量各時代社會變動的方向與幅度，再從這些現象探討政治、經濟、意識形態諸變數如何配合而有其相應的社會變動——不僅社會成員在社會階層間的升降，也顧及社會結構本身的轉變。[90]

通過這一論文的寫作，許倬雲對歷史研究也形成了自己的看法：「我不再以為歷史是由哪一種特定的力量推動；每一特定時期的歷史，是由一系列當時當地的變數配合，而有其特定的變化。這一觀點，在大原則上，不僅是我在專業研究上的方法，也是我觀察身邊事物變化的工具。」[91]

在許倬雲〈春秋戰國間的社會變動〉一文中，我們可以仔細看一下他的研究角度和方法。他在文章的開始，便點明了他的研究意圖：雖然人們知道在那個時期，社會變動非常劇烈，但缺乏通盤的、細緻的研究。他的作法，是將《左傳》所見人名，以五百一十六人為基礎，考察他們地位的升降，以展現社會的變動。許的意見是，當時的

---

[89] Cho-yun Hsu, *Ancient China in Transition* (Stanford CA: Stanford University Press, 1965)。

[90] 許倬雲《歷史分光鏡》，序，頁3。

[91] 同上。

社會階層，由公子、卿大夫、士構成上層，而庶人和卜史工商爲下層。通過對這些社會階層的研究，主要是公子、卿大夫和士在那時各個時期出現的多寡和百分比，他得出了這樣結論：在春秋時代的前期，公子集團首先有削弱的趨勢，卿大夫則有增長並且集中於幾個家族，顯示後者政治勢力的膨脹。但到了後來，卿大夫的人數也開始慢慢減少，取而代之的是士的階層，從原來的百分之幾到了百分之十幾和二十幾。士的顯著增加和大夫集團的減弱，「這一尖銳的對比暗示部分的權力由大夫轉移到士的可能傾向」。[92]

到了戰國時代，許所依據的主要是班固的「古今人表」和《史記》中出現的人物。他對這些人也列表做了統計分析。他的發現是，在春秋時期所見的社會變動，即社會上層的削弱和下層勢力的增長，有愈演愈烈之勢。那些出身寒微的「新人」，從百分之二十幾增加到了百分之五十和六十以上。「這個對比顯示戰國時社會上的流動性倍於春秋時代。尤須注意者，這個趨向，再加上春秋時期大夫集團的衰落，或可表示不特在戰國初期社會有高度流動性，而且前一時代顯赫的大夫集團已完全崩潰。」但是，據許的考察，在這些新興的士的階層中，戰國時代雖然「產生了不少大臣和將領。可是這些新型的大臣和將領並未像春秋的大夫一樣構成傳襲的階級。整個戰國時代幾乎未見有春秋時代的那種巨室。若新貴沒有塡補舊有貴族的社會地位，而且連可以對應的家族也找不著，本文似可以說，新的社會結構已經取代了舊有的秩序」。[93]

許倬雲的〈春秋時期的社會變動〉一文，比較清楚地體現了他用

---

[92] 許倬雲〈春秋戰國時期的社會變動〉，《求古編》，頁319-352，引語見頁328。
[93] 同上，頁329和336。

社會科學的理論與方法，研究中國上古史的成果，其特點是不再滿足於對歷史現象做面上的描述，而是希望通過量化的考察，對歷史的變動以及變動的過程，有深入和切實的理解。他採用類似的方法，也對西漢政權的建立，做了考察。許指出，西漢的統治之所以能延續四百年，與漢昭帝和漢宣帝以後士大夫階層的形成和與統治政權的合作，有重要的關係。這一認識，並非許倬雲獨創，但是他的研究，從社會史的角度出發，對這一現象——即當時的社會上層如何逐步與西漢統治者走向合作的道路——做了更爲深入和細緻的分析。他的結論是，西漢初年與中葉的統治基礎，有明顯的不同。在西漢初年，丞相的來源主要是「功勳子嗣」，而昭、宣兩朝的丞相則大多出於「郡縣掾吏」和「公府僚屬」，而到了元帝以下，則「多屬儒生」。這一轉變，與漢代察舉制度的形成有密切聯繫，而這一聯繫的形成，則表明西漢統治政權之社會基礎的逐步形成。正是由於有這樣的社會基礎，西漢政權才能延續持久。(94)

許倬雲的社會史研究，不僅有上述方法方面的新探求，也有研究領域的開拓。從他《求古編》所收的論文中可以看出，他的研究興趣與研究涉及的範圍十分廣泛，有政治史、社會史、經濟史、文化史、思想史和軍事史等各個方面。而在社會史的研究上，除了上面提到的有關社會變動的宏觀考察之外，尚有〈周代的衣食住行〉、〈漢代家庭的大小〉等以日常生活爲題、微觀研究的專題論文。許倬雲在開拓歷史研究領域方面的探索，對年輕一輩的影響甚大。1990年代《新史學》雜誌提倡風俗生活史的研究，在此可見其端倪。

在探究政治與社會之間的聯繫方面，毛漢光的興趣與許倬雲有相

(94)許倬雲〈西漢政權與社會勢力的交互作用〉，《求古編》，頁453-482。

似之處。他所出版的《兩晉南北朝士族政治之研究》（上、下），以他在1960年代初期完成的碩士論文爲基礎，既有詳實的史料功底，又採用了量化的方法，出版以後評價很高。從研究對象來看，毛漢光以士族的興衰爲其研究角度的作法，顯然與前輩學者陳寅恪，有相類似之處，但與陳寅恪相比，毛更重視採用社會科學的方法和量化的手段，來支持他的論證。他在書的前言中指出，「士族把持政治的現象，在兩晉南北朝時垂三四百年而不衰，其後又若隱若現於我國政治社會中，這是一個多元交互影響的問題，須得以社會科學的理論與方法，從多方面觀察與探討，庶幾乎可略窺端倪」。這就表明，他研究士族的特點，是採用了新的方法。他在前言中還感謝了許倬雲在社會學理論上予他的幫助。[95]

從毛漢光的研究取徑來看，他對士族的考察，與許倬雲對春秋戰國期間的社會變動的研究，有不少相似之處。毛首先把兩晉南北朝的官吏，分成「士族」、「小姓」和「寒素」三類，但他觀察的重點顯然是「士族」地位的升降。然後，他從晉、宋、南齊、梁、陳、北魏、北齊、周書等正史中，搜集了當時的官吏達四千零二十一人之多。他把這些官吏在史籍上的出現頻率以及所記載的行爲及其家世淵源，用統計法、分析法和比較法做了列表的研究。他的《兩晉南北朝士族政治之研究》之下冊，完全以圖表的形式出現，充分體現了他的量化研究。

毛的作法是，找出這些官吏的家世背景，有多少人出自世家大族，又有多少人出身寒微，以此來考察當時社會的變動狀況。他的結

---

[95] 毛漢光《兩晉南北朝士族政治之研究》（上、下）（臺北：臺灣商務印書館，1966），前言，頁17-21，引語見頁17。

論有五條。第一，兩晉南北朝時期，由於九品中正制的施行，有助於士族獲取和保持官位，維持其家族在社會上的世襲地位。第二，士族爲了保持其政治地位，對出身寒微的官吏加以壓抑。其結果是，雖然出身寒素的人士能有機會獲取官位，但很少能讓其家人承襲其地位，因此就無法加入士族的階層。第三，士族之間通過相互聯姻等手段，加強其階層的地位，不讓外人進入。第四，士族還通過經濟手段，維持其地位。第五，教育也成了士族維持其地位的一種手段。毛漢光的總體結論是，兩晉南北朝的社會，以士族統治爲特色，雖然在其中的各個時期顯示出些微的不同，但無傷大體，因爲出身士族的官吏總數仍達百分之五十、六十以上。在中央一級的官吏中，出身士族的更多。[96]

毛漢光的士族研究，從其貢獻來看，並不在於他所提出的結論，而在於他獲取這些結論的過程。從前沒有人像他那樣，對兩晉南北朝這三百多年的歷史，就官吏的來源和昇遷，做過這樣細緻的統計分析。與許倬雲對春秋戰國時期的研究相比較，毛的研究顯得更爲充實，因爲他所擁有的史料，更爲豐富、詳盡，因此他所收集的人物，從數量上來看，比較有利於作統計分析，其結論於是也比較有說服力。

以後，毛漢光在他的研究範圍，從社會史的研究角度，做了更多的研究，出版了《中國中古社會史論》和《中國中古政治史論》兩書，確立了他在中古史研究方面的地位。對他的研究，毛史語所的同事杜正勝有這樣的評語：毛漢光「所論中古社會大抵以士族爲重心，考其房支，析其興衰，追究其掌握政治權力的基礎。他重視史料蒐

[96]同上。

集，力求完備，表現正統史家（尤其是歷史語言研究所）的一貫風格，但也膺服政治學權力精英的理論，奉行社會科學的方法，喜歡用簡單的量化數據來支持他的論證」。(97)這段評語，頗有意思。杜所說毛漢光能「表現正統史家的一貫風格」，顯然指的是他不以「著史」爲興趣，而是以蒐集、分析史料作爲歷史著述的重點。的確，閱讀毛漢光的著作，有些人會感到枯燥，因爲除了表格，就是對史料所做的簡單評述，其著述不追求文采和辭藻，也沒有理論上的說明與解釋。

就杜正勝自己對社會史研究的興趣來看，他不能僅僅滿足於用「簡單的量化數據」，而是想建立一些理論上的解釋。他的研究範圍是中國上古史。在這一領域，前人在理論上的探求已有不少。用他自己的話來說，在西周以後，

> 中國歷史至此開啓另一新階段。不論古今中外的史學論著對這個時代的變革都非常重視，中國傳統史學的說法是「從封建到郡縣」，六〇年代大陸參與古代史分期討論的學者謂之「奴隸制到封建制」，同時代日本東洋古代史學者稱作「中國古代帝國的形成」。說法雖然不同，偏倚的重點也不太一樣，其實都針對同一個課題。(98)

他所關心的，因此是這樣一個中國古代社會轉型的理論問題。而

(97)杜正勝〈中國社會史研究的探索——特從理論、方法與資料、課題論〉，《第三屆史學史國際研討會論文集》，頁51。

(98)杜正勝《編户齊民：傳統政治社會結構之形成》（臺北：聯經，1990），序，頁iii。

他所針對的對象，則主要是大陸的馬克思主義史家。在另一處，杜正勝對他的研究宗旨有更明確的說明。他在解釋他在1979年出版的《周代城邦》一書時講到：

> 我取「城邦」為名，表彰「國人」的歷史地位和意義，作為古代社會的特徵，主要目的想在奴隸制與封建制（馬克思的定義）的爭辯之外，尋找一條理解古代社會發展的路徑。我批評大陸討論古史分期的學者先肯定理論，再尋覓史料填補「證明」，理論非出於踏實的研究，卻因襲馬克思的成說，加以編排修整。我的研究雖與大陸學者針鋒相對，但知我罪我恐怕也是他們比較真切，因為我與他們問了共同的問題。[99]

這一共同的問題，也就是古史的分期問題。對於這一問題，大陸史學界自1950年代以來，有了大量的爭論，就奴隸制與封建制的轉換時期以及各時期的特徵，都做了爭辯。但是，在杜正勝看來，因爲大陸史家必須遵循馬克思主義的理論，因此雖然他們的說法不同，但「其實還是孫猴子的觔斗雲，不論跳得多高、蹤得多遠，依然翻不出如來佛的掌心——馬克思那個籠罩千萬人聰明才智的歷史階段論」。不過，雖然杜正勝希望突破馬克思主義的歷史觀，但他還是認爲，「揚棄了馬氏的階段論，中國社會史的分期仍然要講，否則祖先數千年締造歷史文化的業績非成爲斷爛朝報的爛帳不可」。[100]他的《周代城邦》和

---

[99]杜正勝〈中國社會史研究的探索——特從理論、方法與資料、課題論〉，《第三屆史學史國際研討會論文集》，頁52-53。

[100]見杜正勝爲其主編的《吾土與吾民》（臺北：聯經，1981）所寫的導言，頁2-3。

《編戶齊民》兩書，就是他從社會史的角度，對中國上古社會的轉變所做的解釋。

與大陸學者理論先行的作法相比較，杜正勝的取徑的確有些不同。他的側重點是考察一般民眾的生活及其在這社會轉型期的變化。雖然在大陸古史分期問題的討論中，庶民的身分也得到了相當的重視，但總體來說，都還是企圖用「奴隸」或「農奴」等來自西歐歷史的術語來加以套用。[101]而杜的作法，則用中國史籍中的現成名詞來形容，即「編戶齊民」。在這以前，杜正勝曾用過「自耕農」這一現代名詞，寫過〈先秦自耕農階層的興起與殘破〉一文，是他《編戶齊民》一書的前身。但他很快就感覺到，用現代術語概括古代社會，往往會失真。而用中國已有的名稱，「比較容易建立研究的架構和網絡，因而可以提煉新的歷史概念，嘗試新的歷史解釋」。[102]這是杜正勝力求新意的地方。

「編戶齊民」指的是中國社會中的一般老百姓。「編戶」指國家對他們的控制，而「齊民」則指他們在法律上的平等地位。杜正勝認爲，「編戶齊民」的出現，是封建制崩潰以後，國家權力上昇的標誌之一，而「編戶齊民」的穩固與否，則又關涉到王朝的發達興亡。杜正勝對於「編戶齊民」的重視，與許倬雲的影響有關。他在《編戶齊民》的序中引了許的觀點：「整個中國兩千多年的歷史顯示，中國最主要的生產者就是編戶齊民。」杜正勝的研究，則是想通過對從先秦

[101] 王晴佳 (Q. Edward Wang), "Between Marxism and Nationalism: Chinese Historiography and the Soviet Influence, 1949-1963," *Journal of Contemporary China* (2000), 9:23, 頁95-111對大陸學者的古史分期討論以及內在的問題，有所論述。

[102] 杜正勝《編户齊民》序，引語見頁ii。

到秦漢的歷史的考察，來描述、分析「編戶齊民」的產生，以此來洞察中國傳統王朝政治的建立和變化。他的作法是：

> 從戶籍、軍隊、地方行政、族群聚落、田地、法律混合身分等方面來分析春秋中晚期到漢初社會的轉型，自西元前六〇〇年以下，大約四百年的期間是中國社會的轉型時期，古典的、封建的政治社會逐漸結束，傳統的、郡縣的政治社會逐漸開始。社會改造的結果是編戶齊民成為新時代、新社會的基石。(103)

杜正勝的這一多方面的考察，揭示了在這段時期，由於政治、社會的變化動蕩，部分原來的貴族和平民地位下降，而部分原來的奴隸或農奴地位上昇，兩者都構成了「編戶齊民」的來源。這些「編戶齊民」，從事生產，向國家納稅，因此是新的政治權力的社會基礎。因此，國家能否控制、掌握或者保障這些生產者，是王朝維持其統治的關鍵。杜正勝認爲，這一觀察不僅適用於他所研究的上古時代，也「似乎是兩千年來治亂更迭的一種模式」。他的研究，不但提供了一個新的觀察角度，而且還提供了詳盡的論證和豐富的史料。頗有意思的是，他並沒有企圖解釋「是什麼力量使中國社會從古典封建制轉成爲傳統郡縣制」。他所做的只是對這一轉型的「描述」。(104)這表明雖然杜正勝有意在理論上有所建樹，但最終仍謹守史學家的傳統作法。

許倬雲、毛漢光、杜正勝等人的社會史研究，代表了臺灣史學界自1960年代以來的一個研究方向。自那時以來，從事社會史研究並且

(103) 同上，頁v-vi。

(104) 同上。

取得不小成就的當然遠不止這三位，如臺大歷史系梁庚堯的宋代社會經濟史研究，就頗受好評。[105]但此處由於篇幅所限，無法詳論。總之，以社會經濟史爲主的歷史研究，已經成爲1980年代以來臺灣史學界的主流。1980年代初召開的、由中央研究院歷史語言研究所和經濟研究所合辦的兩次「中國社會經濟史研討會」，以及中央研究院三民主義研究所（今名爲中山人文社會科學研究所）召開的「中國社會史」研討會，都有大力推動的作用。會議上發表的論文，也顯示了那時研究的成果。[106]

由於這些推動，從事社會史研究的學者愈益增多。單以「史料學派」的重鎮、史語所的學者爲例，廣義的社會史研究就佔了大多數。如杜正勝的上古社會史，黃寬重對宋代家族興衰與社會變動的考察，劉淑芬的六朝都市生活的研究，黃進興對孔廟文化的研究，蕭璠的農業史與醫療史，劉錚雲的清代會黨和社群的研究，柳立言的家族史和范毅軍的江南社會經濟史等等。即使以思想史研究爲業的王汎森、朱鴻林、李孝悌和陳弱水，近年的研究，也力求從社會下層的角度，考察思想文化的變化。而更年輕一代的學者，如祝平一、邱澎生、陳雯怡等，對這方面的興趣更濃。[107]固然，史語所研究人員興趣的擴大，

[105] 梁庚堯的論著已經結集出版，題爲《宋代社會經濟史論集》（臺北：允晨文化，1997），上、下兩冊。

[106] 參見許倬雲、毛漢光、劉翠溶編《第二屆中國社會經濟史研討會論文集》（臺北：漢學研究資料及服務中心，1983）和中央研究院三民主義研究所編《第一屆歷史與中國社會變遷（中國社會史）研討會》（臺北：中央研究院三民主義研究所，1982）。

[107] 參見《傳承與求新：中央研究院歷史語言研究所簡介》（臺北：中央研究院歷史語言研究所，1998）。

並不證明「史料學派」的研究風格，已經遭到徹底摒棄。事實上，從上面的論述可以看出，「史料學派」對史料分析的重視，對學者仍有很大的影響。但從史語所人員的研究興趣中，我們也可以見到臺灣史學界變化的一個比較典型的現象。

社會經濟史這一主流的形成，還是與史學方法論的討論，頗有關聯。對這一主流傾向的影響，我們可以看兩個例子，而這兩個例子，都爲以後臺灣史界的進一步變化，培植了基礎。比如下編中將要詳細討論的臺灣史的研究，就是自1965年以來逐漸開展起來的，以那年臺大文學院舉辦的「臺灣研究在中國史學上的地位」的座談會爲例。在這以前，對臺灣的研究只是零星和分散的，如對鄭成功的紀念等。[108] 1966年才首次出現了以臺灣史爲題的碩士論文，顯示臺灣史可以成爲一個研究的方向。而臺灣史或臺灣研究的開展，在當時正是史學領域擴大和與社會科學結合的一個結果。

第一個例子是由張光直推動的「臺灣省濁水、大肚兩溪流域自然與文化史科際研究計劃」(1972)，簡稱「濁大計劃」。這一計劃不僅結合了李亦園、王崧興於1965年以來所從事的臺灣漢人社會的研究，而且以其跨學科的方式，對該區域漢人的移民、墾荒和土著的漢化過程做了探討。第二個例子是中研院近史所與臺灣師大歷史研究所合作進行的「中國近(現)代化之區域研究」的一系列計劃(1973)，[109]

---

[108] 臺灣史研究者張炎憲也以1965年爲分界線，將在這以前的臺灣史研究視爲一種民間的研究。見氏著〈臺灣史研究的新精神〉，收入《建立臺灣的國民國家》，吳密察、張炎憲等著(臺北：前衛，1993)，頁105-108。

[109] 該計劃從1973年8月進行到1977年1月，主要研究時期是從1860年到1916年的中國各區域的歷史。然後又有「中國現代化的區域研究」計劃，從1977年2月開始著手進行至1978年1月完成，主要研究的時期爲1916年到1937年。然

其中閩浙臺作爲一個區域，由李國祁爲首攏師大的吳文星、溫振華等人從事研究。前者是史學與社會科學結合的嘗試，而後者是在社會科學理論影響下、社會經濟史研究的典型表現。由此，我們可以發現一個臺灣史學史（以學院派的著作爲主）的連鎖關係：由方法論的革新引向史學研究領域的擴大，而從史學領域的擴大，又轉向地區史的研究。在地區史的研究中，又發展出臺灣史，使其在1980年代後期以後成爲臺灣史學研究的熱點。

四、從地區史到臺灣史

上面這一史學史的考察，主要以臺灣史學界爲基點，也就是從所謂學院派的角度入手。這樣的作法，自然有其侷限，比如在臺灣史的研究中，早期的作品大部分都非臺灣學院派人士所爲。甚至，有些有影響的作品，如史明的《臺灣人四百年史》和王育德的《臺灣——苦悶的歷史》，都出版於海外。但在1980年代以後，則對臺灣史的研究，造成了較大的影響，特別就通史的寫作而言。不過，既然本書的寫作目的是考察歷史研究在臺灣的變遷，不是臺灣史研究的興衰，因此以學院派的作品爲主要的研究對象，似乎也無大錯。

就史學界的情況來看，臺灣史研究的發展，大致上經歷了兩個階段，即從作爲地方史的臺灣史到具有民族史意向的臺灣史的轉變。實際上，「臺灣史」這個名稱在1970年代以前是幾乎不存在、也無法存

後自1978年2月起，又開展「中國現代化專題研究」的計劃，時期爲1860年到1916年。見《中央研究院近代史研究所三十年史稿》，頁110-143。另見《史原》，8（1978），頁404。

在的。比如上述史明與王育德的著作，雖然出版於海外，還是沒有直接以「臺灣史」作爲標題（王著於1980年代在臺灣出版時，曾改名爲《苦悶的臺灣》）。可見「臺灣史」的眞正興起，成爲學者研究和教學的對象，實在是1987年臺灣解嚴之後的事情。「臺灣史」這一名稱在目前的普及運用，也從一個側面表明臺灣「本土意識」的高度增長。

從1987年以前臺灣史的研究來看，臺灣的確是被視爲中國的一個地區。如「中國近（現）代化之區域研究」中，就把臺灣與福建、浙江合爲一體。1965年臺大首次召開的「臺灣研究在中國史學上的地位」，也顯然是爲了說明臺灣史研究之所以値得開展，是因爲它對研究中國歷史的某些階段有一定補充的意義。當時在會上發表的許多論文，都以此爲論證目的。如首先在臺灣教授臺灣史的楊雲萍的論文是〈南明鄭氏時代的臺灣在中國史上的地位〉。許倬雲的〈臺灣墾殖與中華民族的擴展〉和衛惠林的〈臺灣土著社會研究與中國古史印證〉也都是例子。(110)而陳紹馨的〈中國社會文化研究的實驗室——臺灣〉一文，更明確地爲當時的臺灣研究定了位。陳在文中指出，雖然臺灣曾經經歷了日本的殖民統治，面積和人口與大陸相比微不足道，正式的歷史記錄也從十七世紀才開始，但是，臺灣還是中國的一部分，「臺灣社會還是中國社會」。換言之，臺灣雖然不是典型的中國社會，可是就研究而言，有不少便利之處。如果「研究得法，可從它導致寶貴的社會科學理論」。他以Robert Redfield對墨西哥鄉村的研究爲例，用來證明臺灣雖然與大陸相比顯得單純，但「爲理論分析，單純的社會比複雜的社會，時常是更適宜的對象」。況且，臺灣與中國大陸之間

(110)有關當時在會上發表的論文，參見張炎憲〈臺灣史研究的新精神〉，《建立臺灣的國民國家》，頁109。

些微的不同，正適合學者作比較研究。再者，臺灣保留了大量的、各種文字的史料，戶籍資料也相當完整。如此種種，都證明臺灣足以成爲中國文化研究的實驗室。[111]從陳紹馨的論述中可以看出，由於社會科學的影響（陳本人是社會學家），使得當時的學者十分重視在研究中開發理論。同時，陳的文章也清楚地表明，那時的臺灣研究，附屬於中國研究，是中國研究的一部分。

這種定位的方式，與美國當時把臺灣視爲研究中國的基地有關。臺大在召開了上述首次臺灣研究研討會後，得到美國哈佛燕京社的補助，在1965年12月至1967年7月間，連續召開了討論會十一次、演講會二次、採訪會二次和戲劇表演會二次，都以臺灣研究爲主題。[112]由此說明，臺灣史和臺灣的研究已經正式進入學院的殿堂。這一研究的開展，如同張隆志所言，「實與戰後臺灣納入中美社會『核心與邊陲』關係體系後，受美國爲主的西方社會科學發展的影響有關」。[113]這句話，概括了兩個方面。第一是臺灣如何成爲美國學者研究、對付「紅色中國」的基地和「實驗室」；第二是臺灣研究的開展與史學與社會科學結合之間存在的關係。

從臺灣是中國研究的「實驗室」這樣的角度看，很自然地就會產生出像郭廷以、李國祁等的「內地化」的歷史觀點，也即強調臺灣與中國大陸之間的歷史與文化聯繫，把臺灣社會視爲漢人社會的延伸與擴展。如郭廷以在《臺灣史事概說》中開宗明義地說道：

---

[111] 陳紹馨〈中國社會文化研究的實驗室〉，收入氏著《臺灣的人口變遷與社會變遷》（臺北：聯經，1979），頁1-7。

[112] 張炎憲〈臺灣史研究的新精神〉，《建立臺灣的國民國家》，頁109。

[113] 張隆志《族群關係與鄉村臺灣——一個清代臺灣平埔族群史的重建和理解》（臺北：臺灣大學文史叢刊，1991），頁9。

> 數千年來中華民族繼續不斷分向四方開擴推進，經之營之，西北與西南，東北與東南，黄河兩岸，長江南北，珠江流域，以及濱海地帶，均收入了他們的活動範圍，生長孳息之所。由於大海的限制，臺灣容或比較遲後一步，然亦不算太遲。而中華民族在這裡的成就之大，臺灣的中國化或漢化的徹底，文化進步的迅速，不僅有過於大陸中國的若干邊區，並亦無遜於中原腹地，誠所謂後來居上。⑭

郭廷以的著作初版於1954年，正是他得到美國基金會的贊助，成立中研院近史所的前一年。他在書中強調臺灣漢化的高度成就，強調臺灣是中國大陸的一部分，因而從歷史的角度論證了臺灣能夠成爲歐美學者研究中國的一個基地。⑮循著這樣的思路，郭在1960年代後期又提出了「中國近代化之區域研究」的計劃。雖然他本人在1969年離開了臺灣，不克親自領導該計劃的執行，但他的思想卻始終是該計劃的指導方針。由此，李國祁將郭廷以的論點加以發揮、擴展，正式提出臺灣漢人社會轉型的「內地化」論點，也是順理成章的。

所謂「內地化」的論點，也即強調清代統治者對臺灣的漢化措施。這一漢化措施，自然是主要通過政治手段達到的，但清代以來漢人到臺灣的大量移民，也是其中非常重要的一個部分。因此，從李國祁所發表的論文來看，他同時注重政治與社會兩個方面的因素，即所

---

⑭郭廷以《臺灣史事概說》(臺北：正中書局，1954，1990再版)，頁1。

⑮張朋園在《郭廷以、費正清、韋慕廷》的書中說道，費正清、韋慕廷之所以說服福特基金會幫助成立近史所，「原非厚愛於近史所，而是欲借基金會財力的扶持，充實近史所，以之作爲美國在臺灣研究中國的基地」。見該書〈引言〉，頁1。

謂「政治近代化」與「社會近代化」。前者比較容易理解，指的是劉銘傳等清朝官員如何用中國大陸的統治方式治理臺灣。而後者指的是臺灣漢人在移民臺灣以後，如何逐步擺脫「移墾社會」的特點，如家庭人口較多、男女比例懸殊、地緣觀念強烈等，逐步向內地社會看齊的過程。⑯

遵照這一觀點，李國祁及其助手將福建、浙江和臺灣合併在一起研究，也就理所當然了。在考察了沈葆楨、丁日昌和劉銘傳等清朝官吏治理臺灣的情形以後，李國祁指出他們的行政措施有其相似的地方，那就是「撫番」、「拓墾」和「設官分治」，以求臺灣的「內地化」。李寫道：

> 在當時沈、丁、劉他們並不十分了解此三事對於臺灣現代化的積極意義，他們由於外力的入侵，肯定如要保衛這塊中國的領土，必須使中國政治文化在此生根，是臺灣能夠完全與內地一樣，才能永除後患。因此他們努力的方向是在使臺灣向中國本土看齊，定內地化為其經營的唯一目標，使當時臺灣現代化所採取的途徑是經由內地化。因此此時期臺灣在政治社會文化上的現代化是以內地化為其實質的，是兩者合而為一的。⑰

---

⑯李國祁的「內地化」論點，主要見於氏著〈清季臺灣的政治近代史——開山撫番與建省（1875-1894）〉，《中華文化復興月刊》，8：12（1975），頁4-16；〈清代臺灣社會的轉型〉，《中華學報》，5：3（1978），頁131-159；《中國現代化的區域研究——閩浙臺地區，1869-1916》（臺北：中研院近史所，1982）。

⑰李國祁《中國現代化的區域研究：閩浙臺地區，1860-1916》，頁197-198。

李國祁的研究，涵括了政治、社會、經濟等各方面。但他的「內地化」理論，則似乎主要根據清代臺灣的政治現代化爲基礎，也即強調清代在臺灣建省以後，如何努力使臺灣成爲大陸的一部分。他的研究，採用的主要是歷史研究的方法。

由於社會科學的影響，那時的臺灣研究，不僅有歷史學者，也有其它領域的人加入，並對歷史研究的路向產生影響。這一現象，與史學與社會科學結合的潮流有關。當時剛剛涉入臺灣史研究領域的陳秋坤、林滿紅，其論文就有「相當濃厚的社會科學取向，而特別集中在經濟史方面」。他們在研究所期間，與人類學的研究生陳其南經常共同磋商，討論他們對臺灣研究的興趣。他們在不同的程度上，參與了由張光直領導的「濁大計劃」，並以此爲基礎寫就論文。⒅由於這一計劃的開展，使得參加者和臺灣史的研究者的眼界由漢人社會擴大到所有臺灣的居民，注意到他們（族群）之間的關係，在此基礎上，陳其南提出了「土著化」的觀點，與李國祁的「內地化」主張形成某種對立。⒆

所謂漢人社會「土著化」的觀點，並不指漢人如何接受臺灣當地的土著文化，而是臺灣的移民如何在開發臺灣的過程中，逐漸發展出一種自主的意識，更多地認同臺灣而不是他們原來的出生地——中國大陸。其實稱之爲「本地化」似乎更爲恰當。從陳其南對這一論點的

⒅上引對陳、林兩人論文的評論，見陳其南《臺灣的傳統中國社會》（臺北：允晨，1987），自序頁8-9。另見張隆志《族群關係與鄉村臺灣》，頁10。

⒆有關「內地化」與「土著化」觀點提出的孰先孰後，似無定論。在筆者於2001年6月30日於中研院對李國祁的採訪中，李強調他的「內地化」觀點提出在先。但從陳其南寫作其碩士論文的時間來看，似乎他的「土著化」觀點的提出，不會遲於李的「內地化」理論。

描述中也可看出，他更注意的是如何從人類學的眼光來看待臺灣漢人移民社會的轉型，由此他分析的重點是所謂「祖籍意識」的變化。他的研究對象是宗族械鬥的多寡、祖先祭祀的方式和宗教信仰的變化等等。陳認為臺灣到了十九世紀中期，已經逐漸「土著化」，漢人已經從移民的心態中擺脫了出來，不再看重自己原來的祖籍、神靈，也不再渡海為自己遙遠的祖先祭祀了。促成這一轉變的主要社會機制是「村落的寺廟神和宗族組織」。⑽

具體說來，陳其南的研究對象主要集中在兩個方面，一是由於祖籍不同而產生的械鬥，二是宗族組織的建立。前者反映了移民社會的主要特點。當時大陸到臺灣的移民，主要來自福建、廣東兩省，因此有省籍的區別。同時，即使是同省的移民，其中也有鄉土的意識而產生相互之間的隔閡。到了臺灣以後，由於生機的需要，相互爭奪、競爭，因此產生械鬥頻繁的現象。但是，隨著時間的遷移，移民慢慢在臺灣生根，分族、分類之間的械鬥就逐漸減少了。陳其南觀察道：「大約在1860年代以後，就很少再見到大規模的、以祖籍人群為分類單位的械鬥事件。從1865年到1895年的三十年間，雖然仍有械鬥事件，但分類的形態顯然已經轉變。」由此，陳其南得出了一個結論，那就是「土著化」。他寫道：「到了清末時期，臺灣漢人的社會意識顯然已經逐漸拋棄祖籍觀念，而以現居的聚落組織為其主要之生活單位。我們可以認為這是臺灣漢人社會逐漸從一個移民社會轉變成土著社會的過程之最佳說明。」⑿

⑽見陳其南《臺灣的傳統中國社會》，頁153-161。

⑿陳其南〈臺灣漢人移民社會的建立及其轉型〉，《家族與社會：臺灣和中國研究的基礎理念》（臺北：聯經，1990），頁79-80。該文以陳在1975年完成的碩士論文為基礎簡寫。

如果說分類械鬥的減少說明大陸移民在臺灣已經落地生根，那麼，宗族組織的建立和擴張則幫助了他們在新的土地上重建家園。從觀念上來看，宗族組織與分類械鬥一樣，產生於同鄉意識和祖籍意識，表達了一種由於是同鄉而願意互相幫助的心情。而這種心情，又常常維繫在對故鄉和祖先的懷念上，因此就有了宗族組織的建立。據陳其南觀察，初來臺灣的移民，其宗族往往與大陸有相當的聯繫。「可是，經過一段長時間的定居以後，逐漸感到回本籍祭祖之不方便，而且在臺之宗族成員也繁衍不少，其中有能力或有功名者，遂倡導建祠堂、設公業。」⑫於是，宗族便「土著化」、或「本地化」了。

「土著化」與「內地化」雖然看起來針鋒相對，但就其討論的內容來看，還是有相類似的地方。⑬這兩個觀點的不同，只是在解釋漢人社會的轉型問題上；陳其南也沒有否認那些臺灣移民所建立的還是一個「傳統中國社會」，正如他著作的標題所示。這與李國祁的「內地化」說法所得出的結論，並無二致。而李國祁對臺灣社會的研究，也承認在清末，臺灣的社會產生了急劇的變動，從移墾逐步走向定居。他的解釋是：「故其來臺年久後，在移墾發展至第二階段，其注重原籍的地緣觀念，因新鄉土觀念的建立而逐漸淡薄，於是我國南方社會注重血緣關係的社會特性，卻因殖墾者的家族發展表露無遺。」⑭由此看來，李國祁也注意到在臺灣的大陸移民由於年長日久而逐漸與大陸的故鄉聯繫逐漸疏遠的現象。但是，他的解釋與陳其南有明顯的不同。移民與大陸本土在地緣意識上的變化，爲血緣關係所

⑫同上，頁85-86。

⑬陳其南本人對這兩種觀點之不同，從前提、概念及研究方法等方面都做了比較，見《臺灣的傳統中國社會》，第6章。

⑭李國祁《中國現代化的區域研究：閩浙臺地區，1860-1916》，頁567。

取代。換言之，宗族組織的建立表現出一種與大陸南方社會相似的血緣意識，因此臺灣的社會經過這些變化，仍然在走向「內地化」，即向中國社會看齊，而不是陳其南所指的「土著化」。

對李國祁的這一結論，陳其南也表示一定程度的贊同。他說：

> 在臺灣「土著化」了的漢人社會，實際上是把臺灣漢人在華南原居地的社會形態重新在臺灣建立起來。換句話說，臺灣漢人移民在後期雖然獨自發展出一個「土著社會」來，就如華南漢人社會之為土著社會一般，但其社會結構形態是相同的，特別是表現在宗族發展的過程上。如果傳統形態不經過現代化的衝擊，那麼我們也許會發現臺灣和華南的社會有更多的相似之處，我們也就毫無疑問地更可以說臺灣漢人社會是大陸中國社會的延長或擴展了。⑫⑤

血緣關係能取代地緣關係，在李國祁看來，其原因是書院及科舉等文教制度的建立和發展，由此產生出士紳階級來領導社會。李國祁寫道：

> 科舉制度在臺的推行原在於促進臺地的教化，建立其士紳階級，使臺灣由移墾地區的豪強凌世，轉變為禮治社會。並透過科舉制度的內涵——四書五經，使忠孝仁義的傳統道德標準在此一地區深根厚植，以消其暴戾不馴之氣。唯科舉制度的內容——傳統的儒家思想，在社會組織上是以家族為其基礎的，高中科舉的

⑫⑤陳其南〈臺灣漢人移民社會的建立及其轉型〉，《家族與社會》，頁91。

> 士子其所得的尊榮不僅在於個人，亦在於家族。致而科舉制度的在臺推行，對此地區社會結合關係注重血緣的轉變，產生了某種程度的助力。甚至其宗族制度的形成與士紳階級的建立同時並行發展，可視為十九世紀臺灣社會的兩大變遷。⑯

因此，李國祁對臺灣社會轉型的觀察，包含了社會、文化、經濟等幾個角度。與之相比，陳其南想處理的問題和對象，正如他自己所言，「比較狹隘，其目的只在於透過社會群體構成法則的變遷來解釋臺灣漢人社會在臺灣本土定著化的過程」。在另一處，他又解釋道：「『土著化』的理論基本上是一個人類學式的研究，主要是透過社會結構、族群關係和人群認同意識的分析來闡明清代臺灣漢人社會的轉型過程。」⑰因此，他的側重點是從人類學研究的立場出發來考察社會行爲的變化。

這一人類學的立場，使得陳其南不僅想觀察臺灣社會的變遷，更想解釋其結果。這裡，李國祁與陳其南在方法論上的分歧就表現得比較明顯。作爲歷史學家，李國祁感興趣的是對歷史現象加以仔細的描繪並希望能發現其變化的原因。陳其南的研究路向自然也需要對歷史現象加以描繪和分析，但他更有興趣的是指出其變化的後果。這一後果在他看來，就是臺灣居民在祖籍、鄉土和歸屬認同上的變化。陳其南這樣總結：

> 這裡所提出的一個概念就是把初期的臺灣漢人移民社會當做是

⑯李國祁《中國現代化的區域研究：閩浙臺地區，1860-1916》，頁569。

⑰陳其南《臺灣的傳統中國社會》，頁180；頁160。

> 中國大陸傳統社會的連續與延伸，移民社會的性質就是原傳統社會移植或重建的過程。但移民社會在經過一段時間之後即經土著化過程轉化為土著社會。而土著社會的特徵則表現在移民本身對於臺灣本土的認同感，不再一味地以大陸祖籍為指涉標準。換句話說，在意識上由「唐山人」、「漳州人」、「泉州人」、「安溪人」等等概念轉變為「臺灣人」、「下港人」、「南部人」、「宜蘭人」等等。或在血緣意識及祖先崇拜的儀式上不再想「落葉歸根」，或醵資返唐山祭祖或掃墓等等，而重新肯定臺灣這地方才是自己的根據地，終老於斯，並且也在臺灣建立新的祠堂和祭祀組織，逐漸地從大陸的祖籍社會孤立出來，而成為一新的地緣社會。[128]

對於這一轉化的過程，李國祁的解釋是「內地化」的完成，臺灣人已經在臺灣建立了中國文化的傳統，因此就沒有必要再返鄉祭祖了。但陳其南則從人類學的觀點出發，提出這一轉化是「認同」觀念的變化。從此以後，「認同」問題就進入了臺灣（史）研究的領域，成爲一個無法避免的問題。這是陳其南「土著化」理論以及「土著化」與「內地化」爭論的重要性所在。

五、「鄉土文學」與認同意識

就這一認同意識的發展而言，並不是當時史學界、或者學術界的一個單一的現象，而是反映了臺灣政治、社會和文化的總體變化。對

[128] 同上，頁158。

這一變化表現最爲敏感的，莫過於文學創作。因此，我們有必要對臺灣文學中所反映的歷史意識作一簡述和分析。事實上，就臺灣文學史的演變來看，其發展與臺灣歷史本身的變化密切相關，表現了濃厚的歷史意識，與臺灣史學的變化發展有密切的聯繫。譬如，1895年清朝割讓臺灣之後，史學家連横不但寫作了《臺灣通史》，而且也創作了不少詩詞。而曾經領導抵抗日本佔臺的丘逢甲，也留下了不少感人的詠史詩。由於日本的統治，臺灣的新文學運動的開展，便一直爲認同意識所纏繞，其表現有時彰顯，有時隱約。那時出現的不少文學刊物，都以「臺灣」命名，表現了濃厚的臺灣意識。在那個時代，特別是在1927年以前，這一臺灣意識與中國意識有「重疊」的傾向。[129]到了1930年代，由於日本在臺強力推動日文教育，使得臺灣的新文學運動出現了一個轉折。雖然大部分作家還是堅持抗日的態度，但是他們的漢文卻大打折扣，無法用來寫作，於是就有了一場「鄉土文學的論戰」。1930年黃石輝發表了著名的〈怎樣不提倡鄉土文學〉一文，建議用臺灣話寫作能反映臺灣勞苦大衆生活的作品，引起了一場爭論。支持者認爲唯有如此，才能眞正寫出適合臺灣民衆口味的作品，而反對者則指出臺灣話有音無字，用來寫作會徒增麻煩，還不如堅持中國的白話文，達到普及文字的效果。這一爭論雖然沒有明顯的勝負，但卻促使一些人開始注意保存臺灣的文字與文化。更重要的是，這一爭論還促進了臺灣認同意識的微妙轉化。游勝冠在其《臺灣文學本土論的興起與發展》一書中如此分析這一爭論的意義：

---

[129] 若林正丈〈臺灣抗日運動中的「中國坐標」與「臺灣坐標」〉，《當代》，17（1987：9），頁40-51。

敵對雙方的意識、立場雖不相同，但反日本文化的態度卻是一致的，前者是張我軍「靠積極合流在中國的共同語的形成，要來抵抗逐漸浸透的日本語」的延伸，後者則從臺灣孤立於中國之外的現實處境中，看到匯流中國共同語形成的虛幻不實際，轉而向臺灣本土尋求抵抗資源的作法。臺灣本位立場的「鄉土文學」、「臺灣文學」的提出，象徵著日據下臺灣社會中國——臺灣雙重的意識結構的分裂，臺灣單獨被凸顯出來，以新的臺灣意識對五四影響下的臺灣新文學運動進行再革命。⒀

這樣的分析，有一種「以今律古」的嫌疑，因爲當時黃石輝等人的主張，是否就是想將中國與臺灣在意識結構上分裂，並不得而知。由於第二次世界大戰在亞洲的爆發，日本在臺全面推行「皇民化」運動，中文寫作愈益艱難，這一鄉土文學的建議，僅僅曇花一現，未能付諸實踐。有關臺灣鄉土文學的討論，要到1960年代才重新冒頭，並在1970年代成爲人們注意的焦點。

但是，饒有趣味的是，臺灣文學史在戰後的變化，與史學史的變化也有平行發展的傾向。1945年光復之後，臺灣的文學與史學，都受到之後不久開始的冷戰的影響，只是表現有所不同而已。到了1960年代，史學界開始檢討「史料學派」的影響，企圖從西方引進新的社會科學的方法來研究歷史，文學界也出現了一些相似的變化，那便是臺大外文系師生領導的「現代主義」文學的運動。這一運動的標誌是《現代文學》刊物的創辦，從中培養了白先勇、陳若曦等國際知名的作家。如果說《思與言》雜誌代表了對民國以來學術傳統的一種「反

⒀游勝冠《臺灣文學本土論的興起與發展》（臺北：前衛，1996），頁46-47。

叛」，那麼《現代文學》也同樣表現了一種「反叛」，那就是對冷戰期間文學附庸於政治的不滿，表現了一種追求「純文學」的意圖。學術界引進西方社會科學的一個結果是，開始重視臺灣的研究。許倬雲等人在1965年在臺大召開的「臺灣研究在中國史學上的地位」的座談會，是一個重要的例子。以後，臺灣學術界開始提倡「社會科學的中國化」，也即將西方的理論與方法與臺灣本地的研究相結合。而在臺灣文學界，1960年代中期也出現了相似的傾向，那便是吳濁流在1964年創辦的《臺灣文藝》的雜誌。同年，一批詩人還創辦了《笠》詩刊，也開始將注意力轉向臺灣的本土文化。1966年又有了尉天驄主編的《文學季刊》雜誌，開始有意識地探討現代主義文學與鄉土文學的關係。而當時鍾肇政等人以臺灣的鄉土文化爲題材的長篇小說、或稱「大河小說」（Roman-fleuve, Saga novel），開始受到讀者的歡迎。葉石濤則乾脆重提「鄉土文學」的口號，希望爲臺灣的文學創作重新定位。[131]

儘管有這一類似的傾向，臺灣學術界與文學界在當時的表現還是有所不同。舉例來說，雖然學術界有意識地將注意力移向臺灣，但其主要目的是爲了運用和借鑒西方的社會科學方法，用來解釋中國歷史（包括臺灣史）的問題。近史所開展的「中國現代化之區域研究計劃」，就是一個顯例。但在文學界，則似乎有借鑒與創作平行進展的趨向，而在創作方面，則逐漸轉向以臺灣的本土文學爲主，並且愈演愈烈，由此而衍生了1970年代後期有關「鄉土文學」的再一次論戰。

進入1970年代，臺灣的內政外交都經歷了劇烈的變化，直接影響了臺灣的學術與文化。首先，作爲國民黨政府主要盟友的美國，其對

---

[131] 參見葉石濤〈臺灣的鄉土文學〉，《文星》，97（1965・11），頁70-73。

臺政策在1970年代初期有了明顯的改變。1971年臺灣的國民黨政府丟失了在聯合國的席位，而美國的尼克森總統又宣布將在次年訪問中國大陸，都給臺灣朝野以極大的刺激。而1970年美國將琉球群島交還日本，附帶地將釣魚島也給了日本，引起了臺灣民衆、特別是知識界的強烈不滿，引發了反美和反西方帝國主義行徑的各種示威活動。這些統稱爲「保衛釣魚島運動」，或「保釣運動」的活動，都以失敗告終。但是，參與這些活動，也讓知識界的人士看到，當權的國民黨政府也並不如想像的那樣強大可怕。於是所謂的「黨外活動」繼續展開，最終導致了島內反對黨的成立。

1970年代的「保釣運動」雖然由外交事件引起，但其基礎則源自臺灣自1960年代以來經濟的迅速發展和島內中產階級的形成。二次大戰以後，由於冷戰局面的形成，臺灣成爲美國在東亞的一個重要據點。雖然蔣介石未能如願得到美國政府的支持，反攻大陸，但在經濟上，則得到了美國大量的援助，被納入其主導的西方集團。臺灣以廉價勞工，裝配加工，逐步建立了以外銷爲主的經濟模式，並且獲得了很大的成功。到了1970年代，已經躍據「亞洲四小龍」，國民平均收入接近一萬美元，其成就被人譽爲「經濟奇蹟」。(132)不過，這一經濟成就，也帶來不少問題，一是生態的破壞，二是對美日資本的嚴重依賴。這些都使得臺灣的有識之士感到十分憂慮，因此起而參與政治，表達民主意識。

由於島內外情勢的變化，國民黨政府的內部也相應有所變化。美國尼克森總統的訪問中國和日本牽先與中共政府建交，使得年老體衰

(132)參見Thomas Gold, *State and Society in the Taiwan Miracle* (Armonk NY: M. E. Sharpe, 1986)。

的蔣介石不得不調整戰略，啓用新人。1972年蔣經國出任行政院長，開始較大幅度地提拔臺灣籍人士參政，進入黨和政府的中央。1975年蔣介石去世以後，國際形勢對臺灣更爲不利。西方各國都紛紛與中國大陸建交，切斷與臺灣的外交關係。美國於1978年也與大陸政府建交，使得臺灣失去最後的支柱和希望。對此，蔣經國也只能採取務實路線，從實質上放棄自國民黨撤來臺灣以後一直主張的「反攻大陸」的政策。同時注重臺灣本地的經濟和政治建設，推行十大工程，進行民意代表的選舉等等。這些都爲臺灣的民主化的進展製造了生機。

美國對臺政策的改變，不但是對臺灣國民黨政府的一種「背叛」，而且也讓臺灣知識界人士深感失望。1970年代，臺灣的學生運動十分活躍。1978年美國與臺灣斷交，更是激起了一場情緒激烈的反美學生運動，波及社會的各個階層。[133]這些都爲知識界反省1960年代「西方化」的傾向提供了社會條件。在學術界，1970年代的中期有余英時等人的演講所引發的對1960年代史學方法討論的一系列反省。而在文學界，則有對現代主義文學進行批評而引起的「鄉土文學的論戰」。

因此，雖然「鄉土文學的論戰」是一場有關文學寫作內容的討論，但其思想淵源則有許多方面，與1970年代臺灣的政治、外交和經濟的變化都有聯繫。由於參與討論的人士來自各個方面，代表了不同的政治立場和意識型態，因此很難將這一討論的性質作簡單的判斷。不過就總體而言，這一討論的直接起因來自當時知識界人士對美國及西方經濟、外交政策的不滿。他們在目睹了臺灣的經濟起飛所帶來的

---

[133]當時出版的《斷：中美斷交半月記》，何平編著（新竹：楓城出版社，1979）一書，比較紀實地描繪了當時臺灣青年學生和知識界情緒激昂的情景。

各種惡果，特別是對臺灣農村生活所造成的破壞，從而表達出一種對鄉土文化的熱愛與眷戀。這種心情使得臺灣的文學創作者對一味模仿西方現代主義的作法感到不滿，轉而衷情於寫實主義、現實主義的文學。有關「鄉土文學」的興起與當時臺灣內外情勢的關係，親歷其間的王拓有一段很好的自白：

> 保釣運動替我們的社會大眾上了很寶貴的一課政治教育，使我們的民族意識普遍地覺醒和高漲；而退出聯合國事件，則不但在民族主義這一課給我們作了加強的教育，同時還使我們認清：要抵抗帝國主義的侵略、要爭取國際的生存權，首先還是在於自己國內政治和社會的徹底革新！所以，青年們批評的矛頭便開始指向了那些社會和人民的公敵！至於後來的尼克森飛訪北京、日本與北平建交而與我片面毀約這兩件大事，更為我們社會在民族主義教育與政治教育又上了兩次印象深刻的課。而使我們的知識青年不僅只在言論與文字上，開始對帝國主義者與社會公敵展開嚴厲的批評，並且還在行動上，要求更多的社會與政治的參與。[134]

由此可見，提倡「鄉土文學」，表達了一種政治參與意識，而這一參政意識，又是以民族意識、認同意識的覺醒爲前提的。國民黨外交上的一系列失利，使人覺得有必要重新認識和檢討國民黨遷臺以後的成就得失。在王拓看來，雖然臺灣經濟起飛，獲得了不少成就，但其代價卻十分高昂，使得臺灣陷入「大困局」（江帆），淪爲西方世界的

---

[134] 王拓〈是「現實主義」文學，不是「鄉土文學」〉，《鄉土文學討論集》，尉天驄主編（臺北：遠流、長橋聯合發行部，1978），頁105。

「經濟殖民地」（王拓）。[135]但更讓他們憂心的是，由於臺灣在冷戰中與西方世界的緊密聯繫，使得臺灣的文學界、知識界充滿了崇洋媚外的風氣，唯洋是尊，不但學術論文用英文發表，大學上課用英文教材，甚至醫生討論病例，如用中文也會引起哄堂大笑。而在臺灣的文學界，這一「西化」傾向的主要表現便是以臺大外文系爲基地的的現代主義文學創作。在陳映眞看來，《現代文學》雜誌是「私人辦的當時臺大外文系的習作雜誌。『現代文學』的同仁，把學自課堂和閱讀的西洋文學，以中文實踐。五四新文學的傳承中絕了，他們就在西洋文學中找傳統，模仿西方文學的內容和形式，從事創作」。而這一現代主義文學能夠在臺灣的社會造成影響，又是「社會經濟全面附庸於西方的時代」的必然產物。[136]

就總體而言，「鄉土文學」的提倡就是要突破這一「西化」的思潮，以民族意識爲出發點，以鄉土生活爲中心進行創作。[137]就此而言，「鄉土文學」的創作有一種懷舊的傾向，也即懷念在臺灣工業化以前的鄉村平民的生活。而這種懷念，又與當時知識界激進的、反西方的觀念有關，因此有「眼光向下」，專注「小人物生活」的意圖。這在當時出現的一批作品中，有明顯的反映。但既然有懷舊的傾向，就反映了一種歷史的意識。換言之，爲了提倡「鄉土文學」，作家們

---

[135]江帆〈談現代人與現代化〉和王拓〈擁抱健康的大地〉，同上，頁28-38；348-362。

[136]陳映眞〈文學來自社會反映社會〉，同上，頁53-68，引文見頁62。

[137] Joseph Lau對「鄉土文學」興起的淵源有很好的總結，認爲包含四個方面：(1)抵制日本和美國的文化、經濟侵蝕，(2)要求社會改革，提倡均富，(3)注重「小人物」的生活，(4)強調民族自尊。見氏著 “Echoes of the May Fourth Movement in Hsiang-tu Fiction,” *Mainland China, Taiwan, and U. S. Policy*, ed. Tien Hung-mao (Cambridge MA: Oelgeshlager, Gunn & Hain, 1983), 頁147。

必須面對臺灣文學的傳統及其沿革，提出自己的解釋。而在這一點上，參與討論的衆人並沒有統一的意見，因此造成「鄉土文學」之定義模糊的現象。

首先，就他們反對的對象來看，自然是崇洋媚外的「西化」傾向，但如何解釋這一「西化」傾向，意見則不太一致。以支持「鄉土文學」的國民黨立法委員胡秋原的意見爲例，這一「西化」的傾向，直接上承五四的新文化運動。從那時開始，中國的新文學就走上了「一個錯誤的道路，一方面自斬其根，另一方面，專門模仿外國，以致整個民族精神趨於『自外』、『自失』或『精神錯亂』，即西方人所謂alienation之中」。這種「自外」傾向，「先是西方的種種主義，繼而是俄國的馬列主義，現在是西方『存在主義』的文學廣告」，因而有六十多年的歷史。[138]

但就「鄉土文學」提倡者的政治參與意識來看，他們又推崇五四新文化運動，認爲他們正在運用文學作爲武器，表達社會民衆的要求。這一情形，在1970年代初期的保釣運動中，已經有所體現，而在抗議美國與北京建交的示威中，也有所表現。參與遊行的學生、學者援引五四的口號，表達愛國的熱情。對他們來說，1960年代文學界的「西化」傾向，已經使得文學與大衆脫離，而「鄉土文學」的提倡，正可以糾正這一偏向，因而與五四的精神相連接。[139]蕭阿勤指出，當

[138] 胡秋原爲《鄉土文學討論集》寫的序：〈中國人立場之復歸〉，《鄉土文學討論集》，頁1-43，引文見頁4和頁13。

[139] 李行之〈五四，與我們同在！〉和王拓〈是現實主義文學，不是鄉土文學〉，同上，頁148-157和頁100-119。在「鄉土文學」的論戰出現以前，就有陳少廷等人的文章，將臺灣的本土文學與五四精神相聯。參見游勝冠《臺灣文學本土論的興起與發展》，頁292。

時支持「鄉土文學」的討論所展現的反帝國主義，「其實相當類似中國五四運動時代知識分子鼓吹的理念，兩者都出於對外國強權以不平等方式對待並背叛中國民族／國家所感到的義憤」。⑭「鄉土文學」與五四新文化運動的聯繫，也讓「鄉土文學」的反對者注意到了。朱西甯指出，「鄉土文學」的推崇者強調「社會文藝」，其實就是要回歸到五四的文化傳統：「所以這社會文藝所作『大衆化』『時代性、社會性』的種種呼聲，幾乎皆是昔日新文化的回聲，復誦而獨不見己意、新意、創意」。⑭朱西甯的語氣顯得有點刻薄，但他以〈回歸何處？如何回歸？〉爲題的批判文章，卻正好點出了「鄉土文學」派歷史意識的模糊之處。但反過來看，這一模糊性，也恰好反映了「鄉土文學」派在繼承傳統方面的開放性。朱西甯在文中煞費苦心地將以往的文學傳統一一羅列，特別指出五四的新文化運動，以後導致了馬列主義在中國的傳播，由此向「鄉土文學」派的人士勸告。但他似乎沒有注意到，「鄉土文學」的提倡，不但與歷史傳統有聯繫，更與臺灣當時的現實切切相關。就歷史意識的形成而言，往往由現實反觀過去居多，因此使得人們對傳統的解釋常常是多種多樣的。

在「鄉土文學」的討論中，不但歷史意識呈現其多樣性，而且其現實的關懷也有不同的表現。同樣提倡「鄉土文學」，陳映眞把它定義爲「民族文學」，葉石濤則將其與日本統治時代的「鄉土文學」相

⑭ 蕭阿勤〈民族主義與臺灣一九七〇年代的「鄉土文學」：一個文化（集體）記憶變遷的探討〉，《臺灣史研究》，6：2（1999．12），頁77-138，引語見頁99。

⑭ 朱西甯〈回歸何處？如何回歸？〉，《鄉土文學討論集》，頁204-226，引文見頁214。

聯繫，而王拓則指稱它爲「現實主義」的文學。更爲激進一點的尉天驄，在受到反動派的指責之後，則乾脆反駁說，即使是所謂的「工農兵文學」，也未嘗不可。這些名稱背後的意涵是一致的，即要把文學創作的重點從效仿西方現代主義轉向本國、本土。齊益壽在當時發表的文章〈鄉土文學之我見〉，點出了這一主體傾向。他指出，「鄉土文學」的定義，有「一般」與「特殊」的兩種。一般的鄉土文學，「其內涵不外是田園牧野的風光，民衆的生活和信念，是一種具有地方特色情調的文學」。而特殊的「鄉土文學」是「產生在一種文學受外來文化壓制侵蝕到不能忍受的程度之後，便覺醒起來，開始反抗，要求自立自主，反對崇洋媚外，這時從崇洋媚外中覺醒起來而落實到本土精神的文學，也叫做鄉土文學」。⑭這一分析，指出了當時「鄉土文學」的創作和討論與現實之間的緊密聯繫。

但是，雖然想擁抱本土，但還是必需面對本土的文化遺產的問題。在討論中所出現的這些不同的「鄉土文學」的定義，表現了各人之間認同意識的差別。若就當時發表的作品的內容來看（以黃春明、王楨和等人的小說爲例），用現實主義文學這一稱呼似乎比較貼切，因爲正如王拓所言，這些小說的內容無法完全用鄉村的生活所涵括，容易使人誤解，似乎「只有以鄉村和鄉村人物爲題材的文學作品才是『鄉土文學』，而排斥了以都市和都市人爲題材的文學作品」。這與提倡「鄉土文學」的本意，也即對抗「西化文學」的主張不能吻合。⑭而就其所代表的政治傾向來看，則陳映眞、胡秋原等人的「民族文學」比較能正確表達意思。事實上，在參加討論的人中間，大多數支持

---

⑭齊益壽〈鄉土文學之我見〉，同上，頁587-595，引文見頁591。

⑭王拓〈是現實主義文學，不是『鄉土文學』〉，同上，頁117。

「鄉土文學」的人，都認爲這一文學運動，其實是民族精神在文學上的反映。尉天驄雖然認爲「工農兵文學不傷害別人，有什麼不好呢？」同時他還稱讚反映軍中生活的「大兵文學」，但這只是就具體的形式而言。而「鄉土文學」的實質，則如他在〈鄉土文學與民族精神〉中所指出的那樣，「是民族精神在文學上的表現」。[144]

以當時的情形來看，所謂「民族精神」，主要指的是相對於西方文化的中國傳統文化特質。在參加討論的人中間，大多數人都把臺灣的文學創作與中國的文學傳統、特別是二十世紀以來的新文學傳統加以聯繫。胡秋原、王曉波等人甚至將之回溯到遠古的時代。這顯然體現了國民黨遷臺以後以「正統中國」自居所造成的影響。但是，臺灣畢竟又與中國大陸存在地域和政治的隔閡。所謂認同本土，在實際的層面上，也就意味著要認同臺灣，以臺灣作爲中國文化的縮影，而不是認同僅僅存在於書本圖像或模糊記憶中的大陸。於是，本土的老作家葉石濤就在討論中發表了〈臺灣鄉土文學史導論〉的重要文章，回顧臺灣文學發生演變的歷史，號召作家以「臺灣爲中心」創作，用「臺灣的立場」來透視整個世界。葉指出中國文化對臺灣的「重大影響」，使得臺灣文化成爲「漢民族文化的一支流」，但是，他強調由於「臺灣接二連三地受到異族的蹂躪和統治」，因此「建立了不同於中國大陸文化的濃厚鄉土風格」；臺灣人也產生了一種「臺灣意識」，建築在臺灣人反對外族侵略、「反帝、反封建」的基礎之上。而這一「臺灣意識」，又使得臺灣作家在創作中，採用現實主義的方式，注重鄉土的經驗。顯然，葉石濤提出這篇論文的目的是爲了提醒他的同

[144] 尉天驄有關「工農兵文學」的說法見李行之〈五四，與我們同在！〉，同上，頁155。他的〈鄉土文學與民族精神〉，則見該書頁161-163。

行：他們所提倡的「鄉土文學」，其實與臺灣文學的傳統有著傳承的關係。而「新生代臺灣作家的前途」是繼承這一傳統，注重發揚臺灣文學的特殊性。⑭葉的文章發表之後，很快就受到陳映眞的反駁。陳指出葉石濤過分強調了臺灣文學傳統的特殊性，而沒有強調這一傳統中的「中國的特點」，即與中國文化之間的緊密聯繫。而葉提出的「臺灣立場」和「臺灣意識」，在陳看來，就更有問題了，代表了一種「用心良苦的，分離主義的議論」。⑭

如果我們把「鄉土文學」的興起視爲抵制西方文化、經濟侵蝕的一個運動，那麼陳映眞的觀點在當時應該爲多數人所贊同。既然「鄉土文學」是「西化文學」的對立面，那麼就沒有必要在中國與臺灣之間加以區分，而必須一致對外。但是，如同上面所談，「鄉土文學」的提倡者在認同傳統和歷史解釋上，並不表現一致，而是由於當時臺灣國際地位的變化，產生了不同的認識，因此便有了葉石濤、陳映眞之間的辯論。事實上，如同蕭阿勤所觀察的那樣，葉石濤的〈臺灣鄉土文學史導論〉，在「鄉土文學」受到彭歌等人的批評以前，就已經發表。在這以前的1965年，葉石濤也有相似的觀點發表。但是兩篇文章所受到的注意則截然不同，可見臺灣人的認同意識，在1970年代後期，已經有了値得注意的轉變。⑭「鄉土文學」的討論，如同那時學術界的「內地化」與「土著化」的爭論一樣，從一個方面反映了臺灣知識階層歷史意識的轉化。

---

⑭ 葉石濤〈臺灣鄉土文學史導論〉，同上，頁69-92。

⑭ 許南村（陳映眞）〈「鄉土文學」的盲點〉，同上，頁93-99。

⑭ 蕭阿勤 (A-chin Hsiau), *Contemporary Taiwanese Cultural Nationalism* (London: Routledge, 2000)，頁93-94。

六、政治變遷中的歷史意識

從1970年代末期開始，臺灣的政治與社會開始產生明顯的變化。一方面國民黨政府仍然繼續對反對派，即所謂「黨外活動」，進行鎮壓，而另一方面則又有「軟化」其強權統治的跡象。前者可以1979年的「美麗島事件」爲例。1970年代後期，「黨外活動」已經慢慢在社會上有了一定的影響。1977年的地方選舉中，「黨外人士」中還有一些人被選進了省議會，另一些人則當選爲縣長或市長。1978年美國宣布與大陸建交，使得臺灣民衆的民族主義情緒高漲，「黨外人士」在其中扮演了主導的角色，包括出版《美麗島》的雜誌，一時行銷甚廣。1979年12月10日《美麗島》雜誌的主導人物在高雄發起遊行集會活動，不料遭到國民黨政府的鎮壓，不少人入獄，造成所謂的「美麗島事件」，或「高雄事件」。但事件之後，「黨外活動」並沒有停止，而是有愈演愈烈的趨向。對此，國民黨政府似乎也無可奈何，只能聽之任之，沒有採取過分強烈的鎮壓措施。其中奧妙，不得而知，但除了蔣經國本人思想的變化以外，顯然也與1970年代初期以來國民黨的「本土化」政策有關。愈來愈多的臺灣本省的人士進入國民黨政權的中央（自1978年以來副總統、省政府主席和臺北市市長的位置，都已向本省人開放），對其內政與外交政策都有明顯的影響。1980年代的臺灣，政治社會因此出現顯著的變化，知識界和學術界於是也有了不少新的動向。

首先，臺灣人的認同意識開始出現明顯的轉向。如果說1970年代的「鄉土文學」討論，還是以表現中國民族主義意識爲主，葉石濤主張的「臺灣意識」還屬於少數派，那麼在美麗島事件之後，這一「臺灣意識」開始逐步在知識界蔓延開來，得到愈來愈多的擁護者。以文學界而論，代表中國意識的陳映眞，在「鄉土文學」討論的期間，顯然具有多數派的力量。但是到了1980年代，隨著王拓等人的逐漸走向「激進」（王還因「美麗島事件」入獄），陳的聲音便慢慢孤立起來，而葉石濤「臺灣意識」的主張，則受到了許多人的認同。葉石濤在回顧1970年代時說道：

> 一九七〇年十一月發生釣魚臺事件。這使得海內外跟臺灣有關的知識分子，掀起了一場狂熱的民族主義（nationalism）浪潮下的遊行示威活動。但這民族主義是中國的民族主義，與以臺灣為主體的意識完全無關。……七〇年代末期發生的第三次鄉土文學論爭……可以看出尉天驄、王拓、陳映真等新民族派作家是傾向於「在臺灣的中國文學」的民族主義者；他們是中國民族主義者，並不認同臺灣為弱小新興民族的國家。⑭⑧

但是，美麗島事件之後，包括王拓在內的作家，其歷史意識開始有了明顯的轉變。而葉石濤的回顧，特別是他將1970年代末期的「鄉土文學」討論，視爲臺灣所發生的「第三次鄉土文學論爭」，在那時發表〈臺灣鄉土文學史導論〉，也確實是希望臺灣民衆能認同臺灣是一個「弱小新興民族的國家」，因此當年陳映眞的「分離主義」的指責，也沒有過分。只是事過境遷，這種認同臺灣的想法，到了1980年代已經慢慢進入臺灣知識分子的心靈了。

這一轉變從文學作品中，可以明顯看出。那時在《臺灣文藝》和

---

⑭⑧葉石濤《臺灣文學入門》（高雄：春暉，1997），頁143和頁46。

《笠》詩刊所發表的作品，有不少人用不同的方式，批評國民黨的統治，使這兩本在1960年代中期創辦的雜誌，成爲「黨外人士」表現其政治立場的喉舌。其作者群中也包括一些政治人物，如現任副總統呂秀蓮。1982年，更有《文學界》雜誌的創辦。而提倡「臺灣文學」的先驅，更是《臺灣文藝》的重要支持者。這些文學刊物，成爲「黨外人士」「發展與建構政治化的臺灣文學概念的主要場所」。⑭⑨圍繞著這些刊物，也形成了一批具有「臺灣意識」的文學工作者，他們的共同立場是建立「臺灣文學」。與「鄉土文學」的討論者相比，他們的歷史意識顯得十分明確，沒有模糊於中國與臺灣之間。《臺灣文藝》的主要投稿者之一李喬在1983年寫道：

> 「所謂臺灣文學，就是站在臺灣人的立場，寫臺灣經驗的文學。」所謂「臺灣人的立場」，是指站在臺灣這個特定時空裡，廣大民眾的立場；是同情、認同、肯定他們的苦難、處境、希望、以及追求民主自由的奮鬥目標——的立場。⑮⓪

這種堅持以臺灣爲立足點的主張，表明臺灣知識分子已經逐步從中國意識與臺灣意識的重疊中走了出來，開始認同他們生長的土地。陳昭瑛在回顧臺灣本土化運動的興起時，還特別將這一臺灣意識與1980年代出現的環保文學作品和刊物（《大自然》，1983年創刊），加以聯繫，認爲「從鄉土文學的反西化到環保文學對現代性的反省，臺灣本

⑭⑨蕭阿勤〈1980年代以來臺灣文化民族主義的發展：以「臺灣（民族）文學」爲主的分析〉，《臺灣社會學研究》，3（1999・7），頁26。

⑮⓪李喬〈臺灣文學正解〉，《臺灣文藝》，83（1983・8），頁7。

土化運動的確向前跨進了一步。然而這種理性的反省的動力來自對自己土地的感情」。⑮

1983年不但有環保文學刊物《大自然》的創刊，而且還有歷史學家鄭欽仁在《臺灣文藝》上發表的〈臺灣史研究與歷史意識之檢討〉一文，顯示出史學界也開始有人主張伸張臺灣意識，並開始反省以往的歷史意識。鄭欽仁的專攻是中國史，但他指出，大陸文化大革命結束之後，中國史研究得到重振，臺灣的歷史工作者，必須重新思考自身的位置，是否仍需以以前所堅持的「正統中國」的立場為中心。他的基本觀點是，臺灣史學家應該尋找自己獨特的立場。首先，他們必須排除漢族中心論，重視臺灣與中國大陸之間所存在的各種差別，注意臺灣歷史的獨特性，建立「臺灣主體性歷史觀」。其次，即使把立場從大陸移到臺灣，也必須突破原來以統治者為中心的歷史敘述方法，而必須從人民的立場出發，認同臺灣的歷史是臺灣人的歷史，而不是明鄭、清朝和日本等統治者的歷史。複次，研究臺灣史必須突破原來將其從屬於中國史的作法，而必須把它放在世界歷史的大框架中加以考量，注意到臺灣與各地海洋文化的接觸，重視臺灣歷史的海洋性特點。⑯鄭欽仁的文章是史學界提倡以「臺灣人的立場」寫作臺灣歷史的主張的先聲，顯示出臺灣意識也已經在史學界滋長。

不過，雖然鄭欽仁的文章對當時的史學界有振聾發聵的作用，但也並非空谷足音，而是反映了史學界已經在發生的現象。自1970年代末期以來，各大學應社會的要求，已經紛紛開設臺灣史的課程；臺灣

⑮陳昭瑛《臺灣文學與本土化運動》（臺北：正中書局，1998），頁136。

⑯鄭欽仁〈臺灣史研究與歷史意識之檢討〉，《臺灣文藝》，84（1983・9），頁7-17。

史研究開始登堂入室，成爲莘莘學子研究的對象。如果我們以1982年爲分界點，比較一下臺灣各大學博士、碩士論文的數量的多寡，就可以看出這一變化的跡象。在1982年以前，臺灣大學中有歷史研究所的有臺大、師大、東海、文化和輔大等校。雖然這些研究所培養的大多是碩士研究生，但臺大已經在1971年首次授予歷史學的博士學位。⑮但在1982年以前，並沒有以臺灣史爲專攻的史學博士出現。就碩士論文來看，文化大學在1966年通過了兩篇臺灣史的碩士論文，但直到1982年，以臺灣史爲題的碩士論文僅有二十七篇，佔總數的百分之五點五四，其中大多數寫於1970年代。⑭但是到了八○年代，情形則有了明顯的變化。首先，臺大、師大等校培養了臺灣史的九位博士（其中藤井志津枝是日本人）。這些最初的博士，如許雪姬、溫振華、吳文星、黃秀政、戴寶村等人，現已成爲目前臺灣史學界臺灣史研究的活躍人士，各領一片風騷。其次，碩士論文中以臺灣史爲題的也顯著增加。在1983至1992年這十年間，出現了七十三篇，佔總數的百分之十五點八三。⑮據另一個統計資料，在1971至1980年間，臺灣史的博、碩士論文的比例爲總數的百分之六點九（二十四篇），而從1981到1990年，這一數字增長到百分之十點九（五十九篇）。⑯由於

---

⑬逯耀東於1971年7月13日以〈魏晉史學的轉變及其特色——以雜傳爲範圍所作的分析〉一文通過博士論文的答辯，成爲臺灣自己培養的第一位歷史學博士。見《歷史學系系史（初稿）》(臺北：國立臺灣大學歷史學系，尚未出版)，頁14。

⑭施志汶〈「臺灣史研究的反思」——以近十年來國內各校歷史研究所碩士論文爲中心〉，《國立臺灣師範大學歷史學報》，22（1994・6)，頁416。

⑮同上，頁426。

⑯彭明輝〈臺灣地區歷史研究所碩、博士論文取向：一個計量史學的分析(1945-2000)〉，未刊稿，頁41。

歷史時期劃分的不同，這些數字有些上下，但卻都表明八○年代以後，臺灣史的研究逐漸為學生所注意，成為研究的對象。

從臺灣史課程的開設來看，自1970年代以後，也開始有了明顯的增加。在這以前（光復以後），在臺灣講授臺灣史的只有臺灣大學歷史系的教授楊雲萍。楊早年在日本京都大學受教育，1947年開始在臺大任教，其專攻為南明史與臺灣史，對詩詞也很有研究。楊的臺灣史教學，因此也摻雜了他對南明史和南明的詩人及其作品的研究，如此一來，臺灣史的部分就比較少。⑮但是，楊雲萍作為臺灣史研究的先驅，培養了臺灣最早的研究臺灣史的人才，包括以後成為中研院臺灣史研究所首任所長的黃富三。他也影響了自大陸來臺的同事方豪。方豪晚年對臺灣史下了不少功夫，成就為學界所讚賞。⑱1970年代中期開始，由於近史所開展「中國現代化之區域研究」的計劃，參與者李國祁為師大兼任教授（1971年開始又擔任歷史研究所所長），負責閩浙臺地區，於是也開始在師大培養臺灣史的人才，推動臺灣史的教學。1974年由王啓宗首次在師大開設大學部的「臺灣史」課程。1970年代後期以後，師大培養的溫振華、吳文星、蔡淵絜等臺灣史的碩士、博士也開始開設臺灣史專題研究的課程，並發表研究論文與著作。⑲1980年代之後，臺灣開設臺灣史的學校增加了不少，從南至北都有。臺灣史的研究逐漸成為學生選擇專攻的一個方向。於是，臺灣史研究的前輩學者、臺大研究圖書館的主任曹永和，其學術成就也為

---

[157] 此處據黃富三的回憶，來自筆者對黃於2001年7月3日在其寓所的採訪。

[158] 有關楊雲萍與方豪對臺灣史的研究及其成果，參見《歷史學系系史》（臺大歷史學系），頁7。

[159] 見《國立臺灣師範大學歷史學系概況》（臺北：國立臺灣師範大學歷史學系編印，2000）。並據筆者對該系系主任吳文星於2001年7月5日的採訪。

學術界、教育界所注意。1984年中研院三民主義研究所（簡稱三民所，1990年之後改爲中山人文社會科學研究所）正式聘曹爲兼任研究員，參與該所「中國海洋發展史」的計劃。臺大歷史研究所也聘任曹永和爲兼任教授，開設「臺灣史專題研究」的課程。⑯⓪從前述同期臺灣史研究博、碩士論文數目的大幅增長亦可看出，臺灣史的教學與研究那時已經在各個學校蓬勃開展。

在1983年之後，以臺灣史爲題的學術研討會，幾乎每年召開，引起了學術界和社會上的廣泛注意。如1983和1984年，臺灣史蹟研究中心和中國民族學會連續召開「臺灣地方史料的發掘與應用研討會」。1985年由《思與言》雜誌出面組織「臺灣史研究的回顧與展望研討會」，其論文匯成專刊出版。同年還有《聯合報》主辦的「臺灣地區開闢史料學術座談會」和東海大學歷史系主辦的「臺灣開發研討會」。1986年臺灣史蹟研究中心與中研院人文社會科學研究所合辦「臺灣史研究暨史料發掘研討會」。1987年臺灣史蹟研究中心和新成立的中研院臺灣史田野研究室合辦「臺灣史研究暨史料發掘研討會」。1987年解嚴之後，有關臺灣史的研討會更是層出不窮，舉不勝舉。

臺灣史教學與研究的廣泛開展，本身反映了臺灣人歷史、認同意識的轉化，同時這些教學與研究的開展，又促使臺灣民眾與知識界更深入地考慮認同的問題。1983年，臺灣的校園歌手侯德健奔赴大陸，引起社會與學界的廣泛注意。侯德健在1970年代以一曲《龍的傳人》而風靡一時，表達了當時臺灣青年強烈的民族主義情緒。侯之離臺去大陸，似乎也理所當然，是其中國民族主義思想的體現。但是在臺灣

[160] 有關曹永和的學術與生平，可見《臺灣史論集：曹永和教授古稀嵩壽紀念》一書。

意識已經萌芽、成長的1980年代，他的行動卻使人感到突兀，不可理解。從所激起的討論來看，許多人震驚於侯德健的行動，並不是因爲他「投共」，而是他的行動背後所表達的認同意識，已經讓人不解。《前進週刊》報導了侯的去向之後，楊祖珺寫了〈巨龍、巨龍、你瞎了眼〉一文，認爲侯德健的行動，證明他中了國民黨「正統中國」教育的毒害；侯所追尋的，只是那書本上讀到的、幻想中的中國。在該刊發表了陳映眞辯護侯德健行爲的文章以後，又有蔡義敏的〈試論陳映眞的「中國結」：「父祖之國」如何奔流於新生的血液中？〉，陳元的〈「中國結」與「臺灣結」〉和梁景峰的〈我的中國是臺灣〉等反駁陳映眞的文章，論戰的局面開始形成，雙方的立場也十分鮮明。如梁景峰就寫道，只有認同臺灣，才能認同中國，因爲中國是具體的，「並不是只有中原、神州、黃河、長江才特別中國」。「我要說，我的中國是臺灣，然後才能談大陸的中國！只有認同生存所在的人才可能是民族主義者。」[161]從以後連篇累牘發表的文章中可以看出，那時參加爭論的人，主要圍繞著兩個問題爭辯。一是臺灣意識與中國意識的關係問題，二是這兩種意識所代表的政治含義。那些主張推廣臺灣意識的人，力圖將臺灣意識從中國意識中獨立出來。高伊哥（楊碧川）在〈臺灣歷史意識問題〉中質問道：「爲何必須在『臺灣人』之上，必然地有『中華意識』的存在？……爲什麼必須以這種『上位意識』強壓自己的同胞？」[162]而從臺灣意識與中國意識背後所代表的政治意

[161] 梁景峰〈我的中國是臺灣！〉，《前進週刊》，13（1983・6），頁23。有關討論可參見陳昭瑛《臺灣文學與本土化運動》，頁138-147。此次爭論的大部分文章收入在施敏輝（陳芳明）主編的《臺灣意識論戰選集》（臺北：前衛，1988）中。

[162] 高伊哥〈臺灣歷史意識問題〉，《臺灣年代叢刊》（1984年3月29日），頁46。

涵來看，由於國民黨長期以「正統中國」的代表自居，而其統治又是專制統治，因此主張臺灣意識的人便將中國意識與國民黨的統治等同起來。同理，臺灣意識便成了「黨外民主運動的基石」。⑯③為了追尋這一臺灣意識生成的根源，不少人開始注意日本統治時期臺灣社會的發展，認為日本的殖民統治，有助於臺灣近代化的發展，使得臺灣與大陸社會產生了很大的不同，因此日本對臺灣的殖民統治就成了一種「資產」。⑯④

這種重評日本殖民統治時期功過的作法，在史學界也有所反映。1985年李東華發表了一篇有關臺灣史學史的論文，其中涉及到臺灣史學的淵源。他的意見是，臺灣史學有兩個淵源，一是「民初以來的中國史學發展」，二是「日據時代臺灣的歷史研究」。在前者的討論中，他強調了傅斯年的「史料學派」在臺灣所產生的影響。而在討論後者的時候，李認為日本統治臺灣五十年，「這五十年日人在臺灣的史學發展，無疑也成為戰後中華民國史學發展的重要淵源」。他簡單敘述了1928年日本在臺灣建立臺北帝國大學之後，在史學科分設「國史學」（即日本史）、東洋史學、南洋史學、西洋史學等講座的情形。李還指出在光復之後，這一日本人在臺灣建立的系統，仍然有所繼承。光復後的臺灣大學，仍然有西洋史、南洋史的研究室，由郭廷以、楊雲萍、陳紹馨和日本人負責，「似乎日據時代南洋史之研究有傳承下去的趨勢」。這種情形到1948年大陸學者、學生大量來臺以後，才有改變，以致日人所建立的傳統，由此中斷。對於這一中斷，李東華頗表

⑯③陳樹鴻〈臺灣意識——黨外民主運動的基石〉，見陳昭瑛《臺灣文學與本土化運動》，頁144。

⑯④參見蕭阿勤〈1980年代以來臺灣文化民族主義的發展：以「臺灣（民族）文學」為主的分析〉，頁28-30。

惋惜之意。他寫道，由於「光復初期未能妥善經營臺大，故光復以後內地學人未能充分利用臺大既有豐富資料，在已存基礎上繼續研究」。⑯⁵

李東華此處的措辭，比較含蓄，但顯然對當時來臺的大陸學者，有所批評。在有關「臺灣意識」的論戰，史學界參加的人士似乎不多。但史學界也頗有一些激進的人士，如陳芳明就是一位。陳芳明出身於史學界，在臺大歷史研究所畢業之後還去了美國西雅圖的華盛頓大學攻讀博士學位。1980年代以後，他很快捲入了「黨外活動」，在其中扮演重要的角色，所發表的有關歷史的學術論文在他的著作中已經不佔主要位置。但是，1980年代初期臺灣知識界能夠有這場臺灣意識的論戰，也說明那時臺灣的社會，政府的控制已經日漸鬆動，學者們開始享受更多的學術自由。那時一批有志史學的青年、中年學者，以《食貨月刊》的編輯部爲據點，開始每月定期召開半公開、半地下的學術討論會，交流學術研究的心得，探討史學發展的可能。參加這一號稱「食貨討論會」的史學工作者，大都來自臺北各大學的歷史研究所，不少人還來自被陳芳明等人認爲以「保守」著稱的中研院。⑯⁶由此可見，那時的史學界的主流，也漸漸出現了一些變化。從其名稱來看，這一「食貨討論會」，與《食貨月刊》有密切的聯繫，很多都是該雜誌的作者，有的還參與該雜誌後期的編輯工作，如黃寬重、沈松僑、李達嘉、陳華、張榮芳與劉增貴等。討論會的核心人物則是從

[165] 李東華〈一九四九年以後中華民國歷史學研究的發展〉，《中國論壇》，21：1（1985．10），頁38-39。

[166] 陳芳明在1990年發現，雖然中研院是「臺灣最保守的研究機構」，其年輕學者的思想也開始有所變化。見陳芳明〈漸成顯學的臺灣研究〉，氏著《探索臺灣史觀》（臺北：自立晚報，1992），頁3。

臺大獲得了碩士學位，並從英國進修回來，那時在東吳大學任教的杜正勝，而在組織方面出力較多的是黃寬重。自1970年代以來，《食貨月刊》爲這些史學界嶄露頭角的年輕學者提供了發表其作品的園地，因此該雜誌對他們有一定的凝聚力，而陶希聖國民黨元老的身分，也使得《食貨月刊》編輯部作爲討論的地點，在解嚴以前的臺灣，顯得相對比較安全。不過，據杜正勝的回憶，陶希聖並不直接參與他們的討論，往往在討論會結束之後，他才應邀與成員們聊天。杜正勝寫道：

> 大概十餘年前吧，幾位朋友相聚談天，往往言不及義，遂相約組織文會，由一人發表論文，大家攻錯。朋友散在異地，於是商借食貨社址，大概就這樣才逐漸和希聖先生熟稔起來。這時希聖先生雖已經八十開外，但身體健朗，思路敏捷，言談不紊。他自己一人住在食貨社址，自己料理生活。我們的討論，他很少參加，往往討論過後，他會客氣地招呼我們，話匣子一打開，非兩小時不能停止。我們深怕他累壞，他則毫不在意，依然健朗善談。……⑯⑦

《食貨月刊》固然是提倡社會史研究的先鋒刊物，但從「食貨討論會」宣讀的論文來看，內容則五花八門、多種多樣，完全依宣讀者的興趣而定。但是，若要說這一討論會完全與《食貨月刊》的宗旨無關，也不準確，因爲參與討論的成員，雖然興趣不同，但似乎也有某種共

---

⑯⑦杜正勝〈陶希聖先生的社會史研究〉，《國史館館刊》，復刊第5期（1988・12），頁22。

識，那就是要想方設法突破傳統史學注重考據的作法，瞭解西方史學的新動向，探求史學研究進一步發展的可能。這一想法，在「食貨討論會」期間充分醞釀，而在《食貨月刊》1986年結束之後，開始走向成熟。1990年《新史學》雜誌的創辦，使得杜正勝等人開始有目的地將之推向實踐的層面，提出「新社會史」的研究，集聚了一些有志之士，開創出一個新的氣象。對此我們將在下編詳論。(168)

從「食貨討論會」的活動時期來看，似乎也與臺灣政治社會的變化有些直接、間接的關係。該討論會開始於1979年，正好是「美麗島事件」的那一年，而其活動頻繁的時候則是在1982年和1986年之間，也正是當時「臺灣意識論戰」的時期。他們討論的題目自然是學術性的，但當時激蕩的政治風雲，自然也會反映在閑談言語之間。值得一提的是，1980年代初期開始，中研院史語所與近史所都招進了一大批新人，如杜正勝、黃寬重、邢義田、陳永發、沈松僑、盧建榮、范毅軍、李孝悌等，他們不但是「食貨討論會」的主要成員，以後也逐漸成爲臺灣史學界的中堅力量。那時他們之進入中研院，顯然也不能說與那時的政治變遷完全無關。而這些人之參與半地下的「食貨討論會」，也與當時中研院的結構有某種聯繫。在解嚴以前，史語所的領導人如丁邦新，與國民黨的關係比較接近。(169)因此這些年輕的學者到位於市中心敦化南路的《食貨月刊》社址參加「食貨討論會」，一方面是爲了聯合院外的人士，另一方面也爲了尋找一個自由發表學術

(168)有關這一「食貨討論會」，主要根據黃寬重的回憶和他所保留的討論會記錄。現藏中研院史語所。筆者在1999年4月9日和2001年7月3日曾兩度對他採訪。

(169)盧建榮在其《分裂的國族認同，1975-1997》（臺北：麥田，1999）中稱1980年代任史語所所長的丁邦新爲國民黨的「御用學者」，頁31。

意見的空間。⑰到了1985年以後，政治氣氛更為鬆動，討論會便開始在史語所舉行。這一改動也從側面反映了杜正勝等人學術聲譽的提高，他們在所裡的活動，也逐步走向公開。

據「食貨討論會」的記錄稿，當時所宣讀論文的題目，主要集中在社會經濟史，其牽涉的時間範圍則從古至今都有。宣讀這些論文的作者為陳國棟、杜正勝、陳華、盧建榮、邢義田、梁庚堯、劉淑芬、張榮芳、陳慈玉和梁其姿。從他們目前的研究來看，仍然以社會經濟史為主，可見那時的「食貨討論會」，為他們決定治學的方向，有重大的影響。除了社會經濟史之外，沈松僑、黃俊傑、古偉瀛和黃進興發表了有關思想史的研究，而洪金富與王明珂則宣讀了有關中國少數民族和對外關係的論文。「食貨討論會」的另一個重要特點是，成員們對國外史學動向十分重視。這一重視主要體現在兩個方面，一是請那些剛從國外回來的學者就他們的博士論文的題目發表論文，如古偉瀛、黃進興、陳永發等人所談的都是他們在國外做的博士論文（陳永發乾脆直接用英文為題）。二是直接討論國外史學發展的新動向。如康樂在1984年1月21日所發表的討論題目就是「歷史、社會科學與年鑑史學」。同年9月1日章英華主講「施堅雅『中國都市體系』」，而那時正是施堅雅（William Skinner）有關中國城市與區域研究的理論在美國漢學界走紅的時候。一個月之後的10月13日，討論會就余英時的〈從價值系統看中國文化的現代意義〉一文為題加以討論，並無人擔任主講。但那次的記錄人從筆跡看是杜正勝，也許由杜主持。從討論的記錄看，余英時的學生、歸國不久的黃進興，擔任了主要的詮釋工作，為其老師的著作做註解說明。黃進興在發言中還特別強調，

⑰《食貨月刊》的具體地址是敦化南路57號周武大廈6樓11室。

「從事這麼大的問題（即余英時所談的價值觀念等等——引者），對於中文與西方的學問的瞭解必須十分深入」。⑰

那時在「食貨討論會」上發表的論文，主要以中國史爲主。有關臺灣史的僅有劉淑芬〈臺灣的築城，1684-1895〉一篇，在1984年4月28日的聚會時討論。討論的中心，似乎依然以陳其南的「土著化」和李國祁的「內地化」的爭論爲中心（陳其南本人還參加了此次的討論會）。會上大家就築城的建築風格所反映的特點，來觀察中國文化在臺灣的傳播，顯得頗爲熱烈。但以中國史論文壓倒多數的情形來看，反映出「食貨討論會」成員的學術訓練，很少涉及臺灣史，體現了1980年代以前臺灣歷史教育的基本狀況。不過，在他們擅長的中國史研究的領域，這些學者也頗有企圖心，並不拘泥於傳統，而是希望能有所創新，開出一片新的天地。這在討論會以後的發展中有所表現。

1985年以後，由於討論會的組織者黃寬重出國進修。翌年邢義田也出國，因此聚會次數明顯減少。1986年《食貨月刊》停辦，也對討論會的安排產生了不利的影響。但如同上述，1985年之後，年輕的學者在中研院史語所與近史所開始形成一股力量，因此討論會便改在史語所舉行，其名稱也相應改變，從原來的「食貨討論會」變成「國史討論會」。這一名稱的改變，反映了討論內容的變化。此時以杜正勝、黃寬重、邢義田等人爲首的史語所年輕學者，打算在傳統的中國史領域，有所創新，因而決定用新的取徑來集體寫作一部中國通史。爲此目的，他們在1987年間假史語所會議室，開始以「國史討論會」的名義定期聚會。雖然討論會的名稱與內容都有改變，但他們重視國

⑰此處的敘述主要依據黃寬重保留的討論會記錄本，並無頁碼。

外學術動向的一貫作風，仍然有所體現。爲了寫作這一與衆不同的「中國通史」，邢義田在訪美期間，特別拜訪了當時在耶魯大學任教的余英時。從邢義田從美國寫給杜正勝、黃寬重、石守謙和康樂的信中可見，余英時雖然對他們的想法表示支持，但卻認爲當前的當務之急是集體編寫一部「中國史史料長編」，以文化史的內容爲主。余特別反對在史料未能充分展現以前，即用一種理論對幾千年的中國歷史隨意加以解釋。⑰余英時的意見，與他在1970年代發表的有關「史無定法」的觀點，十分一致。

但是，同樣是美籍華裔的歷史學者、普林斯頓大學的劉子健，則似乎有不同的想法。劉曾在1987年1月4日應邀與「國史討論會」的同仁座談通史寫作的問題，事後他又寫一長信整理他的意見。據他看來，既然是通史的寫作，就應該處理一些「通」的問題。因此他建議在參考英文的劍橋中國通史與日文的岩波中國通史以後，寫出一部與兩者都有不同的作品。劉子健認爲，劍橋的通史由多人合作，質量參差不齊，沒有「通」的感覺。而岩波的通史，「大値注意」，「討論到許多方面」，但卻「不重代際變化」，也「不重概題」和「概論」。所謂「概題」，劉子健指的是一些貫穿好幾個時代的歷史現象，而「概論」談的是歷史的「橫切面」。因此，爲了彌補其不足，他建議史語所同仁寫作的通史，重視「概題」與「概論」這兩個方面，著重「社會科學科際所見」和「歷史演變各時代所見」。⑬由於最後這部「南港中國通史」並沒有寫成，我們也就無法得知「國史討論會」的

⑰邢義田的信寫於11月10日，沒有年份，但應該在1986年。見黃寬重保存之「食貨討論會」、「國史討論會」資料。

⑬劉子健的信藏「國史討論會」資料。1987年2月28日「國史討論會」還就劉的來信進行了一次附帶討論。

成員如何將劉子健的建議付諸實踐。但從他們所擬的提綱來看，他們沿此方向做了一些努力。杜正勝研究中國上古史的個人作品中，也可以看到他對與上古史有關的「概論」和「概題」，很有興趣。他在1999年於哈佛大學的演講中，進而提出了〈中國古代史研究——臺灣觀點〉的論文。[174]

值得注意的是，在劉子健的信中，他談到「國史討論會」的成員，對歷史中的「生活」和「群體活動」很感興趣。這從一個側面爲我們提供了當時這些學者在中國史領域創新的企圖。1990年之後，杜正勝及其同仁提倡「生活史」的研究，在此已可見其端緒。從當時所擬的一些提綱中，我們亦可發現他們要寫的「南港中國通史」中，有關社會和生活的部分佔了一個很大的比重。如杜正勝所擬的「先秦（古典）時代」與「帝制初期」的部分，便有明顯的表現。「先秦時代」的歷史分成四個部分，分別是「政治」、「社會」、「民族文化」與「學術思想」。而在「政治」的部分，也包括了「武士與祭司」等社會史研究的題目。在「帝制初期」，共有六個部分：「皇帝」、「官僚」、「社會」、「生活」、「文化」與「民族」。在「社會」的部分，專闢了「傑出女性」這一節。如果將「先秦時代」與「帝制初期」視爲中國通史的第一段，那麼從漢末到唐，則是第二段，宋至清則是第三段。在這兩段的提綱中所見，劉子健所謂的「概論」與「概題」，都得到相當的重視。從漢末至唐的歷史，他們將此分爲五個部分，分別是：「君權（或國家的型態）」、「官僚集團的性格」、「國家的經濟基礎」、「宗教世界」和「士大夫的世界」，所討論的都是帶有綜合

---

[174] 杜正勝在1999年4月24日爲哈佛大學的首屆「楊聯陞講座」做演講，以此爲題。論文見於《古今論衡》，3（1999・12），頁76-90。

性、理論性的問題。而第三段由宋至清的歷史，則有三個部分：「文人社會」、「經濟社會的發展與穩定」和「華夷關係」，也都是一些涵蓋面較廣的問題。⑰⑤從這些提綱來看，很難想像這是出於史語所學者的手筆。如所周知，史語所的創辦人傅斯年曾強調，「歷史學不是著史：著史每多多少少帶點古世中世的意味，其每取倫理家的手段，作文章家的本事。近代的歷史學只是史料學，……」。⑰⑥而在「國史討論會」中，這些年輕的學者不但要寫通史，而且要討論以上這些「概論」和「概題」。由此可見，1980年代的中研院，已經今非昔比，正經歷著前所未有的變化。

的確，在臺灣政治、社會變遷的影響下，不但中研院學者的想法開始不斷更新，而且在其機構上也有了改變。後者的突出表現便是「臺灣史田野研究室」的成立及其演變爲「臺灣史研究所」。這兩個機構的建立，借助了美籍華裔學者張光直。如同前述，張光直在1970年代與中研院民族所、史語所合作，開展「濁水大肚兩溪流域人地關係科際研究計劃」，培養了不少臺灣研究的人才。這個計劃於1975年結束之後，號稱「濁大校友」的計劃參與者繼續從事臺灣史的研究，發現了不少臺灣史的新課題。張光直有意幫助，因爲「那個時候，臺灣史還不是一門可以公開推動的學問。我的美籍身分，使我比住在國內的同仁們，容易出頭來談臺灣史的問題」。但是，張光直也注意到，「到了八〇年代初期，臺灣的經濟建設也逐漸加速前進，臺灣史蹟和史料的保存，更成爲臺灣史上使人關心的問題」。因此，他於1983年2月19日致信給他的老師、中研院院長錢思亮，提出了一個他心中

⑰⑤以上討論均見黃寬重所藏「國史討論會」資料。

⑰⑥《傅孟眞先生集》第4册，頁169-170。

七、八年來一直有的願望，那就是研究「『漢人移民臺灣史』這樣一個比較長期的，比較大規模的，而且是multidisciplinary的一個研究計劃的設計和推行」。這個計劃將「以田野工作爲主」。從計劃的規模來看，「這是一個比『濁大計劃』的規模還要大，爲期還要長，更有吸引力，意義更爲顯明的研究計劃」。而參與這一計劃的將有民族所、史語所和近史所。⑰對張光直的建議，錢思亮有所回應，當時任民族所所長的劉斌雄與史語所所長的丁邦新也表示支持。但由於錢思亮的病故，該建議沒有馬上付諸實行。1985年張光直舊事重提，在訪問臺灣的時候與劉斌雄和丁邦新一起在中研院召開「漢人移民臺灣史研究計劃」的會議，參加者幾十人，除了三民所（今社科所）、近史所、民族所和史語所的同仁，還有來自臺大、師大、東海、文化和臺灣省文獻委員會的學者。由於學界對此計劃的支持，中研院決定組織「臺灣史田野研究計劃」，由史語所、近史所、民族所和三民所共同組織。1986年8月1日，該計劃向國家科學委員會（簡稱國科會）和美國的亨利．魯斯基金會（Henry Luce Foundation）申請經費，獲得支持，於是正式開始執行。這一計劃以後成爲「臺灣史田野研究室」和「臺灣史研究所」的前身。⑱「臺灣史田野研究計劃」在中研院的開展，標誌代表臺灣學術界最高單位的中央研究院，其結構也在1980年代開始有了明顯的變化。

在「臺灣史田野研究計劃」開始執行的1986年，臺灣的政治形勢

⑰張光直〈臺灣史研究的回顧與展望〉的發言，《臺灣史研究》，1：1（1993．6），頁13-14。

⑱同上，頁14-17。並參見〈中央研究院臺灣史田野研究室簡報〉（1993年3月4日），頁1-2。該簡報藏中研院近史所圖書館。

也有了轉折性的變化。該年9月，「黨外人士」經過長期醞釀，決定宣告成立民主進步黨（簡稱民進黨），臺灣自此有了實質上的反對黨。國民黨政府將民進黨宣布爲非法組織，但也沒有強行加以解散。這些都表明，1970年代開始的國民黨黨內的「臺灣化」，已開始逐步改變其對內對外政策。臺灣政治的逐步開放和言論出版走向自由，對臺灣的歷史研究和臺灣人的歷史意識的變化，有根本性的影響。1980年代末期以來，臺灣的史學於是便走向了新的軌道，產生了方向性的變化。

下編

走向民族認同，1987年至2000年

一、史料的開發與臺灣史的興盛

1987年，國民黨面對風雨欲來的政治形勢，做出了一個影響重大的決定，解除在島上實行了將近四十年的軍事戒嚴，正式開放黨禁和報禁。此一舉動，不但使得民進黨頓時成爲合法的反對黨，而且社會的言論自由也獲得解放。自此之後，臺灣的政治形勢日新月異，由以前「黨外活動」所發起的「本土化運動」，開始波及各個領域。不再受控的媒體，也開始對之做詳細的報導，更使其成爲人們注意的中心。1988年1月蔣經國去世，由李登輝接替其在國民黨和政府中的位置，宋美齡不久離臺去美定居，至此蔣家王朝在臺灣的統治宣告終結。國民黨內部也開始大規模走向「本土化」。1989年，發生鄭南榕自焚事件，臺獨言論也開始在社會上公開出現，民進黨中已經有人提出建立臺灣新國家的主張。1991年國民黨終止動員戡亂時期，承認北

京政權爲政治實體。臺海兩岸開始來往，不少外省人開始去大陸探親，不久學生也可以去大陸尋找研究資料。1992年通過刑法100條修正案，臺獨言論不再定罪。臺灣的言論自由徹底開放。

以上種種變化，可謂「風雲突變」，經歷了國民黨強權統治幾十年的臺灣人，開始享受到前所未有、也未敢想像的自由。這些突如其來的變化，對歷史研究產生了很大的衝擊，對史學家的思想也產生了重大的影響。身處如此變化動蕩的年代，許多人的歷史意識和認同意識開始有所改變。自承在1990年仍然堅持用中國史的觀點看待臺灣歷史的杜正勝，不久就轉變了態度。杜正勝在他的一篇〈到『臺灣』之路〉的短文中，富有感情地寫道：

> 由於生息的土地日益「孤兒化」，我逐漸意識到自我真正的身分和角色。我真如以往所自視不疑的中國人嗎？世界上的人承認我是中國人嗎？我接觸國際人士愈多，答案愈否定。這時臺灣社會正逐漸解凍，蔣氏政權權威正逐漸鬆動，而臺灣意識也逐漸覺醒，我，一個長期浸淫於大中國文化的知識分子，在自我內心的轉折和與外在環境的對話中，好像嗅到泥土的芳香，迎著春日的和風，有了嶄新的震動，感受到臺灣之存在的愉悅。①

在解嚴以前，固然已經有不少人開始醞釀臺灣意識，從事臺灣史的研究，但杜正勝思想的轉變，卻也有某種典型的意義，因爲像他那樣原來以治中國史爲業、解嚴之後開始涉獵臺灣史的學者，不在少數，可見那時政治風雲激蕩對史學界的影響，很少有人能無動於衷、

---

①杜正勝〈到『臺灣』之路〉，《自由時報》(1999年1月10日)，副刊。

超然物外。如果史學是歷史的反照，那麼解嚴之後臺灣政治和社會的變化，也清楚地反映在臺灣史學的發展之中。這一時期的臺灣史學界，從思想觀念到研究課題與方法，都經歷了前所未有的變化。本編將擇其重點，依次加以描述。

報禁的解除、言論的開放，對學術研究而言，自然帶來許多方便之處。從臺灣當時的情形來看，似乎以史料的開發、開放最爲値得注意。由於新的史料的湧現，使得歷史研究產生了相當巨大的變化。而這些新開發、新開放的史料，又以與臺灣史有關的佔多數，因此，臺灣史研究的興盛，可以視爲解嚴以來臺灣史學界最明顯的變化，値得我們首先注意。

就史料的收集工作而言，有關臺灣史的史料收集可以追溯到很久以前。比如在1683年清朝將臺灣納入其版圖之後，首任知府蔣毓英便於1688年纂成第一部臺灣府誌。以後又有府誌的重修與一些縣誌的編修。在日本統治臺灣期間，日本人在民俗、風物等資料的收集方面，用力甚多。有些日本學者如伊能嘉矩，其治學「從人類學者到歷史學者」，由此而成爲臺灣史研究的先驅人物。②1945年國民黨政府收復臺灣，於1948年成立了臺灣省通志館。翌年又擴大改成臺灣省文獻委員會，以纂修臺灣省通志爲首要任務，並於1973年完成。臺灣省文獻委員會成立以後，又開始出版《文獻專刊》，以後更名爲《臺灣文獻》，持續不斷出版。除了省文獻委員會以外，各縣也都逐步成立了文獻委員會，並出版各種史料文獻。③

---

②見吳密察〈從人類學者到歷史學者：臺灣史研究的巨峰伊能嘉矩〉，《當代》，135（1998・11・1），頁10-27。

③參見戚嘉林〈臺灣官方的臺灣史研究〉，《史聯雜誌》，28（1996・10），頁97-102；張炎憲〈臺灣史研究的新精神〉，《建立臺灣的國民國家》，頁105-108；

除了這些官方的史料收集工作以外，社會上也有不少自發的組織，對臺灣史料加以收集整理。1946年成立的臺灣文化協進會，便有楊雲萍主編的《臺灣文化》刊物。該刊物自第五卷開始，由臺灣史研究的宿老陳奇祿主編，學術性更爲增強，可惜沒有持續長久。陳奇祿還主編過該協進會1956年出版的《臺灣研究》。《臺灣文化》與《臺灣研究》是1950年代臺灣研究的主要學術刊物，不少臺灣史研究的前輩學者如曹永和、陳紹馨、方豪等都是其撰稿人。另外，陳奇祿還在公論報主編副刊「臺灣風土」，也網羅和發表了不少有關臺灣歷史、風俗與文化的文章。在那些光復後出版的刊物中，1951年出現的《臺灣風物》(楊雲萍爲首任主編)，持續最久，今天已經成爲一本有質量的臺灣研究的學術刊物。④這些刊物所登載的文章，主要以保存資料爲主，其涵蓋面也十分廣，並不以歷史爲限，而是結合了民俗學、人類學、民族學、考古學等多方面。

在那時所做的對臺灣史料的整理與出版的工作，周憲文主持的臺灣銀行金融研究室，後改名經濟研究室，下力最多且持久。周憲文在光復之後出任臺大法學院院長，旋即辭職，加入臺灣銀行。他認爲，「要瞭解臺灣經濟現狀，必須先瞭解其歷史背景。因此，由研究臺灣經濟現況而研究經濟史；由研究臺灣經濟史而彙輯臺灣史料」。⑤周

陳奇祿〈光復後初期的臺灣研究〉，《館藏與臺灣史研究論文發表研討會匯編》(臺北：中央圖書館臺灣分館，1994)，頁429-435。

④參見張炎憲〈臺灣史研究的新精神〉，《建立臺灣的國民國家》，頁107-108。有關《臺灣風物》雜誌的變遷，見〈《臺灣風物》五十週年紀念座談會〉，《臺灣風物》，50：4(2001・1)，頁19-68。

⑤尹章義〈四十年來的臺灣史研究〉，氏著《臺灣近代史論》(臺北：自立晚報，1986)，頁180。

領導的臺灣銀行經濟研究室，自四〇年代末便開始出版臺灣史研究的兩種叢書，一是「臺灣文獻叢刊」，二是「臺灣研究叢刊」。前者廣泛收集各種、各地有關臺灣的史料，包括古本、詩集、手稿、檔案等等，加以整理、標點、排印之後出版。到1972年爲止，一共出版三百零九種、五百九十五冊，近五千萬言。其中不少是甚爲難得的史料，來自美國、中國大陸、日本等地。⑥周憲文的這一工作，得到學界的支持。方豪、賴永祥、楊雲萍、曹永和等人都曾在不同程度上參與其事。⑦

臺灣銀行經濟研究室出版的「臺灣研究叢刊」，至1984爲止，也出版了叢書一百二十種。其中有譯作、史料綜合整理、研究報告等多種形式。有關日本統治臺灣期間的早期著作，矢內原忠雄的《日本帝國主義下之臺灣》也在其內。在其後期，該研究叢刊也出版臺灣學者的著作，如周憲文本人的有關臺灣經濟史方面的著作和年輕學者林滿紅的碩士論文〈茶、糖、樟腦業與晚清臺灣〉。林的著作在出版之後還獲得教育部青年學術著作獎。⑧在林之外，其他學者也運用「臺灣文獻叢刊」所保存的史料，加上逐步公開的清代原始檔案（宮中檔和軍機檔），撰寫臺灣史的學術著作，如許雪姬對臺灣武備制度的研究，黃富三對臺中霧峰林家的研究以及尹章義的家族、地區史的研

⑥吳密察在〈「歷史」的出現〉一文中，對「臺灣文獻叢刊」有所分析與評介。見《臺灣史研究一百年：回顧與研究》，黃富三、古偉瀛、蔡采秀主編（臺北：中研院臺灣史研究所，1997），頁1-23。

⑦參見戚嘉林〈臺灣官方的臺灣史研究〉，《史聯雜誌》，28（1996・10），頁103。另見尹章義〈四十年來的臺灣史研究〉，氏著《臺灣近代史論》，頁180-183。

⑧見林滿紅〈我與近史所〉，《走過憂患的歲月——近史所的故事》，頁181。

究，都是例子。可見到了七〇年代末，臺灣史料的整理與出版，已經對臺灣史研究學術水準的提高，產生了有益的作用。

由於臺灣銀行爲公家機構，其經濟研究室對臺灣史料的收集與出版，屬於半官方的性質。在解嚴以前，此類半官方的機構對臺灣史料的收集，還有1970年代出現的「臺灣史蹟源流研究會」。這一研究會的成立，與1960年代末、1970年代初海外已經出現的臺灣獨立的聲浪有所聯繫。國民黨力圖對此有所反應，因而舉辦一系列強調臺灣文化與中原文化之間血肉聯繫的文物展覽，並由救國團出面舉辦培訓中小學教師與大專院校師生的講習會。這類活動在臺灣與美國斷交之後，由於民族情緒的激昂，更爲頻繁。1976年成立「臺灣史蹟研究中心」。1978年又成立「臺灣史蹟源流研習會」，出版《史聯雜誌》。研習會所辦的活動，也促使民衆開始將注意力集中到臺灣的鄉土文化，爲以後臺灣史研究的蓬勃開展，提供了一個大衆的基礎。⑨

但是，儘管有如此種種的臺灣史料的收集、臺灣文化的介紹活動，我們還是可以清楚地看出解嚴前後的差別。一個最明顯的差別就是，解嚴以前，特別是1980年代以前，臺灣史的研究，主要以收集史料爲主，研究性的著作較少。即使是一些學術著作，也大都是譯作。可見那時臺灣史研究的禁忌之多。從學術水準來看，也不夠規範。在文獻會出版的刊物中，很少見到注腳，也不見對資料來源的解釋。⑩解嚴以前所召開的有關臺灣史的學術會議，常「從最不敏感的史料著手，漸次及於籠統的臺灣史或是開發史，儘量避免政治性的爭議」。⑪

---

⑨林奇能〈臺灣史蹟源流研究會之成立緣起〉，《史聯雜誌》，34（1999・6），頁91-120。

⑩尹章義〈四十年來的臺灣史研究〉，氏著《臺灣近代史論》，頁192-193。

⑪張炎憲〈臺灣史研究的新精神〉，《建立臺灣的國民國家》，頁111。

的確，除了1960年代由美國哈佛燕京社資助的「臺灣研究研討會」之外，那時由臺灣學者所發起的會議，大都以討論史料爲主。這一風氣，開始於成功大學歷史系在1970年舉辦的「臺灣史料學術研討會」，以後的會議組織者，都加以效法，其會議的名稱，均冠以「史料」兩字，唯有《思與言》雜誌在1985年主辦的「臺灣史研究的回顧與展望研討會」是一例外（有關這些會議的具體名稱，可參看本書中編第六章）。但是，在解嚴以後，這一情形有了顯著的改變：臺灣史的學術會議不再用「史料」作掩護了。1988年臺灣史研究會主辦有「臺灣史學術討論會」，臺灣史文獻會及《思與言》雜誌社合辦有「臺灣史研討會」，臺大歷史系也有「臺灣史研討會」，都逕以「臺灣史」爲名。甚至連該年澎湖縣政府文化中心主辦的會議，也以「澎湖開拓史學術研討會」命名。1991年則出現了「二二八學術研討會」，開始研究這一長期以來一直被視爲禁區的「二二八事件」。這些都說明，解嚴之後臺灣史研究所獲得的空前自由。

在史料收集的方面，這一自由的具體表現就是民間性組織與機構的紛紛出現，大大擴大了史料收集的範圍。另外，政府部門也逐步將原來封閉的有關檔案公開，使得臺灣史的研究，阻礙逐漸減少。首先，由民間發起和贊助的史料整理與研究的工作，在解嚴之後有了蓬勃的發展。臺灣自1960年代以來經濟的起飛，使得社會上積存了不小的資源。有些企業家便以回饋鄉土的意願，發起研究基金會，如1977年建立的「林本源中華文化教育基金會」，就是一個例子。林家原系臺灣望族，其「家族之發跡受惠於清代以來臺灣的迅速開發甚多」。「光復之後，林家雖未能如以往獨領風騷，然族中人中雄於貲財者仍不乏其人。」於是，便有了該基金會的成立，贊助《臺灣風物》的出版。到了九〇年代，該基金會的「財力日裕」，便「推動更具意義、更有前瞻性的工作，其中之一即出版學術性作品」。⑫這一學術性的出版品包括史料的收集與整理和研究性的著作，列爲「臺灣研究叢書」，得到臺灣史研究的學者陳奇祿、陳捷先、黃富三的支持。由於有了基金會的支持，一些珍貴的史料便可以公開出版。如黃富三在解嚴以前寫作霧峰林家的著作時，曾參考了臺大「臺灣口述歷史計劃」所保存的口述史料。在林本源基金會的支持下，這些口述史料便在1990年代之後逐漸出版問世。⑬

林本源中華文化基金會雖然以贊助臺灣的研究爲主，其名稱還冠以「中華文化」，而在解嚴以後成立的基金會，則主要以促進臺灣人對自身土地的認同和認識爲目標。如1988年成立的「臺灣研究基金會」，就是一例。該基金會董事長黃煌雄指出，基金會成立的主要目的是爲了促成臺灣的「關鍵性轉變」，也即要結束國民黨政府統治時代的「非常時期的體制與法令」，把臺灣作爲「常態社會」來規劃。⑭這些措辭比較曖昧，但含義應該還是足以讓人理解，那就是要將臺灣建設成一個新的國家。

在解嚴之後成立的、以資助臺灣研究爲主的民間基金會中，以「吳三連臺灣史料基金會」對學界的支持最大，活動力最強。該基金會不但在1993年贊助出版《臺灣史料研究》的刊物，而且還在1991年就開始舉辦「臺灣史料評析講座」，講座過後分專題出版專書。1993年還成立了「臺灣史料中心」，供公衆參觀。在基金會成立的過

⑫見林崇智〈林本源基金會叢書〉序，收入《近現代臺灣口述歷史》，黃富三、陳俐甫編（臺北：林本源中華文化基金會，1991），頁I-II。

⑬見陳捷先、黃富三的序和出版說明，同上，頁V-VIII。

⑭黃煌雄〈臺灣研究基金會緣起〉，收入該基金會企劃的《意識型態與臺灣教科書》（臺北：前衛，1993），頁3。

程中，臺灣史學者陳奇祿、張炎憲有所參與。該會的宗旨是：「設立臺灣史料中心蒐集臺灣相關史料、獎助臺灣研究、整合臺灣史料及出版臺灣相關史料及研究成果。」這一宗旨完全圍繞臺灣研究這一中心。並且，吳三連基金會所追求的是一個有異於官方臺灣研究的民間立場。該基金會建立的「吳三連臺灣史料中心」，「是一所專門收集臺灣史料的研究中心，也是一所強調民間立場，以臺灣人民作爲歷史發展主體的臺灣史料研究中心」。由此立場出發，該基金會在建立甫初，便與「二二八關懷聯合會」合作，進行二二八受難者及家屬的口述訪問計劃。以後又匯集了其它有關二二八的史料，成立了二二八史料室。⑮

吳三連基金會之民間立場，與臺灣史學界一些學者提倡建立臺灣「民衆史」的訴求，有互通款曲之處。因此，這些民間基金會與學術界之間，存在著一種積極的互動關係。在吳三連基金會創辦《臺灣史料研究》之際，該刊物舉辦了「臺灣民衆史之建立與臺灣研究的民間角色」的座談會，由張炎憲主持。學者們在發言中提出，建立「民衆史」，就是希圖突破把臺灣史視爲中國史的一部分的傳統史觀的具體落實。這一「民衆史」，應該一方面注重生活史，另一方面又以多學科的研究爲特點。在視野上，也要強調多元化的史觀，綜合臺灣各種民族、族群的立場。⑯總之，從學者們的討論中可見，吳三連基金會的民間立場，成爲臺灣史研究者推動「民衆史」研究的基本園地。換言之，基金會的民間立場，希望「以臺灣人民作爲歷史發展主體」，

---

⑮陳美蓉〈吳三連臺灣史料基金會簡介〉，《臺灣史田野研究通訊》，26（1993・3），頁70-71。

⑯〈臺灣民眾史之建立與臺灣研究的民間角色：《臺灣史料研究》創刊座談會記錄〉，《臺灣史料研究》，2（1993・8），頁123-138。

經由學者們用學術語言表述，成爲「民衆史」。提倡這一「民衆史」，不但能回應基金會所希望的民間立場，同時又可與以往的臺灣史研究拉開距離，在史學界走出一個新的路向。由此可見，臺灣史學界在1990年代以後所產生的激烈變化，有著直接的社會背景。吳三連等民間基金會，轉達了臺灣社會在解嚴之後要求認識本土歷史的要求，成爲學界與社會之間溝通的橋梁。

從吳三連基金會所舉辦的「臺灣史料評析講座」中，可以間接反映這種社會的呼聲。這一講座在1991年12月至1992年12月所開辦的頭十二講分別是：陳芳明「二二八史料評介」，曹永和「荷蘭時期臺灣史料介紹」，李壬癸「臺灣南島民族的遷移歷史——從語言現象及資料探討」，詹素娟「臺灣平埔族研究及資料介紹」，王世慶「介紹臺灣史料：檔案、古文書、族譜」，許木柱「臺灣高山族資料介紹」，劉益昌「臺灣史前史資料介紹」，莊永明「臺灣歌謠六十年」、施添福「臺灣的聚落研究及其史料分析」、賴志彰「從老照片、地圖重建臺灣地方史料」，黃世孟「臺灣的都市發展及其史料」，林惺嶽「臺灣美術史及其史料分析」，秦賢次「大陸地區有關臺灣的研究及出版概況」和吳文星「日據時期臺灣教育史料及其研究之評介」。⑰這些講座，涉及了臺灣史研究的各個方面。從其內容來看，與解嚴以前的臺灣史研究有明顯的不同，增添了不少新的研究內容，如二二八事件、平埔族、南島民族的遷徙、日據時期的臺灣等等。這些講座自然以介紹史料爲主，但通過這些史料的介紹，引發了研究者的興趣，吸引了更多的研究人員。從目前臺灣史的研究狀況來看，二二八事件、平埔族與

⑰見陳美蓉〈吳三連臺灣史料基金會簡介〉，《臺灣史田野研究通訊》，26（1993・3），頁71。

日據時期都已成爲熱點，湧現了大量的論文與著作。由此可見，1990年代臺灣史學的變化，與民間力量的推動，大有關係。而吳三連等民間基金會在此中間，扮演了重要的角色。

解嚴之後臺灣不僅社會有很大的開放，而且政府部門也有了很大的轉變。就史料的開發來看，民間的力量自然有很大的作用，但也不可小覷官方的作用。1990年代初期，臺灣的政局進一步變化。1991年國民大會全面改選，不少臺灣本省人士入選。次年，立法委員全面改選。民進黨的代表大量進入立法院，促使國民黨日益本土化，逐漸褪去外省人統治的色彩。由是，國民黨黨內也開始分化。1993年從國民黨中間退出的人士組成「新黨」，便是一例。在翌年的地方官員的選舉中，國民黨、民進黨和新黨都提出自己的候選人，競爭十分激烈。臺灣的民主化進一步落實。

這些政治上的變化，直接導致政府立場的改變。原來一些不易見到的檔案史料，得以公開出版。如國學文獻館在1993年便開始由聯經出版公司出版幾十冊的清代檔案，匯集了在清朝宮中檔、軍機檔、內閣大庫檔等的上諭和奏議，內容涉及「清代治臺政策、開發計劃、吏治民生、雨水糧價、對外交涉、官員互訟、秘密社會、民變刑案、分類械鬥、偷渡事件等等，可謂無所不包，應有盡有」，爲學者提供了大量的方便。⑱國學文獻館所出版的清朝檔案，主要取自中研院史語所所藏的明清檔案。清朝檔案的另一主要收藏處是故宮博物院。在國民黨政府遷臺之後，故宮博物院一直保持代表中國傳統文化的形象，其所辦的展覽都以展現中華文化的瑰寶爲目的。的確，臺灣的故宮博

⑱《臺灣研究資料匯編》第一輯，前言，國學文獻館主編（臺北：聯經，1993），頁1-2。

物院在收藏、保存中國文化寶物方面，貢獻獨特，其收藏品從質量與數量上看，都超過北京的故宮博物館。臺灣故宮博物院所藏的清朝檔案，也數量可觀。自1960年代以來，故宮便開始將之慢慢整理出版。但在1990年代以來，故宮博物院也開始改變自己的形象，將整理檔案的重點移到臺灣，整理出版所藏的與臺灣有關的清朝檔案。故宮所藏的清宮舊檔，「如宮中檔硃批奏摺，如軍機處奏摺錄副及檔冊，如內閣部院檔冊，如史館紀、志、表、傳等稿本，其關涉臺灣史料者，廣及吏治、官制、軍事、軍制、收成、雨水、糧價、地方情形、起事、原住民事務、風俗、移民、開墾、鹽務、倉儲、法律案件、教育、貿易、戶口、賦稅、對外交涉、以及開辦鐵路、輪船、礦務、防務等等」。⑲由於數量龐大，故宮博物院對之採取分批出版的方式，估計其總量最後將達好幾十冊。這些檔案不但滿文與漢文都有，有助瞭解清朝的治臺政策和大陸移民的生活，而且還包括一些描繪臺灣原住民生活的繪畫圖案，因此爲研究清代臺灣的原住民，也帶來了方便。

清朝於1895年甲午戰敗、割讓臺灣予日本，於是開始日本對臺灣長達五十年的殖民統治。在日本統治期間，其臺灣總督府也留下了大量的檔案，光復以後爲臺灣省文獻委員會所管理。但由於以前重視不夠，這些檔案欠缺妥善管理，幾度搬遷，甚至借用民房存放。解嚴以後，這種情形有了明顯的改變。政府部門對此特別關心，規劃興建「臺灣歷史文化園區」。1991年又完成「史料文獻館」的興建。臺灣省文獻會於是也對此進行系統整理，不但拍縮影照片、用光碟保存，而且還加以翻譯研究。1990年開始還擬訂了「加強日據時期臺灣總督府

⑲見秦孝儀爲《故宮臺灣史料概述》(臺北：故宮博物院，1995)所作的序，頁1-2。該書對故宮所藏清宮史料予臺灣史研究的重要性，有所討論。

檔案研究出版計劃」。1992年開始逐步將這些檔案翻譯出版，現已有了好幾十冊。這些檔案的涵括範圍很廣，不但涉及政治、經濟、財政、外交，而且還有司法、軍事、衛生、教育、宗教、抗日活動等。⑳這些檔案的出版，爲研究日本統治臺灣時期的歷史，提供了極大的便利。因此近年研究日據時期臺灣歷史的人士，明顯增多，其中不但有成熟的學者如吳文星、周婉窈等，還有不少初出茅廬的碩士、博士生。如果說早年的臺灣史研究，比較注意清朝時期的歷史，那麼現在的興趣似乎已經轉向日本時期。這一轉向，顯然與日本臺灣總督府檔案的整理開放有關。

臺灣政府的變化，也表現在修志的工作上。解嚴以前的修志工作，主要由臺灣省文獻會和地方文獻會負責。1980年代以來本土化運動的高漲，使得官方對修志的工作，表示出更爲積極的態度。1997年內政部還通過了「地方志書纂修辦法」，支持鄉鎮公所出面領導修志的工作。於是，方志大量湧現，而且修志的目的也與以往大不相同。原來的修志，是爲了「存史」和「資治」，而1990年代以來的修志，則是爲了「認同鄉土」。於是地方誌的形式變得多樣，其體例充滿個性，其內容則以庶民的生活爲主。這一趨向，與學者所號召的「民眾史」研究，異曲同工。事實上，在地方修志的過程中，常有學者、專家參與。因此修志也成爲學界與社會交流的橋梁之一。據統計，1990至1998年間，臺灣地方志出現的數量，達每年平均九點一部，而在1950與1960年代，平均每年才一部左右，可見增長速度之大。這一

---

⑳這一整理臺灣總督府檔案的工作，得到日本學界的支持，特別是日本中京大學社會科學研究所師生的協助。見該所所長石堂功卓和臺灣省文獻會會長簡榮聰的發刊詞，《臺灣總督府文書目錄》（東京：ゆまに書房，1993），第一卷，頁1-5。

增長，從1980年代開始，到了解嚴之後，則繼續攀高，形成了一個高峰期。㉑

解嚴之後臺灣官方對臺灣研究的推動，還促使其最高的學術機構中央研究院，也開始重視臺灣史的研究。如前所述，臺灣出身的美籍學者張光直在1970年代已經在中研院開展「濁大計劃」，培養了第一批臺灣研究的人才。1980年代初期，他又推動「臺灣史田野研究計劃」。這一計劃的執行，爲成立「臺灣史田野研究室」創造了條件。1988年，中研院正式成立「臺灣史田野研究室」，回應了立法院對中研院「吃臺灣米，不做臺灣研究」的指責。這一研究室成立之後，在以下幾個方面做了工作：⑴田野調查及資料蒐集；⑵研究出版；⑶規劃「臺灣農村生產工具研究計劃」；⑷臺灣史籍自動化；⑸舉辦學術討論會和⑹獎助外國學者來臺從事臺灣研究。對於該研究室研究人員的研究計劃，美國亨利．魯斯基金會和臺灣國科會都給予贊助。研究室在成立初期，雖然沒有專職的研究人員，但其兼職的人員大都在中研院，因而爲聯絡院內和院外臺灣研究的人才，提供了不少方便，「儼然成爲臺灣史研究的重要機構之一」。㉒

成立「臺灣史田野研究室」的目的，自然是爲了在中研院正式成立「臺灣史研究所」。在研究室成立的第三年（1990年），該室建立了由張玉法、李亦園、陳奇祿、許倬雲和莊英章組成的「初步研究規劃小組」，同年提出「設立『臺灣史研究所』初步研究報告」。1993年再度提出「建議成立『臺灣史研究所』案」。同年6月，臺灣史研究所

㉑見林玉茹〈地方知識與社會變遷：戰後臺灣方志的發展〉，《臺灣文獻》，50：4（1999．12），頁235-289。

㉒參見〈臺灣史田野研究室簡報〉，藏中研院近史所，引語見頁7。

（籌備處）正式成立，由臺大歷史系教授黃富三出任主任，開始正式招聘研究人員，規劃研究計劃。至1998年，該研究所已有十七人，含研究員、助研究員和研究助理。這些研究人員，其學術訓練有歷史學、社會學、人類學、地理學等多種，因此研究所的研究方向也呈現多樣化的局面，分別爲族群史、殖民地史、社會經濟史和文化史。具體而言，研究所在建立之初開展了臺灣平埔族群史、臺灣漢人移民開發史、臺灣社會經濟史和臺灣政治發展史與涉外關係史等四個項目的研究。㉓1998年之後，由劉翠溶接任主任，研究人員有所擴大，研究重點也稍微作了一些調整，有平埔族研究、臺灣開發史（以土地關係爲主）、臺灣商業傳統及家族史等。㉔

中研院臺灣史研究所的成立自然是該院自解嚴以後最顯著的變化。但從其它各所的情況來看，1990年代臺灣本土化運動的蓬勃開展，也波及一些老牌的研究所。譬如，近代史研究所在近年，也致力於臺灣史料的收集與整理。在臺灣史研究方面，近史所有其悠久的傳統，其創辦人兼首任所長郭廷以，便是臺灣史研究的前輩學者之一，所著《臺灣史事概說》，代表了1980年代以前臺灣史研究的正統觀點。以後該所開展「中國現代化區域研究計劃」，以李國祁爲首研究閩、浙、臺地區，又培養了臺灣史研究的人才。1980年代以來，該所的許雪姬、林滿紅在清代臺灣的研究方面，其成果也引人注目。解嚴之後，這一傳統得到繼續，其標誌之一是編輯出版多卷本的《戒嚴時

㉓見《中央研究院臺灣史研究所籌備處》（臺北：中研院臺灣史研究所籌備處，1998）和〈臺灣史研究所設所規劃案〉，藏中研院近史所。

㉔參見彭明輝〈臺灣地區的歷史研究機構與歷史系課程，1945-1995〉，《國立政治大學歷史學報》，16（1999・5），頁176-177。

期臺北地區政治案件口述歷史》。口述歷史的研究在近史所有長久的歷史，在該所成立甫初，便由於美國學術界的影響，特別是在與近史所有緊密關係的美國哥倫比亞大學東亞研究所開展的口述歷史計劃的影響之下，在紐約與臺北同時推動口述歷史的工作。1959年底正式開始訪問的工作，其對象主要是黨、政、軍人物，但也包括一些由於各種原因牽涉到政治事件的人士。比如在1960年代，該所就採訪了「二二八事件」的有關人士，集體訪問的人數達三、四百人。㉕在那時進入近史所工作的同仁，幾乎無一沒有參與過口述歷史的工作。這一工作一直持續到1972年，一共單獨採訪了七十餘人，成稿六十六份。

1984年以後，近史所口述歷史的計劃恢復執行，其訪問的對象從黨、政、軍要人逐步擴大到平民百姓。顯然，這一轉變與臺灣那時已經興起的本土化運動有關。1998年開始，該所成立了「口述史專案計劃執行小組」。該小組與臺北市文獻委員會合作，採訪自1950年代初期至1970年代被捕入獄的人士。這一採訪的目的，自然是爲了保存史料。但同時採訪者也希望讓受訪者暢所欲言，「期望在官方論述之外，揭露受刑者的心聲」，「從受刑者的角度來呈現這一段歷史」。㉖這種希望展現歷史的「另一面」的作法，充分體現了近史所同仁在歷史觀念上的突破。原來以採訪民國元老爲目的而進行的口述歷史計劃，至此有了方向性的轉變，轉而爲臺灣歷史記憶的建構服務了。近史所之出版《戒嚴時期臺北地區政治案件口述歷史》，配合了解嚴以

㉕參見張朋園〈如何推動口述歷史計劃〉，《口述歷史》，9（1999・6），頁187-189。另見王聿均〈談口述歷史〉，《史政學術講演專輯》（臺北：國防部史政編譯局印，1984），頁1-12。

㉖《戒嚴時期臺北地區政治案件口述歷史》（臺北：中研院近史所，1999），前言，頁XI-XIV。

來臺灣史研究者從事戰後臺灣歷史、特別是「二二八事件」等專題研究的興趣，表現出該所也在參與臺灣史的研究。在從事這些現代歷史的課題的研究時，口述史料的收集與使用是重要的研究手段。㉗解嚴以來臺灣政治民主化的空前進展，使得整理與出版這些史料成爲可能。而史料的開發，又促使了歷史研究的風格與方向的轉變。

二、「臺灣史研究的新精神」

政治的開放、社會的需求、史料的開發，使得臺灣史的研究在1980年代後期以來逐漸興盛，成爲史學界的「顯學」。回顧臺灣史研究的發展，其中的轉折變化十分顯著。張炎憲主張，臺灣史研究在臺灣的開展，可以分爲三個演變階段：⑴從1950到1960年代中期，爲民間研究的階段；⑵1960年代中期至1970年代中期，爲學院與民間結合研究的階段；⑶1970年代末期以來，爲蓬勃發展的階段。在這新的階段中，從事臺灣史研究的人員，正在尋求「臺灣史研究的新精神」，對臺灣的歷史作出新的解釋。而從對臺灣歷史的解釋來看，張炎憲認爲有「中國地方史的臺灣史研究」、「中國研究的代用品」和「臺灣史主體觀點」這三個不同階段。㉘張隆志也將臺灣史的研究分爲三個時期，它們分別是：⑴日本殖民地時期的臺灣研究；⑵中國地方史時期的臺灣研究；⑶臺灣本土期的臺灣研究，第一與第二期的界限，以光復來劃分，而第二到第三期的轉變，張隆志認爲是在1980年

㉗解嚴以後，不少臺灣學者從事「二二八事件」的研究，收集了不少口述史料。張炎憲、李筱峰所編的《二二八事件回憶錄》（臺北：稻鄉，1989），爲其中之一。

㉘張炎憲〈臺灣史研究的新精神〉，《建立臺灣的國民國家》，頁105-119。

代以後。㉙張炎憲與張隆志的分期方法，所概括的範圍有所不同，前者始自二次大戰之後，後者則包括了日本殖民時期。但兩人都注意到，臺灣史研究最新期的發展，是以追求一種「本土的」、或「主體的」觀點爲標誌。

的確，臺灣史的研究，與臺灣自1970年代末期以來所出現的「本土化運動」，有平行發展的趨向，而解嚴之後政治、社會環境的改變，則又使其產生一種突發性的進展。如果說臺灣史的研究在1970末期之後，進入了一個「本土期」，那麼解嚴之後則該是一個新的時期。在這一時期，臺灣史的研究不僅是爲了從中國史的觀點下擺脫出來，用臺灣本土的眼光重塑臺灣人的歷史記憶，而且要想在此基礎上建構臺灣的民族認同，「建立臺灣的國民國家」，因此可稱爲「民族認同期」。㉚與以前相比，這一時期臺灣史研究的主體，政治意識格外濃厚，反映了強烈的臺獨傾向，具有民族史（國族史）的特徵及其弊病。

臺灣史研究不但與臺灣的政治、社會發展有平行發展的趨向，同時也與臺灣史學的總體發展，有明顯的吻合之處。1945年光復臺灣之後，國民黨政府以其政治上的強勢，接管臺灣的學術界，清除日本人所留下的影響。1949年國民黨失去大陸以後，大批學者來臺，很快以其學術上的優勢，建立了臺灣學術的正統。這一正統，與國民黨政府所追求的「正統中國」的國際形象，表現一致。因此這一時期的臺灣史的研究，也就自然而然、理所當然地成爲中國史研究的一部分。從

㉙張隆志《族群關係與鄉村臺灣》，頁1-18。

㉚「建立臺灣的國民國家」是一批臺灣史研究者在一次座談會上提出的，其中包括現在活躍於臺灣史學界的張炎憲、吳密察、許雪姬、周樑楷等史學家和張茂桂、王甫昌等社會科學家。其座談會記錄由前衛出版社於1993年以同名出版。

史料的收集來看，臺灣史是中國的一個地方史。臺灣省文獻會在1951年至1965年間編輯出版《臺灣省通志稿》，便是一個顯例。而在那時出版臺灣史研究著作的人，也主要是大陸來臺、以中國史著名的學者。方豪的《臺灣民族運動小史》（1951）與郭廷以的《臺灣史事概說》（1954），都是例子。

那時不僅那些大陸來臺的學者，用中國史的觀點研究臺灣的歷史，而且臺灣出身的學者，也採用同樣的觀點。如曹永和對早期臺灣歷史的研究，就以證明臺灣爲「國人」所首先開發爲其論述的重點之一。譬如，他在1953年發表的〈早期臺灣的開發與經營〉長文中，開宗明義地寫道：「雖近年來由於考古學上的發現和民族學上的調查，關於臺灣先史時代文化，我們有了較豐富的知識，可知與大陸文化有密切關係，惟尚未對先史文化作一個確實而具體的描寫。」他於是在文中，將中國史籍中有關臺灣的材料仔細爬梳，並參照外文的材料，具體論證臺灣與大陸文化之間的「密切關係」。他的結論是，「臺灣的開發經營，乃大陸沿海之開發經營之延長」。具體而言，「臺灣在明末清初，移民大量入殖，從事拓墾以前，亦同樣經過漁業和貿易的階段，把大陸與臺灣連接起來。由於這種接觸，國人對臺灣的地理知識漸有增加，故因之更促進國人向臺灣發展的興趣，建立了漢人活動的基礎」。㉛在另一篇同期寫作的文章中，曹永和也證明道：「有明一代，臺灣地區已是閩南漁戶的漁場，最先是到澎湖，以後逐漸擴展到臺灣本島。……中國之有臺灣，而我人今日可生息於斯土，固閩南漁人之功也！」㉜

㉛曹永和〈早期臺灣的開發與經營〉，《臺灣早期歷史研究》，頁71-156。

㉜曹永和〈明代臺灣漁業誌略〉，同上，頁157-174，引語見頁173-174。

事實上，在曹永和當時寫作的不少作品中，他都力圖用中外史料來說明，雖然臺灣曾被西班牙與荷蘭佔據，明朝後期又採取鎖國政策，但臺灣的發展，仍然是漢人的功勞。大陸與臺灣之間的聯繫，「可遠溯及於很早的時代。三國時吳孫權已討伐過夷州，隋煬帝亦嘗略取流求。所謂夷州、流求，其所指都是臺灣」。臺灣雖然經外族統治，但內部的開發與經營，「實際上是出於中國人的血汗」。從荷蘭與西班牙統治時期，及至鄭成功將荷蘭人逐出臺灣，「臺灣在實際上和名義上始皆歸屬於中國」。㉝他的這些觀點，與郭廷以在《臺灣史事概說》中的觀點，並無二致。可見在1950年代，臺灣史的研究完全以中國史的發展為觀察點。

1960年代中期開始，臺灣史學的發展進入了一個新的時期，臺灣史的研究也得到長足的進展，被視為中國研究的「實驗室」。1965年《臺灣省通志稿》完成，可以用來作為前一階段臺灣史研究的終結。自此以後，臺灣史的研究走向深入，廣泛採用社會科學的新方法，加上地利的因素，很快成為區域史研究的中心。舉例來說，近史所開展的「中國現代化之區域研究計劃」，原以研究整個中國大陸為目標，將中國分為十七個區域，其第一階段先研究沿海的十個區域，第二階段研究內陸的七個區域。但是最後成書出版的，只有湖北省、山東省、湖南省、江蘇省和閩浙臺地區等七本，其它都逐漸放棄了。㉞有趣的是，原來將閩浙臺視為一個區域加以研究，只是因為沒有專家，

㉝曹永和〈荷蘭與西班牙佔據時期的臺灣〉，同上，頁25-44，引語見頁38和頁44。

㉞見張朋園〈「中國現代化的區域研究」：架構與發現〉，《近代中國區域史論文集》(臺北：中研院近史所，1986)，頁849-867。另據筆者對張朋園的訪談，2001年7月9日於中研院。

也沒有人願意出來領導。由於李國祁爲第一期計劃的主持人，只能自己擔任。據張朋園的回憶，「當時李先生的心裡也有些嘀咕，他在書中承認閩浙臺合爲一區極爲勉強，蓋從人文與地理景觀，三地完全不同。但他勉力從事，後來李先生成了臺灣史專家，他的『內地化』力量頗受注意，可謂失之東隅，收之桑榆了」。㉟的確，在近史所出版的現代化研究的著作中，唯有李國祁主編的閩浙臺部分頗受臺灣學界的重視，並由於與陳其南的爭論，成爲臺灣史學界的一件大事。而其它著作出版之後，往往束之高閣。只是到了1990年代後期，大陸學界方對此表現出一些興趣。㊱由此可見，在1960年代下半期開始的區域史研究的浪潮中，臺灣史的研究成爲了注意的中心。黃秀政在1992年的一段回顧，值得引用：

> 臺灣史研究本是中國史研究的一個支流，原未受到應有的重視。但近二十年來，由於時勢的推移，區域史研究風氣的興起，以及各大學歷史系暨研究所的相繼開課研究，臺灣史研究風氣乃漸興盛，蔚為大國，而成為歷史學界的「顯學」。㊲

臺灣史的興起，因此與區域史的研究關係緊密；而區域史研究的風氣，又是在1960年代末期之後、由於史學的社會科學化而開展起來的。這一社會科學化的歷史研究，重視實地、實證的材料，因此臺灣

㉟張朋園〈「中國現代化的區域研究」：架構與發現〉，《近代中國區域史論文集》，頁856。

㊱據張朋園告知筆者，大陸廣西的百花洲文藝出版社，已經將這些現代化文集重印出版。2001年7月9日於中研院。

㊲黃秀政《臺灣史研究》（臺北：學生書局，1992），自序，頁1。

史的開展，就成爲某種必然。陳紹馨認爲臺灣可以成爲中國社會文化研究的實驗室的觀點，爲當時許多人所贊同。陳在文中強調，臺灣所保存的戶籍、人口等資料的完整，是臺灣能成爲中國社會文化研究實驗室的重要條件。㊳顯然，臺灣作爲一個實驗室，能讓中外研究中國問題的學者，就近取材，是其重要的吸引力。而受到這一吸引力的結果，則有愈來愈多的人進入臺灣史研究的領域，拓展了臺灣史研究的開展。在1960年代末期開始從事臺灣史研究的黃富三、張勝彥，顯然就是由於這一吸引力，而踏入臺灣史研究的園地的。張勝彥寫道：

> 四百年來，臺灣土著和漢人在臺灣的開發史，由於在時間上距我們現在相當近，在文獻資料的保存上又較大陸其他地方來得完整且豐富，因而對之研究，在時間上不會令人有遙遠之感，在資料上不會令人有匱乏之虞，因此頗引人對之發生興趣。事實上，如能對臺灣史加以深入的研究，或將有助於了解我中華民族內不同族群的競爭、適存、乃至融和的歷程。基於此，筆者過去一直對臺灣的歷史極感興趣。㊴

顯然，張之從事臺灣史的研究，獲取資料上的便利是重要因素之一。臺灣史研究在資料上的優勢，在這一階段得到很大的重視。如前章所述，在解嚴以前所開辦的臺灣史學術會議，大都以開發史料爲主題。即使有研究性的論文，也以討論史料作爲掩護。由於研究性不強，以

㊳陳紹馨〈中國社會文化研究的實驗室——臺灣〉，氏著《臺灣的人口變遷與社會變遷》，頁1-7。

㊴張勝彥《臺灣史研究》(臺北：華世，1981)，自序，頁1。

致尹章義在上研究所的時候，「有意以臺灣史爲題寫碩士論文，翻檢一些先期論文，多半連注腳都沒有，不合學術規範，也就擱置下來」。⑩其實，張勝彥、黃富三在那時所做的碩士論文，也是利用臺灣的史料，做清史的研究。張的論文是〈臺灣建省之研究〉，黃的是〈劉銘傳清賦事業與土地改革研究〉，前者有關清朝制度史，後者則是清社會經濟史。當時這種情況十分普遍。張炎憲在1974年完成的碩士論文，其題目是〈清代治臺政策之研究〉。次年陳秋坤的碩士論文是〈十八世紀上半葉臺灣地區的開發〉。1982年許雪姬完成臺灣首篇臺灣史的博士論文，題目是〈清代臺灣武備制度的研究——臺灣的綠營〉。那個階段有所例外的是吳文星，他在1979年完成的碩士論文是〈日據時期臺灣師範教育之研究〉，而在1986年則寫了〈日據時期臺灣社會領導階層之研究〉的博士論文。⑪由此可見，臺灣史之脫離中國史的藩籬，形成其獨立的畛域，要在解嚴之後才眞正全面地開展起來。

事實上，既然臺灣史的研究在1970年代的開展，是爲了讓研究中國史的中外學者，能夠享有史料上的優勢。因此學者們在這一時期對於臺灣歷史的解釋，與前一階段並無不同，仍然把臺灣視爲中國史的一個部分。甚至，這一解釋還被表述得頗爲理直氣壯。張勝彥寫道：

> 十六世紀末以來，大陸之漢人雖然不斷的往海外各地移民，但其結果只有臺灣一地被闢為我中華民族的新領域，這可以說是近

⑩尹章義《臺灣近代史論》，自序，頁6。

⑪見施志汶〈「臺灣史研究的反思」：以近十年來國內各校歷史研究所碩士論文爲中心，1983-1992〉，《國立臺灣師範大學歷史學報》，22（1994・6），頁415-418。

> 世以降，漢人到海外殖民唯一成功的地方。因此，臺灣的歷史也是中華民族發展史不可或缺的一部分，實值得我們深加研究。㊷

張從中華民族擴張的角度，來證明臺灣史研究的必要。他的這一觀點，在那時頗為流行。曹永和在1971年發表的〈中華民族的擴張與臺灣的開展〉一文，也力圖證明相似的論點。曹以鳥瞰的方式，回顧了中國自古以來的歷史以及與臺灣的聯繫，然後他總結道：

> 臺灣史的基本性格是在於數千年來，發源於黃河流域的中華民族，不斷地分向四方擴展，終於自大陸濱海地方，將其活動範圍推進到臺灣來，前赴後繼，入殖經營，終於建設了漢人社會的過程。所以臺灣的經營也是整個中華民族發展史上的一章，也是中華民族所積蓄深厚潛力的發揮。㊸

曹永和關於漢人在臺灣建立其社會的觀點，使人不免想到幾年之後李國祁所提出的「內地化」理論。從它們之間的相似性可以看出，李國祁的「內地化」理論，似乎反映了1970年代臺灣史研究者的共識。如果要總結張勝彥、曹永和在那時的觀點，可以如此來概括：雖然臺灣自十六世紀以來經常由外族統治，但臺灣社會經濟的開發，則依然是漢人所為。而至鄭成功領臺，則臺灣則正式成為中國的一部分。所以臺灣社會是中華民族文化的延伸，其成功與變異之處，正好反映了中

㊷張勝彥《臺灣史研究》，自序，頁1。

㊸曹永和〈中華民族的擴展與臺灣的開發〉，氏著《臺灣早期歷史研究》，頁21-22。

國歷史的多樣及其活力。

這一認識，支配了當時人研究臺灣史的觀察角度。張勝彥研究臺灣史的早期作品之一，就是對清代臺灣書院制度的研究。而黃秀政在解嚴前一年寫的臺灣史的論文中，也有一篇有關清代臺灣的書院。他們不約而同地對書院制度的建立與發展產生興趣，其主要目的是爲了證明臺灣文化與中華文化之間的緊密聯繫。黃秀政論文的標題，〈清代臺灣的書院：以中華文化的傳播與地方才俊的培育爲中心〉，已經清楚地點出了其研究的目的。㊹爲了「顯示清代臺灣移墾社會的特徵，與清代臺灣由移墾的、落後的社會進而爲文治的、現代的社會的轉型過程」，黃秀政還研究了清代臺灣的分類械鬥，而張勝彥則調查了同期臺灣漢人土地所有制型態的變遷。㊺這些研究課題，與前面提到的那時的臺灣史碩士論文，多以清代臺灣爲題的現象，都說明解嚴以前臺灣史研究的定位，是將其附屬於中國史，視其爲中華文化綿延發展的一個重要例證。

自1980年代後期以來，這種研究臺灣史的角度，仍然爲一些研究者所堅持。如在1987年3月成立、解嚴以後仍然十分活躍的「臺灣史研究會」，便是一個例子。該研究會的宗旨是「促進臺灣歷史研究，普及臺灣歷史知識，發揚臺灣歷史文化」。但在其主要成員王曉波、尹章義看來，臺灣歷史始終而且仍然是中國歷史的一部分。因此，該

㊹見張勝彥〈清代臺灣書院制度〉，氏著《臺灣史研究》，頁1-52；黃秀政〈清代臺灣的書院：以中華文化的傳播與地方才俊的培育爲中心〉，氏著《臺灣史研究》，頁105-144。

㊺見黃秀政〈清代臺灣的分類械鬥事件〉，氏著《臺灣史研究》，頁29-80，引語見頁29；張勝彥〈清代臺灣漢人土地所有制型態之研究〉，氏著《臺灣史研究》，頁53-114。

會與大陸研究臺灣史的學者，交流十分頻繁。1988年1月舉辦第一屆臺灣史學術討論會，就邀請大陸學者赴會。同年，王曉波、尹章義還率領三十名團員訪問大陸。臺灣史研究會與大陸學者的緊密聯繫，在那時尚未獲國民黨政府的同意。在解嚴之後，政治上逐步開放，因此他們與大陸學者之間的往來，變得愈益增多，有些成員的作品還在大陸結集出版或再版。㊻

但是，在解嚴之後仍然以中國史的觀點考查臺灣史的人，已經逐步退居少數。如果說臺灣史的研究在1980年代開始已經進入了一個所謂的「本土期」，那麼這一「本土意識」的全面展現，則在解嚴以後。而其標誌是將臺灣史的研究，作爲建構臺灣民族／國族認同的一個重要渠道。臺灣史不再從屬於中國史，而是成爲一個獨立的研究領域。1988年《臺灣社會研究》的創刊，或許可以用來做爲一個標誌，雖然該刊並不純粹是一個歷史刊物。用張隆志的話來說，這一刊物「預示著一個新的學術世代的展開及本土學術典範的形成」。㊼的確，該刊公開以「研究」臺灣作爲宗旨，表示出一種本土意識，而該刊提倡多學科研究，亦顯示有關臺灣的研究，正在成爲學術界共同關心的課題。到了1995年，一些臺灣史學家成立「臺灣歷史學會」，與原有的「中國歷史學會」相抗衡，進一步顯示臺灣研究的「獨立」意識。㊽

在解嚴之後，臺灣史研究的面貌相應地有了明顯的改變，其表現

㊻見《海峽兩岸首次臺灣史學術交流論文集》，廈門大學臺灣研究所臺灣歷史研究室編（廈門：廈門大學，1990），引語見頁295。王曉波的論文集《臺灣史論集》於1992年由北京中國友誼出版公司出版。

㊼張隆志《族群關係與鄉村臺灣》，頁13-14。

㊽有關臺灣史研究的機構、學校和組織，可以參見若林正丈《臺灣における臺灣史研究——制度、環境、成果：1986-1995》（東京：東京交流協會，1996）。

主要體現在以下三個方面：⑴新領域的開拓；⑵研究禁區的突破；⑶歷史解釋的變化。平埔族群和日據時代臺灣史研究的開展，屬於第一方面的例子。而二二八事件的研究，則屬於第二方面。當然，這兩個方面之間，也存在一定的聯繫。只有打破了研究的禁區，才有可能拓展新的研究領域。至於第三方面，即歷史解釋的變化，則有多種表現，貫穿於整個臺灣史研究的領域。

就臺灣史的一般分期來看，十六世紀以前，也即荷蘭人與漢人殖民臺灣以前，由於沒有文獻記載，被稱爲「史前期」。對於在史前期就在臺灣居住的原始居民，即「原住民」，語言學家、人類學家、考古學家等較有興趣，而史學家則不然，興趣一直不大。而在原住民中間，對所謂「平埔族」的研究，更爲稀少。因爲這些平埔族（共有九族或十族），在近代以前，已經大部漢化，與漢人通婚，接受漢人的生活方式和文化習俗，自己的文化傳統幾乎蕩然無存，與所謂的「高山族」十分不同。臺灣史學界較早從事平埔族研究的詹素娟，有這樣的評語：

> 平埔族由於他們自身歷史遭遇的關係，因為從十七世紀以來，他們不斷與外來的人接觸，逐漸的改變了他們自己的文化。也就是說，最近四百年以來的時間裡，他們慢慢的淡化了自己的語言、文化、生活習慣，而忽略了他們自身的族群歷史。㊾

由此關係，平埔族在原住民的研究中，也沒有受到重視。1975年中研

㊾詹素娟〈臺灣平埔族群的介紹〉《「知識寶庫」廣播節目臺灣歷史系列演講專集》（臺北：中央圖書館臺灣分館，1995），頁58。

院民族所舉辦「臺灣高山族研究的回顧與前瞻」，顧名思義，也主要以高山族的研究爲主。因此，1980年代中期以前臺灣學術界對平埔族研究的忽視，有許多種原因。首先，平埔族由於漢化程度高，在清代就被稱爲「熟番」，未能保持其強烈的民族性，因此其研究價值沒有高山族高，未能受到民族學家、人類學家的足夠重視。其次，由於平埔族本身沒有書面文字，其歷史、風俗都靠旁人記錄，使得受到「史料學派」影響而重視一手史料的史學家，望而卻步，雖然史語所的語言學家如李壬癸，曾對平埔族的來源做過開創性的研究。㊿複次，漢人中心主義觀念的影響。如前所述，以研究臺灣早期歷史著名的曹永和，在那時所發表的論文，主要探討的也是漢人社會的建立與歐洲殖民者之間的關係。而在郭廷以的《臺灣史事概說》等臺灣史的早期著作中，臺灣原住民的歷史，更是經常忽略不提。史學家對臺灣史前史的忽視，也與國民黨政府強調臺灣作爲「正統中國」的政策有關。爲了突出臺灣之「中國性」，因此便自然而然地忽略臺灣史之特殊性。臺灣的原住民研究，即臺灣的史前史，因此就沒有成爲歷史研究的一個領域。

如果解嚴以前臺灣史學界對原住民歷史的忽視與政治氣氛有關，那麼在解嚴之後的原住民歷史的重視，也直接反映了臺灣政治的變化。一方面，與臺灣的漢人一樣，臺灣的原住民在解嚴之後也開始積極參與政治，使人感覺到他們的存在及其在臺灣史上的地位。另一方面，臺灣史的學者在探尋臺灣的本土意識時，也認識到原住民歷史的獨特價值，因爲這一歷史的存在，能夠突出臺灣歷史的特殊性，以區

㊿李壬癸〈臺灣南島民族的遷移歷史〉，《臺灣史與臺灣史料》(一)，張炎憲、陳美蓉編（臺北：自立晚報，1993)，頁23-44。

別於中國歷史，體現臺灣史的本土性。張隆志寫道：

> 從平埔族群史及族群關係史的研究中，傳統以移民拓墾與漢人社會為焦點的清代臺灣史圖像，遂在地域開發過程中因不同族群的文化接觸與互動而呈現出新的內涵。此一多族群社會的觀點，除了透過族群史、地域史及社會史的角度以解明臺灣在不同時期的歷史實態外，更有助於從一本土性的視野，重新理解臺灣民眾生活史的豐富面相。[51]

因此，平埔族歷史的研究，有很強的政治意義，是爲了改變臺灣人的歷史觀念，突破原來的漢人中心主義，從多族群的觀點，建立臺灣本土的、有別於中國的歷史。[52]但是，在具體的研究中，存在的困難不少。有關平埔族的史料，爲旁人用各種文字所記錄，因此難以全面掌握。加上平埔族已充分漢化，口述史料也不可靠。據詹素娟的觀察，平埔族的成員在目前已經不用自己的語言；「期待找到未被漢化的平埔族，是太樂觀了。」[53]於是，在平埔族的研究中，史學家必須在各種史料的排比、爬梳中，運用歷史想像，窺探其歷史的一斑。張隆志對平埔族中的巴宰族，進行了比較深入的研究，所用的史料中涉及古文書、清代文獻、日文資料等等，但在結論的部分，他仍然坦承：

---

[51] 張隆志《族群關係與鄉村臺灣》，頁283。

[52] 參見張隆志〈追尋失落的福爾摩莎部落——平埔族群史研究的反思〉，《臺灣史研究一百年》，頁257-272。

[53] 詹素娟〈臺灣平埔族研究資料介紹〉，《臺灣史與臺灣史料》（一），頁45-58。引語見頁57。有關平埔族的史料及研究，可見《臺灣平埔族研究書目彙編》，莊英章主編（臺北：中研院臺灣史研究所，1988）。

「筆者並未『重建』或『復原』其漢化前之原始風貌，亦未能釐清歷史發展與傳統文化間之聯繫。」他所能做到的，是探究平埔族與外族之間的交流和互動，以求「透過歷史學及人類學的不同觀點的『對話』逐漸『逼近』平埔族群史的理解方向」。[54]顯然，追求這一「平埔族群史」的「理解方向」，是他研究的主要目的。若能建立這一平埔族群史，則有助於建立臺灣的本土歷史觀。

由於研究上的困難，已有的平埔族的研究論著，多以探討平埔族與外族關係的爲主，直接以平埔族爲研究對象的較少。以致詹素娟在受邀就平埔族群的研究作演講時，花了很多時間介紹一本名叫《臺灣的原住民族》的日文書。作者是一位名叫宮本延人的日本學者，在二十世紀初期到臺北帝國大學工作，採訪了大量的平埔族，並參照考古材料，將之整理成書。據詹素娟的意見，該書雖然含有一些錯誤，但卻能體現那時日本學者對臺灣原住民的研究成果，有助於填補臺灣史學界對這一課題研究的空白。詹素娟說道：「事實上，對於臺灣原住民的學術性研究，是從日本統治時代才開始，才慢慢建立基礎的」。[55]的確，在日本統治臺灣以前，大部分有關平埔族的材料，都是采風式的。而日本爲了其殖民統治的長久，曾花大力氣研究臺灣的居民，並運用了現代學術研究的方法，因此所留下的著作與資料，爲臺灣學者之研究平埔族，奠定了基礎。無怪乎平埔族歷史的研究者張隆志，在回溯臺灣史研究的演變過程時，將日本統治臺灣時期的研究，視爲初創階段，即「殖民地研究」的時期。[56]

---

[54]張隆志《族群關係與鄉村臺灣》，頁121-122。

[55]詹素娟〈臺灣平埔族群的介紹〉《「知識寶庫」廣播節目臺灣歷史系列演講專集》，頁64。

[56]張隆志《族群關係與鄉村臺灣》，頁1-18。

其實，解嚴之後的臺灣學術界，不僅在原住民研究的領域，受到日本學者的影響，而且其日據時代臺灣史研究的開展，也部分地借助了日本學者的成果。日本之研究臺灣，自然開始於其殖民統治期間。但在戰後，日本對臺灣史的研究，通過居住在日本的臺灣人，仍然得以繼續。戰後日本學界的激進主義，也使得一些年輕的日本學者從檢討日本帝國主義、殖民主義出發，開始研究日本統治臺灣的歷史。如現今日本研究臺灣史的活躍人物若林正丈，就是在那時風氣的影響之下，進入臺灣史研究的領域的。若林正丈寫道：「一九七〇年代爲止的研究，多從『日本帝國主義史』角度出發，研究經濟過程、抗日鬥爭史、民族運動史」。57臺灣史學界對日據時期歷史研究的興趣，與日本學者對臺灣的研究，有重合之處。

如前所述，最初的臺灣史研究，主要集中在明鄭時期和清代的臺灣，對於清代以前的臺灣，只有當時還處於學院之外的曹永和、王世慶等人有所研究。這種情形，與國民黨政府強調臺灣爲「正統中國」的政策，顯然有關。1970年代後期以後，隨著臺灣本土化運動的興起，學界也開始有人研究日據時期的臺灣，但主要以臺灣抗日的事件或運動爲主，如吳水吉於1976年在文化大學完成的〈從乙未臺灣抗日運動看臺灣民族運動之性質〉的碩士論文，便是一例。從他處理的年代（1896年）來看，吳的論文僅僅觸及了日據臺灣史的邊緣。翌年簡炯仁在臺大政治研究所完成的碩士論文，也以抗日活動爲主題，題爲〈日據時期臺灣知識分子的抗日運動——臺灣民衆黨之研究〉。1979年

57參見吳密察、若林正丈《臺灣對話錄》（臺北：自立晚報，1989），頁147-148。另見若林正丈〈有關日據時期臺灣史之中外研究成果及其檢評〉，《臺灣文獻》，44：1（1993・3），頁211-233，引語見頁215。

吳文星在師大完成的碩士論文，以〈日據時期臺灣師範教育之研究〉爲題，換了一個研究角度。吳的寫作，受到了當時近史所開展的「中國近代化之區域研究」的影響，他所受業的老師中，如張朋園、呂實強、張玉法等，都參與或領導了這一研究計劃。吳文星在「緒論」中開宗明義：

> 近代臺灣新式教育制度開始於日據時期，然而因係殖民統治者所建立，其主要目的在於貫徹殖民政策，因此教育不論形式或內容均具有特殊性。……在近代化社會中，領導階層的產生主要在於個人的成就，而非仰賴父兄的地位。若進而考察領導階層形成的過程，教育實為主要的決定因素，具有舉足輕重的影響。(58)

由此可見，吳文星寫作的目的，是爲了探討臺灣近代社會的形成。因爲臺灣的近代化與日本的殖民統治有重合之處（當然清代末期劉銘傳等人就在臺灣作過一些近代化的實驗），因此他便把目光轉向日據時期的教育。他的考察表明，由於日本統治者在推行師範教育時對日籍與臺籍學生差別對待，造成臺籍學生入學十分困難，因此師範學校往往能吸收素質優良的人才，其中不少人以後成爲社會的中堅。但就師範生的培育而言，並不成功。臺籍學生就業之後，由於仍然承受差別待遇，因此多有「異動」，在職者反而「被認爲欠缺使命感及進取研究之心，或意氣消沉，或滿足於現狀」。而那些離開教育界的，則「或爲實業界之新秀，或爲名律師，或爲地方政治領導人，或爲傑出

---

(58)吳文星《日據時期臺灣師範教育之研究》（臺北：臺灣師範大學歷史研究所，1983），頁1。

的文藝工作者，甚至成爲民族運動的中堅」。59因此，日據時期的師範教育，還是爲臺灣的近代社會的形成，提供了一個領導階層。以後，吳文星從這一角度出發，在1986年完成了他的博士論文：〈日據時期臺灣社會領導階層之研究〉。

在吳文星的研究中，他注意到師範學生在就業之後之所以「異動」很大，主要是因爲日本統治者所採取的差別待遇政策。對於這種政策，臺灣人在當時頗有抵抗情緒，如周婉窈在1981年在臺大完成的碩士論文，就以〈日據時代臺灣議會設置請願運動之研究〉爲題，探究了臺灣人在政治的層面向日本殖民者所進行的抗爭。周在其中提到，1910年代臺籍人士爲了反抗日本人的歧視政策，在臺中創辦了開放給臺籍學生的臺中中學。周婉窈的研究揭示，在日據時期，不但有武裝的抗日活動，也有和平請願的運動，而且後者時間長久，影響也格外深遠。60

解嚴之後，日據時期臺灣史的研究，不但有長足的進展，被稱爲「臺灣史研究的新頂峰」，而且突破了抗日運動和日臺關係的範圍，開始尋求新的「定位」。61曹永和有這樣的觀察：

> 日本時代的研究，在過去戰後四十年因為政治的因素，還沒有真正被當作一個學問的對象來研究。過去總是被抗日史觀所支配，現在還好，解嚴以後，漸漸的能當作一門學問來研究了。這幾年我跟研究生接觸的經驗，顯示研究生的研究興趣已經漸漸從

59同上，頁229-234。

60周婉窈《日據時代的臺灣議會設置請願運動》（臺北：自立晚報，1989）。本書與作者的碩士論文對照，有些明顯的更動。有關臺中中學，見頁9-10。

61參見俞南〈臺灣史研究的新頂峰〉，《當代》，87（1993．7．1），頁10-12。

> 清代轉移到日據時代。現在臺灣史的研究已經處於顯學階段，其中日據時代的研究更是顯學中的顯學。[62]

事實上，把研究臺灣史的注意力從清代轉到日本時代，本身就表現了臺灣史研究在解嚴之後的重新定位。而這一新定位，又與研究日據時代歷史的新定位有關。就後者而言，主要表現在兩個方面：一是肯定日本殖民統治臺灣時期的建設成就，把日據時期視爲一種「資產」；[63]二是企圖通過對這一階段歷史的研究，發現臺灣歷史的主體性，發揚自主的、本土的意識，從中國史的框架下解脫出來。[64]

有關日本殖民統治對臺灣近代化的積極作用，由解嚴之前的「黨外運動」首先提出，解嚴之後則由史家大量探索，形成目前日據時代臺灣史研究的特色之一。在這以前，研究這一時期臺灣經濟史的學者，大致參照日本學者矢內原忠雄在二次大戰以前所出版的《日本帝國主義下之臺灣》一書的論點，將臺灣那時的經濟發展，視爲日本建立殖民帝國的一個環節，比較強調其負面的作用。1983年「黨外人士」楊碧川以高伊哥爲筆名，在黨外雜誌《生根》上發表〈後藤新平：臺灣現代化的奠基者〉一文，稱讚後藤新平在日本統治時期擔任臺灣民政長官時的各種作爲，由此來正面肯定日本統治時期對臺灣經濟、社

---

[62] 曹永和在「日治時代臺灣史研究之回顧與展望」座談會上的發言，見《臺灣史田野研究通訊》，26（1993・3），頁39。

[63] 此處「資產」一詞，借用了蕭阿勤的說法。見氏著〈1980年代以來臺灣文化民族主義的發展：以「臺灣（民族）文學」爲主的分析〉，《臺灣社會學研究》，3（1999・7），頁28-30。

[64] 參見張炎憲〈日治時代臺灣史的研究定位〉，《臺灣史田野研究通訊》，26（1993・3），頁10-14。

會近代化的作用。[65]楊碧川的文章，遭到旅日臺灣史的前輩學者戴國煇的反駁。戴國煇指出，在日本統治臺灣以前，臺灣的經濟與社會已經在清代開明官員劉銘傳等人的領導下，逐步走上了近代化的軌道。在戴看來，楊碧川的論點表現了一種「被殖民心態」。他們兩人開始的論爭，被人稱爲「奠基論」與「臺木論」的爭論。楊碧川稱後藤新平爲臺灣現代化的「奠基者」，而戴國煇則借用「移花接木」的成語，提出清代洋務運動在臺灣的建設，已經提供了以後爲日本在臺建設的「木」；日本只是把「花」接到這根「木」上面而已。[66]戴國煇的觀點，其實在與楊碧川爭論以前便已經在日本等地發表。他在1970年代寫的〈晚清期臺灣的社會經濟——並試論如何科學地認識日人治臺史〉一文，很詳細地論述了鴉片戰爭以後，清朝在臺灣的一系列建設，特別是洋務運動所帶來的經濟發展。饒有趣味的是，旅居日本的戴國煇之寫作此文，正是針對日本人在那時所提出「臺灣是由日本才被近代化的」議論而作的。[67]而楊碧川之提出他的觀點，則是臺灣本土化運動的產物，是爲了對抗大中國的歷史論述而發的。但從他的觀點來看，則與日本人的議論有重合之處。楊碧川與戴國煇兩人不同的出發點，使得他們對同一個題目，提出了對立的看法。

從解嚴以後的發展來看，有關臺灣近代化的問題，一般論著大都承認日本的統治對臺灣有積極、正面的影響，認爲日本雖然採取了殖民主義的政策，但其結果卻有助於臺灣近代化的發展。在經濟史的領

[65]楊碧川後來將該文擴充成書發表，見氏著《後藤新平：臺灣現代化的奠基者》（臺北：一橋，1996）。

[66]有關這一爭論，見張隆志〈劉銘傳、後藤新平與臺灣近代化論爭〉，《中華民國史專題論文集第四屆討論會》（臺北：1998），頁2031-2059。

[67]見戴國煇《臺灣史研究：回顧與探索》（臺北：遠流，1985），頁27-88。

域，不少人借助張漢裕、涂照彥的研究，注意到在1930年代，臺灣農民的生活水準有所提高的現象。他們同時也看到日本資本在控制臺灣農業方面的侷限性。由此他們指出，雖然日本的統治是一種強勢的殖民主義和帝國主義，但臺灣的各種階層也與之有所互動，並不僅僅是一個被剝削和被壓榨的對象。如柯志明就觀察到，在日本統治期間，日本需要從臺灣進口蔗糖，爲此目的，日本糖業資本時常扶植臺灣的農業，因此兩者之間有相互依賴的關係。由此出發，柯志明試圖探索用本土的觀點考察臺灣經濟發展的可能。他認爲，臺灣的經濟在日本統治時期，已經形成了一定的自主性。如果土著資本與日本殖民資本之間有矛盾，這一矛盾也多少與經濟利益有關，而不純粹是臺灣人與日本人種族之間的不和。「種族的問題只是配合在經濟利益的問題裡面。」[68]這一提法，顯然與突破抗日史觀的意圖有關。

原來的抗日史觀，反映了臺灣代表中國的立場。而解嚴之後，隨著臺灣本土化運動的蓬勃進展，臺灣史學界開始用臺灣本土的立場來看待日本的殖民統治。由這一立場出發，他們把日本的統治，與早年荷蘭、西班牙人的統治、明代鄭成功的統治與清代的統治（乃至二次大戰以後國民黨政府的光復臺灣），相提並論，都一律視爲外來的政權，因此在提法上，也有了明顯的轉變。1990年代以來，愈來愈多的人將「日據時代」，改稱爲「日治時代」，以表示日本對臺灣，也只是一種「統治」，而不是「佔據」，從而淡化了以往史書中對日本殖民主義的譴責。這一新的提法，不僅爲新一代的臺灣史研究者所廣泛採

[68]柯志明在〈日治時代臺灣史研究之回顧與展望〉座談會上的發言，見《臺灣史田野研究通訊》，頁21-26，引語見頁25。有關日據時代歷史研究的回顧，參見若林正丈〈日本的臺灣殖民地支配史的成果〉，許佩賢譯，《當代》，88（1993・8），頁70-87。

用，原來用慣「日據」的學者如吳文星、周婉窈等人，也都在其新著中改變了口吻。

由從事中國現代化的區域研究而成爲臺灣史研究的前輩學者李國祁，對此現象有所分析：

> 這五十餘年的臺灣歷史在今日爭論極多，史家由於本身背景不同，產生幾至兩極化的認知。有的史家基於臺灣原是中國一省的立場，稱之為日據時期。亦有的史家在不認同中國或基於國際法的立場上，稱之為日治時期。日據日治雖僅一字之差，但所代表的意義絕不相同。個人基於臺灣絕大多數的居民是漢人，使用的語言文字是中文，風俗習慣亦是中國南方的風俗習慣，故無論就民族思想的立場，或文化的認知，殊以為當用日據較為妥善，如用日治顯然模糊了史家嚴正的立場。[69]

從目前的情形來看，臺灣史研究者中與李國祁持同樣立場的人，正在逐漸減少。

臺灣史家之走出中國的立場，並不一定表示他們在走向日本的立場。不過，臺灣史學界中，親日的學者也不是沒有。對此現象，長期旅日的戴國煇，曾表示憂慮。他指出研究日據時代臺灣史的學者，應該避免「媚日」或「親日」的立場，而以「知日」的立場，最爲理想。[70]戴國煇的主張，似乎也爲張炎憲所贊同。張指出，學者們的興

---

[69]李國祁〈日據時期臺灣史的特徵〉，《認識臺灣歷史（1895-1945）學術討論會論文集》（臺北：財團法人夏潮基金會主辦，1998），頁1-5。

[70]戴國煇《臺灣史探微：現實與史實的相互往返》（臺北：南天書局，1999），總序，頁XIX。

趣，應該是如何從複雜的中日近代關係中跳出來，尋找臺灣自主的立場，把臺灣近代史的演變置於亞洲史、甚至世界史的範圍中加以考察。臺灣的近代歷史，「不是日本史的範疇，或是漢人社會的範疇，而是二十世紀世界史的問題」。(71)換言之，張炎憲等所期望的，是一種獨立的臺灣眼光和臺灣的獨立立場。這一「獨立性」，正與臺灣近年的政治趨向表現一致。

就研究本身來看，日據時代的臺灣史不但對臺灣學者有吸引力，而且也是日本學者研究臺灣史的重點領域。因此，研究者與日本學者之間的交流，頗爲頻繁。譬如，若林正丈與吳密察之間，就有不少合作。由若林正丈和吳密察共同提出的所謂臺灣的「重層近代化」計劃，引起了不少年輕學者的興趣。所謂「重層近代化」，指的是臺灣在近代（主要是日本統治期間）所產生的一系列社會變遷及其與日本和日本以外的地區的互動關係。(72)這一「重層近代化」提法的出現，一方面反映了臺灣史學界對日據時代歷史的研究，已經從對經濟發展的研究，走向社會、生活、娛樂、文化等多方面，另方面則符合了將臺灣視爲獨立的單位加以考察的意圖。不受中日關係框架束縛的臺灣近代史，開始直接與其它地區產生多層次、多方面的聯繫。這一研究計劃的出現，表現了臺灣史研究開展以來所造成的臺灣人歷史意識的轉變。

如果說日據時代臺灣史是一個新開發的研究領域，那麼解嚴以後對於「二二八事件」的研究，則更爲引人矚目。這其中的原因不僅是

(71)張炎憲〈日治時代臺灣史的研究定位〉，《臺灣史田野研究通訊》，26（1993．3），頁11。

(72)參見若林正丈、吳密察主編《臺灣重層近代化論文集》（臺北：播種者文化有限公司，2000）。

因爲這一事件一直是一個政治禁區，而且由於臺灣史學界的傳統，對於現代史的研究，向來不太重視。因此，對於這一事件研究的蓬勃開展，不但有助於臺灣史研究的發展，而且還有所改變了臺灣史學界的傳統作風。當然，以前研究這一事件的出版物也不是沒有，臺灣省文獻會、中研院近史所等單位都出版過相關的史料。一些逃亡海外的受害者，也出版了一些有關的回憶、資料與研究。但是，1980年代末期以後臺灣政治的逐步開放，特別是民間力量的推動，使得這一事件，不再成爲研究的禁區。從民間的方面來看，1987年出現的「二二八和平日促進會」和1989年的「二二八公義和平運動」，都是重要的例子。而在政府方面，自1990年代以來，也有一系列反應，開始對事件的受害者全面平反。1990年立法院爲二二八事件默哀，同年政府首腦參加二二八平安禮拜，也都是例子。1991年行政院還成立了由學界人士參與的「行政院研究二二八事件小組」，該小組的研究報告於翌年公布，希求對這一事件作出一個公正、客觀的定論。報告發表以後，好評之聲不少，但批評之聲也時有所聞。無論如何，這一研究報告的寫作至少表明，二二八事件的研究，已經成爲一個學界、政界可以共同討論、參與的研究領域。就目前的情形來看，這一事件已經成爲臺灣史研究爲人注目的一個焦點。

由於參與這一事件研究的人士，來自各個方面，因此研究角度多種多樣，觀點也各各不同。舉例來說，張炎憲、陳美蓉和楊雅慧主編的《二二八事件研究論文集》，就收集了各種各樣的論文，好些作者並不是學界中人。而論文所牽涉的方面，也十分廣泛，從政治、經濟、國際關係到文學、詩歌、醫療到歷史，應有盡有，充分顯示該事件的社會影響力。可是，雖然研究的觀點紛陳，研究的角度多樣，但研究者的主體傾向仍然十分明確，那就是從以前官方的說法中解脫出來，將這一事件視爲臺灣人爭取自身權益、反對強權壓迫的集中表現。張炎憲寫道：

> 五十年來，二二八史研究在官方說法壟斷之下，備受壓抑，但經過最近十年民間社會的努力，已打破官方說法，臺灣觀點的歷史詮釋日益突顯。二二八歷史意識和解釋觀點的轉變，正是臺灣社會政治變遷的寫照，反應（映）出被壓制人民重建歷史的意義。[73]

官方對二二八事件的解釋，把事件的發生歸因於臺灣人長期受到日本的殖民統治，光復以後一度不能適應，又受到共產黨的蠱惑，發生暴亂，乃至不接受國民政府，由此而遭到鎮壓。而解嚴以後對這一事件的解釋，則力圖完全從受害者的立場出發，提出事件的發生純粹是由於執政者枉法縱法，任意屠殺，由此造成悲劇，使得臺灣人的一代精英損失殆盡。一些比較激進的研究者如陳芳明則進一步提出，二二八事件之後，臺灣人只能接受國民黨政權的殖民統治，因此二二八事件是臺灣現代歷史悲劇的開始，標誌臺灣雖然解脫了日本的殖民統治，但並未眞正獲得自由，而是爲另一外來政權所統治。[74]

在一般的研究論著中，像陳芳明那樣直接指摘國民黨政權代表一

---

[73] 張炎憲〈二二八的歷史意涵——鎮壓、反抗、扭曲與重建〉，《二二八事件研究論文集》，張炎憲、陳美蓉、楊雅慧主編（臺北：吳三連基金會，1998），頁483。

[74] 陳芳明對二二八事件的觀點集中在氏著《蔣渭川和他的時代》（臺北：前衛，1996）以及他的有關論文，如〈殖民歷史解釋下的蔣渭川〉，《二二八事件研究論文集》，頁225-244。

種殖民主義的論點，並不多見。但許多人（李筱峰、張炎憲等）雖然不直接指出國民黨政權是一外來政權，但從字裡行間，則可以看出他們也同意這樣的觀點。於是，對於二二八事件的解釋，就傾向於認爲是國民黨政府的故意所爲，企圖殺雞嚇猴，懲處臺灣的上層精英，以求其統治的安穩。這一說法，在臺灣民間特別有影響。與此相比，另外一些學者如賴澤涵、黃富三以及寫作了第一本有關二二八事件博士論文的陳翠蓮，則試圖對事件發生的原因及其具體過程，做比較細緻的分析，認爲事件發生的原因，有多種方面，包括戰後政治的腐敗、官僚的無能以及在事件發生之後處理上的短視和失誤等等。而對於事件之後國民黨軍隊對臺灣人的屠殺，則又看到國民黨各個部門、派系之間的傾軋和內鬥，臺灣人因此而成爲犧牲品。從這一觀點出發，二二八事件的發生及其影響，就不完全是國民黨政府有計劃的陰謀，而是一件本來或許可以避免、至少牽涉面不會如此廣泛、傷亡不會如此慘重的事件。(75)但不管是國民黨有意所爲或是無意失誤，二二八悲劇的發生，主要責任都在國民黨這一方。這是解嚴以後對於這一事件所提出的與以往截然不同的解釋。

總之，解嚴以後的臺灣史研究，不僅聲勢浩大，而且新見倍出，成爲臺灣史學界名副其實的「顯學」。上面所舉的三個例子，分別代表了臺灣史研究在古代、近代和現代這三個時期研究的新成果和新見

(75)參見賴澤涵主編《臺灣光復初期歷史》（臺北：中研院中山人文社會科學研究所，1993）；行政院研究二二八事件小組《二二八事件研究報告》（臺北：時報文化，1994）和陳翠蓮《派系鬥爭與權謀政治：二二八悲劇的另一面相》（臺北：時報文化，1994）。另外，賴澤涵等人的英文著作(Lai Tse-han), *A Tragic Beginning: The Taiwan Uprising of February 28, 1947* (Stanford: Stanford University Press, 1991)，也持相似的觀點。

解。概括而言，這些新見解構成了一種對臺灣歷史的新解釋、或新史觀。根據戴寶村的總結，臺灣的歷史具有以下這些特點：(1)海洋島國風土；(2)多元族群文化；(3)移民社會歷史；(4)殖民統治經驗；(5)歷史的斷裂與疏離。在另一處，他將第(5)點換成「現代化、國際化的社會」。(76)類似於戴的看法，也見於其他人的著作。如張炎憲在一次報告中提出，臺灣歷史的特色有四點：(1)移民社會；(2)政權變動頻繁；(3)資本主義化；(4)多元文化體系。(77)李筱峰對臺灣近代歷史的總結，也頗爲類似：(1)政權更動頻繁；(2)海洋性文化；(3)移民社會。(78)這些大同小異的概括，都力圖強調臺灣歷史與中國歷史之間的大不同，一反原來對臺灣歷史的解釋。戴寶村指出，以往的臺灣史研究，突出「中臺一體觀」，以中國文化爲中心，把臺灣視爲其邊陲，置於依附的地位。(79)而從上述這些論述來看，正好與以往的解釋反其道而行之。陳芳明對此現象有所觀察：「近十年來的臺灣研究，出現一個很重要的趨勢，那就是把臺灣與中國之間的依存關係，調整爲平行對等的關係。在歷史解釋與社會解剖的工作上，臺灣開始被接受成爲一個主體性的中心，再也不是做爲邊陲地區而存在。」(80)其實，從目前的情形來看，臺灣史的研究，已經不僅僅是將其與中國大陸的關係，視爲一

(76)戴寶村《臺灣島、臺灣省、臺灣國》(臺北：臺北縣立文化中心，1996)，頁32-35和頁228-232。

(77)張炎憲〈臺灣歷史發展的特色〉，《國史館館刊》，復刊第29期(2000・12)，頁1-10。

(78)李筱峰〈臺灣近代歷史的特性〉，《知識寶庫廣播節目臺灣歷史系列演講專集》(臺北：中央圖書館臺灣分館，1995)，頁185-200。

(79)戴寶村《臺灣島、臺灣省、臺灣國》，頁37-38。

(80)陳芳明《探索臺灣史觀》，頁6。

種「平行對等的關係」，而是從根本上把臺灣視為一個單一的主體，考察其在歷史上與週邊其它地區的交往；臺灣與大陸之間的聯繫，只是其中一個部分而已。但是，因為以往的歷史解釋突出了大陸與臺灣之間的緊密關係，因此現今的學者就比較重視臺灣與中國歷史的差異性，以求臺灣的獨立位置。如平埔族群史研究的開展，使人看到在中國移民來到臺灣以前，臺灣就有悠久的歷史，具有海洋島國的特色。日據時代歷史的研究，則突出了臺灣史上的殖民經驗。而這一殖民經驗，又可用來概括日據時代以前和以後的臺灣史，凸顯臺灣一直受到外族統治、政權更動頻繁的特點。二二八事件的研究，更讓人看到臺灣人受外來政權統治的悲慘。

這種從臺灣本位解釋臺灣歷史，將其與中國歷史加以疏離的意圖，促使一些學者在解嚴以後，提出新的歷史概念，提倡新的研究領域。一向主張臺灣史是中華文化和歷史的延伸的曹永和，在1990年提出「臺灣島史」的概念，強調臺灣歷史的海洋性特色，主張臺灣代表了一種海洋文明，由此來突出臺灣歷史與中國歷史的不同特點。受到曹永和的啓發，更有人提倡研究「海洋史」，另一些人則注重東臺灣，並成立了「東臺灣研究會」。⑧①這些新的概念和領域的出現，都展現了臺灣史研究者力圖突破以前中國史的框架的強烈意圖。而走出中國史框架的途徑之一，便是研究臺灣與其它地區的來往，其中臺灣與日本的聯繫為一重點。曹永和的「臺灣島史」，是建立在他對環支

---

⑧①曹永和〈臺灣史研究的另一途徑：「臺灣島史」概念〉，《臺灣史田野研究通訊》，15（1990．6），頁7-9。另見在「近代早期東亞海洋史與臺灣島史：慶祝曹永和院士八十大壽國際學術研討會」發表的論文，2000年10月26-27日在中研院學術活動中心召開。有關「東臺灣」的研究，見《東臺灣研究》，1996年創刊。

那海域交流史的研究基礎上的。而東臺灣的開發，也自然與日本對南洋的興趣相聯。對臺灣文化的海洋性的探究，成爲目前臺灣史研究者提倡本土立場的主要途徑。

從臺灣的本土立場出發看待臺灣歷史的演變，也使一些學者開始檢討臺灣史的分期問題。臺灣史的一般分期，除了所謂的「史前時期」以外，大都根據統治政權的興亡爲準，分爲荷西時期、明鄭時期、清代、日據時期、戰後或光復以後。這種分期方法，在事實上將原住民的歷史排斥在外，把臺灣的歷史歸結爲四百年，同時也忽視了每一時期內部的變化。[82]但是，要想提出更好的分期方法，殊非易事。有些學者開始採用臺灣近代史（日據時代）、臺灣現代史（二次大戰以後）這樣模糊的分期方法，而把日據時代以前的歷史，細分爲早期臺灣史、荷西統治、明鄭統治和清朝統治等階段。[83]但這種分期的方法，主要還是注重臺灣四百年移民及其統治者的歷史，無法充分照顧到原住民的歷史。

強調臺灣歷史解釋中的本土觀念，追求「臺灣史觀」，其目的如許多人所說，是爲了「以臺灣社會、臺灣人民爲主體來解釋臺灣歷史」，或「歷史應該讓民衆瞭解，民衆才是歷史發展的重心」。[84]因此，對於臺灣島上的居民及其所形成的社會，應該是研究的中心。無可否認的，臺灣社會是一個移民社會。臺灣的居民構成，以漢人爲絕大多數，原住民的比例佔百分之二左右。如果要突出臺灣史與中國史

---

[82] 參見〈「臺灣史研究」的歷史反省：專訪黃富三、許雪姬、鄭欽仁〉，《中國論壇》，31：11（1991・8），頁41-49，特別是頁41-42。

[83] 戴寶村《臺灣島、臺灣省、臺灣國》，頁163。

[84] 見陳芳明《探索臺灣史觀》，頁2和張炎憲、李筱峰合編《二二八事件回憶錄》（臺北：稻鄉，1989），頁2。

之間的不同，似乎還須考慮陳其南與李國祁在1970年代所展開的討論，即臺灣的漢人社會，究竟與中國大陸的漢人社會，存在什麼不同的特徵？換言之，「臺灣人」究竟該如何定義？陳其南最近的看法是，臺灣社會在清代的確經歷了一個「土著化」的過程，可是「在人類學或社會學的族群定義上」，臺灣人「只不過是華人或漢人社會的一個地方性成份而已，頂多只能算是與湖南人、廣東人或客家人一樣，是屬於不同方言群或是地方居民的範疇。或者從歷史和文化型態來看，臺灣社會基本上仍然是中國或漢人社會，臺灣人不論如何強調其本土意識，在歷史文化上仍無法否定此一事實」。陳進一步指出，那種「認爲『臺灣人』經過長久的歷史和地理分隔，已經與大陸上的『中國人』不同，進而將『臺灣人』的意識升高爲民族的範疇。這些看法，衆所週知，往往與其政治訴求有關」。[85]史家寫作歷史，自然不能與其「政治訴求」完全分離。因此陳其南的批評，似乎顯得有點天眞。但史家是否應當將其政治訴求，通過學術論著的形式和語言加以掩飾和表述，則是另一回事。就此而言，陳其南的觀點，也值得所有治史者深思。

三、《新史學》與生活文化史

解嚴前後臺灣本土化運動的開展，不但刺激和促進了臺灣史研究的成長，而且也刺激和挑戰了臺灣史學界研究中國史的學者，促使他們反省自己以往的研究，尋求新的立場和方法，因而引起了研究的轉

---

[85]陳其南〈臺灣史研究的政治意涵〉，《歷史月刊》，105（1996・10），頁55-59。

向。如前所述，臺灣本土化運動的開展，與臺灣在國際上地位的變化，有很大的關係。中國大陸之進入聯合國及其政權被西方國家的承認，否認了以前臺灣所自認的「正統中國」地位，向來佔據臺灣史學界的中國史研究，面臨了一個前所未有的挑戰。如果臺灣不再能代表中國，不再是中國研究的「實驗室」，外國研究中國的學者也不再到臺灣從事研究與培訓，那麼在臺灣仍然堅持中國史研究，還有什麼意義？這是臺灣所有研究中國史的學者所必須思考的一個問題。

反觀中國大陸，1976年毛澤東逝世以後，延續十年之久的所謂「文化大革命」也宣告結束，史學界也開始重整旗鼓，加強了對中國史的研究。雖然百廢待興，大陸學術界的隊伍在素質上參差不齊，但畢竟佔據人數和資料上的優勢，因此對其研究成果也不能漠視。到了1980年代末期，兩岸之間的走動開始逐漸開放，臺灣研究中國史的學者也可以到大陸參加會議或者從事研究，蒐集和閱讀資料。這對於研究中國史的人來說，自然是一大好事。但據臺灣研究中國史的前輩學者張玉法觀察，大陸的開放，也增加了中國史研究的難度，使得臺灣的研究者無法閉門造車，而必須在研究期間去大陸收集資料，而去了之後，又發覺資料繁多而無從入手。因此，青年學生開始產生畏難情緒，不願從事中國史的研究。⑧⑥由此看來，中國史研究自1980年代後期開始，由於兩岸政治的鬆動，也出現了一個史料開放的局面。在臺灣方面，國史館、黨史會、故宮等機構都紛紛將封鎖的檔案材料向外開放，而在大陸方面，則有北京的第一檔案館和南京的第二檔案館以及社會科學院和各個大學的圖書館，也慢慢開始向研究者開放。但張玉法發現，雖然這些難得的檔案現在都可以看到，可「年輕人不跑檔

⑧⑥據筆者與張玉法在2001年7月6日中研院近史所的訪談。

案館」，對政治軍事史的研究，已經不再有興趣。(87)

張玉法已經注意到，在年輕的學者中間，對歷史的興趣已經有所變化。政治軍事史研究，本來是中國近、現代史的重點，但年輕一代的學者對此興趣索然，因此有關檔案的開放對他們來說，並沒有很大的吸引力。事實上，這一歷史研究興趣的轉移，自從社會科學方法進入史學領域之後，已經產生了。1960年代中期臺灣社會史研究的興起，就是其典型的表現。在此之後臺灣國際地位的變化和解嚴前後政治的逐步開放，對臺灣史學界的影響，則更爲明顯。臺灣史研究蓬勃興起，迅速成爲一門顯學。而研究中國史的學者，則不得不重新思考自己的定位與價值。值得一提的是，1983年鄭欽仁在《臺灣文藝》發表〈臺灣史研究與歷史意識之檢討〉，爲後來許多學者認爲是標誌臺灣本土歷史觀興起的重要作品。(88)但鄭欽仁並不是一位臺灣史的研究者，而是一位中國史的研究者。鄭在文中指出，由於臺灣在國際上「正統中國」地位的喪失，歷史研究——臺灣史研究——變得十分重要，像「國際政治」一樣能有助於臺灣尋求其新的國際定位。而在中國史研究的領域，鄭則指出，臺灣的「中國史研究在國際上要對抗大陸漸感困難，中共已經很有計劃性的提升研究水平，並做了重點式的安排」。只有臺灣史的研究才是臺灣「唯一可以對抗大陸的分野」。「臺灣史研究可以幫助對『臺灣籍以生存』的『總體力量』之重估。」鄭欽仁的論述，很明顯地反映了一種強烈的生存意識，而這一生存意識，則顯然與1970年代以降臺灣國際地位的變化，切切相關。作爲一

(87)同上。

(88)參見陳芳明《探索臺灣史觀》，頁7-8；張隆志《族群關係與鄉村臺灣》，頁14；蕭阿勤 (A-chin Hsiau), *Contemporary Taiwanese Cultural Nationalism*，頁165-166。

個中國史的研究者，鄭欽仁更加感受到一種威脅。在當時那個「生死存亡年代」，鄭有一種何去何從的沉重感，因此而發出研究臺灣史的呼籲。[89]

鄭欽仁對時勢變遷的感觸，爲許多人所共有，只不過程度有所不同。一直以中國上古史爲業、並因此而獲得中研院院士的杜正勝，在1980年代還沒有那麼嚴重的危機感。這可能與他身處南港中研院，位於學術殿堂的深處，「與世隔絕」有關。如同本書中編第六章所述，在解嚴前後，杜正勝及其在中研院的同仁，還舉辦「國史討論會」，商討寫作一部「南港中國通史」，力圖爲臺灣的中國史研究在國際上爭一地位。但到了1990年代，杜也開始懷疑自己以往走過的道路，摸索「到臺灣之路」了。杜捫心自問，「由於生息的土地日益『孤兒化』，我逐漸意識到自我眞正的身分和角色。我眞如以往所自視不疑的中國人嗎？」[90]可見，隨著臺灣內外局勢的進一步變化，即使處在「深宮大院」，還是不能無視時勢的變動對學術所產生的影響。1995年杜正勝發表〈中國史在臺灣研究的未來〉，指出臺灣史學家必須同時注重臺灣史、中國史與世界史的研究。杜正勝預測，雖然臺灣史研究已經成爲顯學，但在臺灣，「中國以她豐富的內容以及與臺灣人民、文化、前途的密切關係，中國史的研究依然會佔據主要的地位。但也由於現實情勢的轉變，中國史學家面臨的問題將更複雜」。中國史研究者已經「到了拋棄唯我獨尊心態的時候，重新嚴肅思考怎樣研究中國史，怎樣對待中國史的問題」。[91]

---

[89]鄭欽仁〈臺灣史研究與歷史意識之檢討〉，氏著《生死存亡年代的臺灣》（臺北：稻鄉，1989），頁3-6。

[90]杜正勝〈到「臺灣」之路〉，《自由時報》，1999年1月10日副刊。

[91]杜正勝〈中國史在臺灣研究的未來〉，《歷史月刊》，92（1995・9），頁79-85。

的確，如何對待中國史研究，重新尋找自己的位置，爲許多臺灣研究中國史的人所關心。有所巧合的是，1986年6月，陶希聖過世，《食貨月刊》繼而停刊，使那些有志歷史研究的年輕同仁，失去了一個發表他們著作的園地。更重要的是，《食貨月刊》自1971年復刊以來，以中國社會經濟史爲號召，提倡運用社會科學的方法研究歷史，比較典型地代表了臺灣史學史發展的一個新方向，爲不少年輕一代的歷史研究者所擁護。在《食貨月刊》的最後一期上，陶晉生、黃寬重、沈松僑等人發表了一個「本刊啓事」，告知讀者刊物停止的原因。同時，他們對《食貨月刊》的歷史，感到驕傲：「我們看到中國社會經濟史的研究，光明燦爛，於辛酸中自有一份安慰。也許在不久的將來，有另一種研究中國社會經濟史的刊物，出現在愛護本刊的讀者之前。」(92)

1990年，那份新刊物確實出現了，那就是《新史學》，其發行人是陶晉生，參與者則仍是原來「食貨討論會」的人馬。《食貨月刊》停刊之後，「食貨討論會」仍然維持著，只不過換了一個名稱爲「國史討論會」，希求從社會史的角度，寫作一部不同風格和重點的「中國通史」。雖然這部通史並未寫成，但卻造就了《新史學》這份新的歷史專業刊物。1988年7月30日杜正勝、黃清連、黃寬重三人假「國史討論會」發出一個通知，其中寫道：

> 食貨月刊因為種種因素勢必停刊，許多朋友都關懷而後發展狀況。在目前以同人為邀約對象之期刊雖為數甚夥，但維持獨立而公開徵稿的學術期刊則寥若晨星，實難以擴大視野，發展史學。

(92)見《食貨月刊》最後一期的「本刊啓事」。

因此擬請本會同仁共商另行創立期刊的可行性。[93]

由此可見，他們想繼承《食貨月刊》，發行一份「獨立」而又「公開」的歷史學術刊物。要做到對外公開，還不困難，但要想「獨立」，則必須在財政上不依賴公家單位。收到以上通知的成員於8月3日開會（到會者17人），通過了創辦新刊物的決定，除了擔任執行編輯以外，還需負擔財政義務（當時決定「每人入會費五千元及每月五百元」）。在通過決議創辦刊物之後，9月5日更召開「第一次籌備會會議」，出席者有16人，除林載爵、張榮芳、吳密察之外，都是中研院的人（杜正勝、邢義田、劉增貴、柳立言、劉錚雲、洪金富、蕭璠、黃寬重、黃進興、黃清連、林富士等），而在他們中間，又以史語所的人馬爲多數，只有梁其姿、沈松僑屬於另外的研究所；女性只有梁其姿一人。一個月之後（10月1日）的會議上，與會者決定將刊物投票命名爲《新史學》，1990年出刊，第一年的專題爲「中國都市史」。[94]在籌辦《新史學》的過程中，參與的人員逐步增多，通過當時臺大歷史系主任徐泓和清華大學歷史所主任張永堂，籌備過程還得到臺灣不少大學歷史系同仁的資助和支持。籌備會的成員亦歡迎外籍人士參與。在1990年《新史學》最終出版之時，發起人有二十二人之多，其中大部分都是以前「食貨討論會」的成員，女性有梁其姿與陳慈玉兩人。[95]

---

[93] 本通知見「《新史學》檔案」（無編號），藏中研院史語所。筆者感謝現任所長黃寬重允其使用。

[94] 見「第一次籌備會會議記錄」和「《新史學》編輯通訊第一號」，「《新史學》檔案」。

[95] 見「《新史學》編輯通訊第七號」等以及《新史學》創刊號（1990・3）所列名單。

從《新史學》籌備會發出的徵稿通知來看，創辦刊物的宗旨非常明確：「我們覺得：臺灣史學界，除了要有屬於各學校、機構或團體的史學期刊之外，似乎還應該另有一份能夠包容諸家、匯納百川的天地，使大家的聲音能在一個殿堂上齊鳴爭放，使大家的情性和知識能有所交流、有所激蕩。」但是，雖然有此願望，但要將刊物眞正辦好，除了財源之外，稿源也是一個問題。籌備會發出的「編輯通知」，一再催促各成員積極約稿，以求順利創刊。(96)在《新史學》以前，《食貨月刊》和《史學評論》的創辦與停刊，證明想眞正辦好和維持一份獨立和公開的刊物，並不容易。

雖然《新史學》籌備會的主要成員主要來自史語所，但時任史語所所長的丁邦新，對此刊物並不熱情支持。在他寫給杜正勝、黃寬重、邢義田、黃清連、洪金富、黃進興、劉錚雲、蕭璠、柳立言、劉增貴、林富士的聯名信中，丁邦新一方面對他們參與創辦此刊物，「衷心慶幸」，認爲他們能成爲發起人，「足見本所史學方面人才薈萃，必將有所貢獻於國際史學界也」。但另一方面，他又寫道，「本所集刊脫期已久」，「《新史學》之創刊不知是否有影響集刊稿源之可能？」而且，他指出既然杜正勝、黃寬重等都是史語所的人員，「研究成果交本所發表似爲天經地義之事，如諸兄在所服務，而論文皆在他處刊登，恐權利與義務之間不易求取平衡，亦不易得外人之諒解也」。對於《新史學》這一名稱，丁邦新也不贊同，「弟並不了解『新史學』之涵義，但若以『舊史學』視集刊，致使諸兄安身立命之處招致他人之譏評者，則萬萬不可也」。(97)丁邦新所言，如果從他所

(96)見「《新史學》徵稿信」（林富士起草）以及「《新史學》編輯通訊」各號，「《新史學》檔案」。

(97)丁邦新此信寫於1989年1月9日，藏「《新史學》檔案」。

代表的立場來看，似乎也不無道理，但是當時杜正勝等人想創辦一份新刊物，顯然是希望有一份屬於他們這一代學者的園地，不願受轄於現有的機構與制度，以求開創一個不同於以往的研究氛圍。因此，《新史學》的創刊，在一定意義上代表了新一代學者的成熟及其所表現出的獨立精神。

但是，從「《新史學》編輯通訊」來看，當時《新史學》籌備會成員所追求的，主要是想在他們專長的中國史領域，有所突破。所謂「新史學」的定義，是爲了表示「不斷追求突破」，而「創辦刊物的動機與宗旨」，是爲了「提供一個中國史研究的園地」。(98)這一想法，在《新史學》創刊號上由杜正勝撰寫的「發刊詞」中，得到明白的論述。該「發刊詞」寫道：

> 史學是以時間發展為主軸的學問，對時代的變化比其他學科更敏感。一個時代必有一個時代的史學，新的時代往往蘊育出新的史學。一九九〇年春天有一種以前瞻、開放、嘗試態度研究中國歷史的學術刊物在臺北問世，它就是《新史學》。

雖然杜正勝在這裡強調《新史學》希求反映一個新的時代，但他在文中並沒有清楚說明所謂「新史學」之「新」。也許是由於丁邦新已經對「新」、「舊」史學之間的區分表示了憂慮，杜正勝解釋道：「《新史學》不想取代任何形式的所謂『舊史學』，而是要嘗試各種方法，拓展各種眼界，以探索歷史的眞實和意義。」「研究歷史最能體

(98)「《新史學》編輯通訊第四號」，由第一年輪值主編（杜正勝）等人發出，「《新史學》檔案」。

會承先啓後、蘊育生息的道理。《新史學》的『新』不是天外突來的飛泉，而是舊有長河的新段落。它是從舊枝萌吐的新芽，生生不息，不斷成長。」但是，他也「企盼」在前人創立的基礎上，一方面繼承其業績，另一方面「彌補其漏失，矯正其偏倚，拓展前人未見之視野，思索前人未曾觸及之問題」。

至於如何拓展新視野、思索新問題，杜正勝並沒有明言。但從字裡行間，可以看出他已經想突破《食貨月刊》所提倡的社會經濟史。他也指出年鑑學派所注重的社會經濟與心態文化，也已經在爲更新的領域所取代。[99]這些提法雖然隱約，但卻十分重要。《新史學》雖然在形式上是《食貨月刊》的復原，但在內容上則希望有更大的突破，希望歷史研究能在方法上走向多元化。同時，杜正勝起草的這份「發刊詞」，也顯示他自己已經在開始摸索新的研究途徑。

這一新的研究途徑，有方法與觀點兩個方面。杜正勝在撰寫《新史學》發刊詞時，也許是不想樹大招風，引起年老與年輕學者的對立，因此說法比較隱約。但他事隔多年以後，回顧《新史學》的創刊，對其立意與宗旨有了更爲明確的表述。1997年他寫了〈一個新史觀的誕生〉一文，將他在1990年代中期提出的所謂「同心圓史觀」，追溯到1990年創辦《新史學》的時候。他在文中寫道，他之設想臺灣的歷史教育，應該從鄉土開始，先認識臺灣，然後再及中國、亞洲和世界，源自他對中國文明多元化的思考。[100]這一說法既然出自杜本人，自然有其可信之處。但就他的出版作品來看，杜正勝在1993年以

[99]〈發刊詞〉，《新史學》，1：1（1990・3），頁1-4。
[100]杜正勝〈一個新史觀的誕生〉，收入氏著《走過關鍵十年：文化關懷》，頁383-396。

前，並沒有涉及「同心圓史觀」。[101]他的注意力，在那時主要集中在如何從方法的層面，開創中國史研究的新領域。他在〈到「臺灣」之路〉中也寫道：「一九九○年作《新史學》發刊詞，發憤要創造二十一世紀的新史學，則是中國的新史學。」[102]由此可見，在《新史學》創刊的時候，杜正勝尚無意系統建立一個以臺灣為中心的史觀。

杜正勝在那時最主要的想法，就是要在方法上，突破自1960年代中期以來以社會科學爲模式、以《食貨月刊》爲代表的中國社會經濟史研究。他在1990年爲參加中興大學舉辦的「第三屆史學史國際研討會」所寫的〈中國社會史研究的探索——特從理論、方法與資料、課題論〉一文，比較清楚地反映了他的意圖。回顧臺灣社會經濟史研究的開展，杜正勝對其成果並不滿意。「《食貨》復刊，欲以社會科學研究中國歷史，因爲介紹方法不當，理想終於落空；……十七卷的《食貨》，課題鬆散，看不出臺灣地區中國社會史研究者的共同關懷。」而許倬雲在1980年代舉辦的兩次「中國社會經濟史研討會」，「雖刺激興奮於一時，沈痾仍無起色」。[103]杜正勝在1999年坦承，他雖然是許倬雲的學生，但對許所力導的社會經濟史研究，沒有太大興趣。[104]

---

[101]據林富士的回憶，杜正勝最早的一篇論述「同心圓史觀」的作品，應邀發表在林夫人倪曉容主編的《臺北縣立文化中心季刊》上，題爲〈鄉土文化與鄉土歷史：兼談鄉土博物館之設立〉，35（1993・3），頁3-8。林富士與筆者在1999年4月21日於中研院史語所的談話。

[102]杜正勝〈到「臺灣」之路〉，氏著《走過關鍵十年：政治憂思》，頁156。

[103]杜正勝〈中國社會史研究的探索——特從理論、方法與資料、課題論〉，《第三屆史學史國際研討會論文集》，頁49-50。

[104]杜正勝〈中國古代史研究——臺灣觀點〉，《古今論衡》，3（1999・12），頁81。

那麼，杜正勝的興趣在哪兒呢？從《新史學》的創刊來看，經過了許多人的參與，雖然他們中間有共識，但因爲研究方向、訓練的不同，而雜誌又公開徵搞，在初期還有稿源的問題，因此在該雜誌上發表的作品並不能完全展現杜正勝及其同仁的辦刊宗旨。但是，從杜正勝本人在那一階段所發表的文章和《新史學》的一些「專輯」（生活禮俗史；醫療、疾病與文化）來看，還是讓人能漸漸看出他們所追求的方向。這一方向，就是提倡一種所謂「新社會史」、或「生活文化史」的研究。經過多年對中國古代史的探究，杜正勝反省道：「以前所做的古代社會史研究，只重建了骨骼，還缺少血肉、情感、精神和靈魂。」而今後的研究，「應從結合生活、禮俗、信仰、心態等層面的研究入手，以觀察風氣的轉移，文化的變遷，和人生期盼的差異」。這些方面的研究，「取向與以前的社會史頗有差別，可以名之爲『新社會史』」。[105]

1992年，杜正勝在《新史學》發表〈什麼是新社會史？〉一文，詳細論述他所提倡的生活文化史的研究。杜無意全面否定由許倬雲所幫助開創的社會經濟史的研究，但如前所述，他本人對社會科學理論與方法，興趣不大，因此想另闢蹊徑，從不同的角度，研究一般民衆的生活。這一「新社會史」就是要在一般社會史研究的範圍之外，再加上「人民生活、禮俗、信仰和心態的部分」，而這部分研究的材料來源就是「類書、筆記小說、古禮經說、札記」。

如同杜正勝在文中承認的那樣，他的「新社會史」的想法，受到了法國年鑑學派的啓發。但從他對這一「新社會史」的界定來看，則

[105] 杜正勝〈中國社會史研究的探索〉，《第三屆史學史國際研討會論文集》，頁54-55和頁63。

又是以中國文化傳統爲基礎的。他吸收了年鑑學派的「整體史」（total history）的概念，希圖將對人的活動的研究放在人與自然的關係上來入手，但在研究重點上，則以普通民衆的生活爲主。[106]這一「新社會史」，既突破了原來的政治、軍事史的傳統，結合了社會史的潮流，又以其包容的態度，容括了原來的傳統史學。用杜正勝自己的話說就是：「所謂新社會史是以過去歷史研究所重視的政治制度、社會結構和生產方式爲骨幹，傅益著人的生活和心態，使歷史學成爲有骨有肉、有血有情的知識。」這裡的「血」和「肉」，既是一種比喻，又是實在的研究對象，即歷史活動的主體——人的生命及其與生命有關的領域。因此，杜正勝提出研究「生活禮俗史」，以其來作爲開展「新社會史」研究的一個嘗試。[107]值得一提的是，在《新史學》創辦期間，杜正勝正好擔任史語所人類學組的組長，從史語所的傳統來看，人類學組與民族學、人類學、民俗學等學科的關係，向來十分緊密。該組對社會史、宗教史、民族史、婦女史等的研究，著重從體質人類學的角度來考察。杜正勝之提倡醫療史和生活史，自然表現了他研究興趣的轉移，但這一轉移，與他當時所處的學術小環境也有很大關係。史語所人類學組的王明珂、王道還等人，有史學以外的訓練或興趣，而林富士雖然在美國求學，但對疾病的研究一直很有興趣，因此對杜正勝之轉向亦有影響。[108]

除了同仁的影響之外，杜正勝本人對中國古代史的研究所累積的經驗，也使他感到有必要突破社會科學方法的框架。採用社會科學的

---

[106] 杜正勝〈什麼是新社會史？〉，《新史學》，3：4（1992・12），頁95-116。

[107] 杜正勝〈作爲社會史的醫療史——並介紹『疾病、醫療與文化』研討小組的成果〉，《新史學》，6：1（1995・3），頁114。

[108] 參見《傳承與創新：中央研究院歷史語言研究所簡介》，頁56-67。

理論和方法，在杜正勝看來，常常使研究者從理論出發，建立某種歷史解釋，然後再用史料加以配合與說明。在中國古代史的領域，馬克思主義學者的教條主義研究，對他來說，提供了一個極好的反例，使人看到這種研究方法的危害。⑩⑨而臺灣借助社會科學的社會史研究，雖然沒有如此教條主義，「然而由於方法不能對應資料，無所用其長技，值得稱道的史學著作乃寥若晨星」。因此，他想「破困境而救貧乏」，從史料的開掘出發，來開創新的研究領域，走出新的研究道路。⑪⓪在歷史研究中用史實來爲理論做注腳，絕對不可取。杜正勝強調史料的開發，反映了他還是對傅斯年「史料學派」的傳統，有所繼承。值得附帶一提的是，在杜正勝擔任史語所所長期間（1995-2000），史語所曾主辦和合辦過紀念傅斯年及史語所的學術討論會，可見杜正勝雖然強調歷史與現實的結合，但仍然主張歷史研究必須重視史料的史語所傳統。⑪①

可是，史料不會自己說話，往往有待人的發掘和發現，因此觀念的改變，還得先於具體的研究。杜正勝對生活文化史的倡導，正好符合這一過程。杜正勝的學生、現任職史語所並從事生命醫療史研究的李建民，注意到了杜觀念的轉變，並受到影響而從事對於人的生命和生活的探討。在李建民求學的八〇時代，杜正勝在臺大開始「中國社

⑩⑨杜正勝在其〈中國古代社會史重建的省思〉一文中，詳細討論了中國古代史研究的各個流派及其優劣之處。《大陸雜誌》，82：1（1991・1），頁15-30。

⑪⓪杜正勝〈什麼是新社會史？〉，《新史學》，3：4（1992・12），頁98。

⑪①參見《中央研究院歷史語言研究所七十年大事記，1928-98》（臺北：中研院史語所，1998）和杜正勝〈史語所的過去、現在與未來〉，見《學術史與方法學的省思：中央研究院歷史語言研究所七十週年研討會論文集》（臺北：中研院史語所，2000），頁1-12。

會史」，「重政治經濟」，而李進入史語所以後，杜正勝於1992年在臺北縣烏來山莊講〈什麼是新社會史？〉，「其中完全不見『政治』的成分，而出現了『生命的體認』與『生命的追求』新的內容」。因此在十年之間，李寫道，「當初的嫡嗣正宗，如今成了旁支末裔」。此時的杜正勝，不但觀念有了轉變，而且甫獲中研院院士（1992），學術影響扶搖直上，因此在發出研究「新社會史」的口號之後，立即在史語所組織「疾病、醫療與文化」的研討小組，系統地開展這一領域的研究。⑫不過，如前所述，杜正勝對生活史的重視，從生命開始。他在1991年寫的〈形體、精氣與魂魄——中國傳統對「人」認識的形成〉和1995年寫的〈從眉壽到長生——中國古代生命觀念的轉變〉一文，集中反映了他的興趣。⑬他對「新社會史」的界定，也以此爲核心，提出生活禮俗史的研究。而研究疾病與醫療史，則是他的同事林富士、李貞德等人的興趣。⑭醫療與生命，本是人類生活的不同側面，雙方之間沒有衝突。因此，這一研討小組的成立及其所辦的會議，有助於臺灣學界生活文化史的開展。而生活文化史的開展，則代表了九〇年代以來臺灣中國史研究的一個方向。

生活文化史之所以能成爲臺灣史學界的一個新方向，是因爲從不

⑫杜正勝的演講見〈什麼是新社會史？〉，《新史學》，3：4（1992・12），頁95-117。李建民的回憶見氏著〈一個新領域的摸索：記史語所「生命醫療史研究室」的緣起〉，《方術、醫學、歷史》（臺北：南天書局，2000），頁149-151。另見杜正勝〈「疾病、醫療與文化研討小組」的緣起與立意〉，氏著《古典與現實之間》（臺北：三民書局，1996），頁265-270。

⑬前文見《新史學》，2：3（1991・9）後文見《中研院史語所集刊》，66：2（1995・6）。

⑭參見杜正勝〈醫療、社會與文化——另類醫療史的思考〉，《新史學》，8：4（1997・12），頁143-171。

同的方面和角度，學者們都在從事這一方面的研究。而傳統的政治軍事和思想史，則吸引力大減。原來從事這些方面研究的人員，也紛紛受到影響，開始將注意力轉移到社會文化史這一方面來了。史語所的黃進興、黃寬重和王汎森，都可以視爲例子。黃進興一向對思想史與史學史研究興趣頗濃，一度還熱衷探究西方的史學理論。他在美國完成的博士論文，也以明清思想史爲題目。⑮但在1988年以後，黃進興開始研究孔廟，認爲「孔廟作爲國家祀典，恰是傳統社會裡文化與政治這兩股力量彼此互動的絕佳例證；而作爲世界性的歷史宗教，它的獨特性格亦引人入勝」。換言之，他已經尋找到了一個政治史與文化史的結合點。同時，他從孔廟出發來研究儒家，突出了其宗教性的一面，因而能與世界上其它宗教相比較。在黃進興最近的論著中，他更爲重視比較宗教的研究，並把研究從孔廟（「文廟」），轉向了「武廟」。⑯黃進興對孔廟的研究，反映出一個長期浸淫於思想史和西方學術的學者，也受到了文化史研究的感染，並借助其長期以來對「西學」的興趣和積累，對之有所貢獻。

王汎森的例子，也十分相似。自1985年進入史語所之後，王的研究興趣主要集中在清末民初的思想史，對那時思想界的重要人物章太

⑮參見杜維運、黃進興編《中國史學史論文集》（臺北：華世，1976）。康樂、黃進興主編《歷史學與社會科學》（臺北：華世，1981）和黃進興《歷史主義與歷史理論》（臺北：允晨，1992）。黃進興的博士論文出版爲，*Philosophy, Philology, and Politics in Eighteenth-Century China* (New York: Cambridge University Press, 1995)。

⑯黃進興對孔廟的研究，集中收在氏著《優入聖域：權力、信仰與正當性》（臺北：允晨，1994），引語見該書頁4。他的最新著作《聖賢與聖徒：歷史與宗教論文集》（臺北：允晨，2001）則主要收錄了他比較宗教的論文。

炎與顧頡剛，都做過深入的研究。1993年在美國完成的博士論文，以傅斯年為題，可以說是結合了思想史與政治史的研究，但側重點仍在傅斯年的史學思想與實踐。⑪7從美國回到臺灣之後，王汎森即將著重點移到了文化和社會的方面，並把研究的時期推向了明代。這從他所從事的研究計劃與發表的論文，可以明顯看出。1993年他得到國科會的贊助，研究「清代的政治與文化」。1995年和1996年又向國科會分別提出「清初的講經會」和「明末清初士大夫的特殊風習與心態」的研究計劃，都顯示他已逐漸在探索從文化史的角度，研究社會思想的變化和上下層文化之間的互動，不再將注意力集中在個別人物身上了。⑪8

現任史語所所長的黃寬重，以宋史研究見長，涉及面很廣。從其發表的論著來看，也可發現一個由政治軍事史逐漸轉向社會經濟和生活文化的趨向。黃寬重早期的作品，主要探究宋代中央與地方、文武、君臣之間的關係，屬於典型的政治軍事史的範圍。近年以來，他雖然仍然沒有放棄對這些問題的興趣，但其研究角度有了很大的轉變，開始注意研究家族史，以宋代的知名家族為重點，考察當時區域文化的特點及其變遷。換言之，雖然黃寬重仍然注意中央與地方的關係，但他近年的觀察角度，主要是從下至上，由考察地方的文化和地方的武力為出發點，來檢討這一關係。黃的這一從下至上的觀察角度，有助於他揭示和解釋宋代歷史上外患頻繁、中央不及應付而地方

---

⑪7見王汎森《章太炎的思想》(臺北：時報，1985)，《古史辨運動的興起：一個思想史的分析》(臺北：允晨，1987)和Wang Fan-sen, *Fu Ssu-nien: A Life in Chinese History and Politics*。

⑪8王汎森最近的論文，主要發表在《史語所集刊》和《新史學》上，此處不再列舉。

自保的現象，但他採取這一研究角度，則顯然與臺灣史學界的研究氛圍的轉變有關。在宋史研究的領域，社會經濟文化的研究，已經成爲重點。臺大的梁庚堯，在這方面用力甚勤，成就爲人所稱道。[119]而黃寬重史語所的同事柳立言，也從原來的政治史研究，轉向家庭、婚姻及其相關法律。柳與黃一起，在1993年至1995年推動「宋代的家族與社會」的研究計劃，帶動了一批年輕的研究者來從事這一方面的研究。1996年又在史語所召開「中國近世家族與社會」的國家研討會，出版了論文集。[120]從目前的研究情形來看，社會、經濟、文化和家族，已經是臺灣宋史研究的核心。

以上的例子，並非個別現象。從史語所歷史組研究人員的自述簡歷中所見，幾乎所有人都自承近年的研究興趣，偏重於社會生活。[121]有此氛圍，新近加入史語所的人員，也自然將其研究重點，移到社會生活的方面。如在美國攻讀科學史的祝平一，自進入史語所之後，其研究著重於生命醫療史，1996和1997年分別提出「身體與醫療文化：人藥、房中與西學中的身體觀」和「明末清初西學中的家庭與婦女」的研究計劃。從祝平一的研究計劃來看，他試圖結合其留學美國的背景，將西方研究家庭、生活和醫療史的情況，也介紹到臺灣，從比較的角度加以研究。祝的這一作法，有先例可循。如他的前輩同事蒲慕州，便是一位。蒲慕州的本業爲埃及史，出版有英文的專著。回

---

[119] 梁庚堯的主要作品爲《宋代社會經濟史論集》上下兩卷（臺北：聯經，1997）。

[120] 參見《中國近世家族與社會學術研討會論文集》（臺北：中研院史語所，1998）。有關宋史研究的變化和發展，詳見黃寬重〈宋史研究的過去與未來〉，《學術史與方法學的省思》，頁67-90。

[121] 見《傳承與創新：中央研究院歷史語言研究所簡介》，頁23-44。

到臺灣之後，蒲對比較文明和比較宗教興趣頗濃，同時也注意將西方研究生活史的情況，介紹到臺灣。在《新史學》創辦的初期和杜正勝提出「新社會史」的同時，蒲慕州就發表〈西方近年來的生活史研究〉一文，其中他提出研究歷史的同仁，應該設想「在傳統的政治史、制度史、經濟史、社會史、宗教史、甚至思想史之外，是不是還有一種探討歷史途徑，也就是從生活的角度來看過去曾發生的一些現象」。而在2000年，他則直截了當地寫道：「史學研究的新方向：生活史研究」，把生活史的開展，視爲歷史研究的未來走向。⑫

事實上，臺灣史學界對生活文化史的重視，不但可以與西方史學界的有關研究作比較研究，而且也受到了後者的啓發。如前所述，杜正勝承認他之提倡生活禮俗史，部分地受到了年鑑學派的影響，而林富士對疾病與醫療的問題，雖然早有興趣，但他建議杜正勝加以提倡，則在其留學美國期間，可見其中西方的影響，也不可小覷。⑬臺灣史學與西方史學之間的互動與交流，自1960年代中期已經開始。自此以後，臺灣史學界幾乎每個人都曾在西方大學或研究機構研究或進修，雙方之間的交流，也就更爲頻繁。因此，臺灣史學與西方史學之間的平行發展的現象，不足爲怪。而在解嚴之後，隨著制度上的鬆

⑫蒲慕州〈西方近年來的生活史研究〉，《新史學》，3：4（1992・12），頁139-153，引語見頁139。另見氏著〈生活史研究與人類學〉，《學術史與方法學的省思》，頁317-333。蒲慕州有關埃及史的著作爲 *Wine and Wine Offering in the Religion of Ancient Egypt* (Baltimore: The Johns Hopkins University Press, 1996)。

⑬杜正勝回憶道：「一九九〇年代之初，史語所少數三兩位同仁談到醫學史的一些問題，遠在美國進修的林富士建議我出來給年輕同仁開開路。」見氏著〈醫療、社會與文化——另類醫療史的思考〉，《新史學》，8：4（1997・12），頁146。

動，臺灣學者出國更是易如反掌，因此雙方之間的相似之處，更爲顯著。

以研究清末民初社會思想文化史見長的李孝悌，在其著作《清末的下層社會啓蒙運動，1901-1911》中寫道，他對社會史和文化史的興趣，除了自身的愛好以外，受到其哈佛大學的業師孔復禮（Philip A. Kuhn）的影響甚大。⑫有趣的是，孔復禮本人的研究興趣也從政治軍事史轉到了社會文化史，可見對社會文化史的興趣，是西方史學界、漢學界的一個潮流。⑫臺灣與西方史學之間的平行和相似發展，在李孝悌原先服務的近史所，表現更爲明顯。也許是近史所的建所，在一開始就得到美國學者與基金會的援助，因此該所的研究重點和趨向，與西方史學界和漢學界的步調，從來就比較一致。近史所在1970年代開展的「中國現代化之區域研究」，便是一個顯例。該計劃的負責人之一張朋園，爲了推動計劃的開展，特意到哈佛和哥倫比亞大學進修，學習有關的社會科學知識，又與美國漢學家黎安友（Andrew Nathan）等人相互切磋，並將西方研究現代化的理論作品，如C. E. Black, Samuel Huntington, Dean Tipps等人的論著，翻譯介紹到臺灣。⑫這一現代化研究的計劃，一共持續了將近二十年，可以說是近史所的一個招牌，不僅在臺灣史學界聲名遐邇，而且也名聞海外。

---

⑫李孝悌《清末的下層社會啓蒙運動，1901-1911》（臺北：中研院近史所，1998，二版），再版序言，頁i。

⑫孔復禮的成名作是*Rebellion and Its Enemies in Late Imperial China: Militarization and Social Structure, 1794-1864* (Cambridge: Harvard University Press, 1970)，而他的第二本著作是*Soulstealers: The Chinese Sorcery Scare of 1768* (Cambridge: Harvard University Press, 1990)。

⑫據筆者與張朋園於2001年7月9日在中研院近史所的談話。

1990年近史所召開了一個大型的現代化研究國際討論會，由來自世界各地的學者參加，爲這一研究劃下了一個光彩的句點。[127]

現代化的研究，雖然以政治制度爲主，但涉及面十分廣泛，遍及人類社會的各個方面。因此近史所在開展這一研究的過程中，培養了各方面的人才。到了八〇年代後期，新一代的研究人員已經試圖突破現代化的研究範圍，轉而進入其它的領域。1990年現代化研究國際會議之後，這一趨勢愈益明顯。自那時以來新開發的研究領域，走的是社會史、文化史的方向，與臺灣史學界的總體步調，保持一致，但就具體的研究課題而言，又顯示出有趣的差異。

近史所的轉向，可以1991-92年召開的「近世家族與政治比較歷史國際學術研討會」爲標誌。這一轉向，直接反映了近史所同仁在西方史學變化的影響下，力圖開發新的研究領域的企圖。這一研討會的組織與召開，經由美國加州大學戴維斯分校的劉廣京和曼蘇恩（Susan Mann）的協助，因此在規模上像現代化的研討會一樣，集合了國際上的有關學者。但兩個會議之間雖然相隔不到兩年，但學者們注意的重點，已經有了顯著的不同。「近世家族與政治比較歷史」會議的組織者開門見山，指出此次會議的召開，是爲了追求一個新的研究方向：

> 歷史研究的範圍，早期偏重於政治、軍事、外交、人物、思想等方面；近百年來，則趨向於社會、經濟、文化各方面的研究。人類文化原為一綜合體，歷史研究趨向以人類文化的總體面為研究對象，亦為學術發展的必然趨勢。在此一趨勢下，家族的歷

---

[127] 參見《中國現代化論文集》（臺北：中研院近史所，1991）。

史，涉及政治、經濟、社會、文化各方面，自然成為重要的研究課題之一。[128]

這一說明，十分重要。此次會議的名稱雖然冠有「政治」二字，但其中含義已有不同。這一政治已非傳統的政治史研究，而是指家族研究中所涉及的政治層面，屬於社會史、文化史的範疇。就論文的內容來看，傳統政治史思想史研究的題目也很少，對民國政治頗有研究的張玉法，提交的論文是〈新文化運動時期對中國家庭問題的討論，1915-1923〉，以思想史研究見長的王爾敏，提交的論文是〈家訓體製之傳衍及門風官聲之維繫〉，由此或可窺見近史所的研究風氣，在那時所發生的轉變。

同樣重要的是，年輕一輩學者在此次會議上所發表的論文，展示他們已在那時開發新的研究領域。如八〇年代初年進入近史所的熊秉眞，本來研究思想史與外交史，也曾參與現代化的研究。此次會議上，她提出〈好的開始：近世士人子弟的幼年教育〉，開始研究兒童史。此後，她在這一新領域繼續耕耘，出版了不少論著，成爲此一方面的專家。[129]同樣，在此次會議上發表有關清代慈善事業的梁其姿（社科所），以後也在這一領域，繼續有所斬獲。[130]熊秉眞、梁其姿以及專攻家族史的許雪姬，都是在那時左右走入歷史研究的新興領域，

---

[128]《近世家族與政治比較歷史論文集》（臺北：中研院近史所，1992），上冊，序，頁1。

[129]熊秉眞的主要著作是《幼幼：傳統中國襁褓之道》（臺北：聯經，1995）；《安恙：近世中國兒童的疾病與健康》（臺北：聯經，1999）和《童年憶往：中國孩子的歷史》（臺北：麥田，2000）。

[130]見梁其姿《施善與教化：明清的慈善組織》（臺北：聯經，1997）。

追求與以往不同的研究興趣。隨著她們學術生涯的成熟，也帶動了一批新人的成長，使得臺灣史學界的研究風氣，不斷有所突破與創新。

以近史所而言，其研究的重心向來在於考察從傳統到近代的轉化。九○年代以來，研究人員仍然循此方向繼續探索。但在研究角度和方法上，與以前的「中國現代化之區域研究」已經有了明顯的不同。具體而言，原來的研究，在處理傳統到現代的轉化上，比較重視後者，力圖展現現代化的開展及其所面臨的挑戰，而目前的研究，則比較重視前者，即傳統在現代化進程中的影響與作用。近史所在1998年出版的論文集《近世中國之傳統與蛻變》，比較清楚地反映了這一新的研究傾向。由此出發，對於所謂傳統到制度的變化，便有了不同的認知：從傳統到現代，並不是一種突變或斷裂，而是雙方之間互動的一個複雜過程。這一研究態度，造成兩個明顯的變化，一是研究時期的往前推移，從清末民初而明清兩代，二是研究視角從自上而下到自下而上，從注重制度的變化到重視大眾社會文化心理的變遷。近史所文化思想史研究組的活動，較爲典型地代表了這一轉向。在九○年代擔任該組組長多年的熊秉眞，對她爲何從事兒童史的研究，有這樣一段解釋：

> 近來史學界所掀起的幾次革命性的更新，開始鑽研、尋找、講述、撰寫一般社會的風俗，農工貧民的生活，婦女家庭的經驗，跟這個在知識上追求公平合理的理念都有關係。……晚近史學界著重平民通俗文化、隱私生活、物質變遷，討論地域、種族、性別、階級的問題，除了在反省歷史本身的缺失之外，都與背後在價值觀念上，一波波民主化的覺醒，一而再、再而三的人文關懷之擴散，很有關係。[131]

熊秉眞將歷史研究的變化，與全世界範圍的民主化浪潮（臺灣自不例外）相連，由此來說明這種自下而上的研究角度之理所當然。文化思想史組的張壽安，於1994年出版《以禮代理：凌廷堪與清中葉儒學思想之轉變》，展現儒學思想的社會層面。張在書中指出，「以禮代理」這個問題，「是探討近世儒學從其哲學型態（理學）轉向社會學型態（禮學）的重要課題」。⑬²在此之後，張壽安繼續自下而上，從社會的層面研究儒學思想在明清社會的影響。因此她的研究，與黃進興、王汎森最近的論著，有異曲同工之處，代表了思想史與文化史、社會史結合研究的方向。

張壽安的同事黃克武，一向對思想史興趣頗濃。但他近年的研究，也已經受到文化史研究的影響。黃自述他的「另一個研究的興趣是結合思想史與社會史的『文化史』研究，以人類學『文化』觀念爲基礎，觀察人類行爲的生理基礎與文化創造的互動關係」。以此出發，他開始「關注翻譯文化、消費文化、性文化等課題」。⑬³這一文化史、思想史的取向，在該組的集體項目中，表現同樣明顯。1996年開始，熊秉眞、黃克武和沈松僑將文化史的研究理論和方法，引人了政治史的領域，對晚清的政治變化，從文化研究的角度加以探討。他們的論文，主要發表於《思與言》的兩個專號，一是1996年9月號（34卷第3期）的「文化想像與族國建構」，二是1998年3月號（36卷第1期）的「發明過去、想像未來：清末民初的『國族』建構」。他們的研究，與以往的同類論著相比，表現出兩個顯著的不同。首先是研

---

⑬¹熊秉眞《童年憶往：中國孩子的歷史》，頁72。

⑬²張壽安《以禮代理：凌廷堪與清中葉儒學思想之轉變》（臺北：中研院近史所，1994），頁ii。

⑬³見《中央研究院近代史研究所》（臺北：中研院近史所，1995），頁39。

究角度的擴大，不再把中國民族主義的興起，簡單視爲中國人在西方強權的挑戰之下，吸收模仿西方模式的一個表現。相反，他們對民族主義的研究，已經試圖超越政治史的範圍，將政治層面的變化，與其所處的文化社會背景以及族群關係的建構同時加以考慮，並考慮後者對政治變化的多種、多重影響。其次是將傳統與現代之間的關係，從新的角度重新考慮，不再將兩者視爲一種對立的關係，而是更加注意傳統對現代的影響，特別是對傳統如何塑造現代人對未來的想像和構建，加以深入的探究。

黃克武的〈發明與想像的延伸：嚴復與西方的再思索〉一文，指出身爲現代中國翻譯介紹西方學術第一人的嚴復，其對西方的認識深深地受到傳統視野的影響，而這一傳統的視野，或「樂觀主義認識論」，又使得嚴復在介紹西方自由主義的時候，無法將其精髓眞正理解並用貼切的語言表述出來。文化大學的李朝津，參與了近史所文化思想史研究組的這一研究計劃。李的論文〈論清末學術中經學與史學的交替：章太炎民族史學的形成〉，也探討了傳統學術對章民族主義思想和史學的影響。根據李的研究，章太炎對西學的認識，常常揉合在他的傳統學問之中，因此傳統與現代之間，在清末民初的社會，存在一種積極的互動關係。(134)

像近史所以往開展的研究計劃一樣，這一「發明過去、想像未來：晚清的『國族』建構」的計劃，也借助了海外漢學家的論著。杜贊奇（Prasenjit Duara）、馮客（Frank Dikötter）、黎志剛、John Fitzgerald和Pamela K. Crossley，都應邀發表論文或做專題演講。因此

(134) 黃克武與李朝津的論文均見《思與言》，36：1（1998・3），頁71-98和頁1-38。

這一研究計劃的重點，與海外中國研究所關注的重點，有頗多重合之處。⑬⑤

海外漢學家的研究，雖有借鑒之處，但就整體而言，仍有可以超越的地方。如果把晚清「國族」建構的計劃，視爲政治史與文化史結合的例子，那麼「禮教與情欲：前近代中國文化中的後／現代性」和「公與私：近代中國個體與群體之重建」的計劃，則是文化史與社會史結合的嘗試。這兩個計劃，雖都由近史所文化思想史組召集，並在同期開展，但探討的角度，則有顯著的不同。黃克武對兩個計劃之間的聯繫，有詳細的解釋：

> 國族想像之議題偏向「公領域」之範疇，禮教與情欲的討論則與「私領域」有較密切之關係。清末以來知識分子的國族想像促成了「現代國家」之形成，現代國家之中心旨趣則是對於國民生活的一種獨特的安排。這樣一來，國族想像是從公領域的重整出發，進而觸及私領域之界定（如個人之自由與權利）。再者，從禮教與情欲的角度來看，明清學者所倡導情欲解放之主旨為發抒個性以達到私領域之拓展，此一拓展所挑戰之限制，則是出於群體生活考量的禮教。因此禮教與情欲的角力，也正是公私領域交互滲透、彼此界定的一個例子。⑬⑥

⑬⑤有關該組的活動，參見黃克武〈「發明過去、想像未來：晚清的『國族』建構，1895-1912」系列活動報導〉，《近代中國史研究通訊》，24（1997），頁3-13。

⑬⑥見黃克武爲《公與私：近代中國個體與群體之重建》，黃克武、張哲嘉主編（臺北：中研院近史所，2000）寫的引言，頁i-ii。

黃克武的解釋清楚地顯示，在探討中國社會從傳統走向現代的過程中，研究者已經將視野在時間與空間兩個方面都作了擴大：在時間上從清末民初放大到明清兩代；在空間上則從政治和制度的層面擴大到私人、個人生活的領域。而以「公與私」這樣一對中國傳統的思想範疇來加以概括，又顯示他們已經充分注意到傳統與現代之間的互動與關連。

對於他們這一計劃與以往研究的不同之處，熊秉眞有更爲清晰的說明。她指出，1960年代以來對傳統與近代之間轉化關係的探討，往往將明清中國加以刻板化，突出其「腐朽、僵化、流滯、不通人情、不理人性」的一面。但如果深入研究，則情形非常不同。明清時期的中國，「秩序井然」、「充滿生氣」。這一情形的發現，「暗示著明清與近代之間在對立和斷裂之外，可能實存著更重要的延續、銜接、交相爲生的關係」。如何揭示這一關係，則從私領域入手更爲便利。而從事私領域的研究，則又須在常規的歷史文獻之外，另外尋找資料，因此採用多學科的手段，就成爲必需。因此，「明清文化中的情、欲與禮教」的研究計劃，就糾合了中研院和外校文學、史學、哲學和心理學等多方面的學者，共同研究。[137]這種跨學科的研究手段，在史語所李孝悌和王汎森主持的「明清的社會與生活」的研究計劃中，也有充分的體現。[138]同樣，由黃俊傑在臺大領導推動、劉述先、李明輝等人參與的「中國文化經典的詮釋傳統之研究」的計劃，也集合了文史

[137] 參見熊秉眞〈情欲、禮教、明清〉，《漢學研究通訊》，20：2（2001・5），頁1-3，引語見頁1。有關論文可見氏編《禮教與情欲：前近代中國文化中的後／現代性》（臺北：中研院近史所，1999）。

[138] 見李孝悌〈明清的社會與生活：計畫簡介〉，《漢學研究通訊》，20：2（2001・5），頁54-57。

哲等諸方面的人才，並由海外和大陸學者參加，每年在世界各地舉行數次會議，聲勢頗大。

總之，臺灣的中國史研究，在解嚴以後，已經呈現十分不同的風貌。就總體而言，是走出了以往政治、軍事和制度史的框架，而具體表現，則又有明顯的差別。在中國古代史的研究方面，似乎可以生活史的興起來作爲一個特徵，而在近、現代史的領域，則以文化史的研究作爲標誌。兩者之間，雖有重要的不同，但又有很多相連之處。如在史料的開發與運用上，都必須借助其它學科的方法和資料。生活史的研究，依賴人類學、民族學、甚至醫學較多，文化史的研究，則與文學、心理學多有溝通。而從研究的課題來看，也有相似的地方。如對婦女史的重視，就是一個顯例。⑬⑨隨著生活文化史的開展，史家逐漸把眼光從公領域轉到私領域，從政治轉到社會，從社會轉到家庭，從家庭看到婚姻與兩性關係以及日常生活的方方面面，因此婦女史、家庭／家族史和兒童史，在臺灣都有了長足的進展。於是，整個歷史研究的面貌，日新月異、變化多端、新象紛陳。當然，新的並不一定是好的。新的史學觀點與方法的不斷湧現，只是證明史學這一古老的學科，需要不斷從社會現實的變遷之中，汲取其生存和發展的動力。

中國史研究領域中生活文化史的興起，表現出一個史學觀念的重要變化，那就是對史料的認識，與以往有了很大的不同。從現代史學的發展來看，史學觀念的更新，往往導致史家對史料，產生不同的認識。傅斯年的「史料學派」，雖然籠統說來代表了一種注重史料的態度，但細究起來，傅斯年強調史料的重要性，其重點在通過考古發

⑬⑨參見李貞德〈超越父系家族的藩籬——臺灣地區「中國婦女史研究」（1945-1995）〉，《新史學》，7：2（1996・6），頁139-179。

掘，開發新的、也即實物的史料。據李濟的回憶，傅斯年本人對文獻資料，也即所謂「舊」的史料，興趣不大。⑭ 1960年代中期開始的、以社會科學爲導向的歷史研究，使人注意發現有關社會變遷的數據與史料。而生活文化史的興起，則更讓人眼光朝下，注意民眾的日常生活。爲了展現正統歷史之外的「它者」(商家、妓女、兒童、小市民、小人物)的生活，史家的眼光不得不從正史轉到雜史、私史、年譜、方志、文集、小說和圖像，而正統的、科班的史學訓練，往往對此不能提供太多的幫助。於是便導致人們對史料的態度，發生又一次轉變。這一轉變，也使得臺灣一些接受西洋史、外國史訓練的年輕學生，對西洋史研究在臺灣的前景，有了與以往不同的看法。

臺灣的西洋史、外國史研究，幾十年來沒有明顯的進展，一直作爲一種歷史教學的輔助學科而存在。雖然自1960年代以來，臺灣外出留學的人員不少，其中許多人也在留學期間，受過外國史的訓練，培養了研究外國史的興趣。但在回臺以後，往往改變初衷，轉而研究中國史或臺灣史。在外國史中，又以西洋史的研究爲主，其它地區不受重視。亞洲各國中，只有日本史的研究，尚有一些傳統。臺灣的各大學校中，輔仁大學的西洋史研究，有較久的歷史，系統地培養了一些研究人員。但輔仁的歷史系與歷史研究所，並無法招收博士研究生。因此，臺灣並沒有自己培養的外國史博士。在碩士生中間，研究外國史的也不多。自1950年以來，臺灣歷史研究所內以外國史爲題寫作碩

---

⑭李濟〈傅孟眞先生領導的歷史語言研究所〉，《傅所長紀念特刊》(臺北：中研院史語所，1951)，頁16。有關那時史家對史料的態度，參見王汎森〈什麼可以成爲歷史證據——近代中國新舊史料觀點的衝突〉，《新史學》，8：2(1997・6)，頁93-132。

士論文的人數，一直只佔全體人數的百分之十上下，沒有明顯的變化。⑭這裡的原因，自然有許多，但在臺灣研究外國史，史料運用上的不足與不便似乎為主要。

1997年，輔仁大學的一批有志西洋史研究的同學，對此狀況提出質疑和挑戰。他們自費出版《歷史：理論與文化》的雜誌，號召用新的態度和角度，推動臺灣西洋史的研究。臺灣西洋史研究的學者王芝芝、周樑楷等人，對他們加以鼓勵，並資助他們的刊物。輔仁的同學所提倡的新的研究態度與角度，從他們刊物的題目便可看出，那就是要從史學理論和文化史作為切入的方法，在臺灣開展外國史的研究。他們在「發刊詞」中指出，長期以來外國史研究在臺灣萎靡不振，主要是由於觀念的陳舊，總認為在史料佔有上無法與外國人相比，造成「基礎研究的欠缺」，因此導致西洋史研究的「危機」。但輔仁的同學指出，「西洋史研究的危機不在於基礎研究的欠缺；而在於對此一危機性質的誤解！同時，這當中也關涉了對歷史學性質的不同見解」。他們所提出的不同見解是，由於歷史研究本身的變化（後現代主義對傳統史學觀念的衝擊和文化史的興起），所謂的原始史料已經不再是決定史學論著優劣的唯一標準，歷史與文學、事實與虛構之間的區隔也日漸模糊，因此外國史研究在史料上的欠缺，並不會成為其發展的障礙。而外國史研究者在理論掌握上的優勢，還可以幫助其他史家認識歷史與現實之間的互動。於是他們建議，今後臺灣的西洋史、外國史研究，可以沿史學理論、史學史和文化史這三個方向發展。他們的

⑭ 見彭明輝〈臺灣地區的歷史教學與研究，1945-1995〉，發表於「政治大學文學院成立四十週年、『四十年來臺灣人文教育回顧與展望』學術研討會」，（1998・12），頁36-37。

希望是對「臺灣的中國或本土的研究有所獻替。藉著西方學術的引介，達成更新學術內容的目的。臺灣的西洋史研究者所扮演的即是此種文化媒介的角色，這也是西洋史工作者的自我繪像、自我認同」。⑫

事實上，從目前的狀況來看，臺灣的西洋史、外國史研究，不僅可以充當「文化媒介的角色」，而且還在將來有希望成爲與臺灣史、中國史並駕齊驅的研究領域。2000年中研院將美國專治歐洲史的華裔史學家夏伯嘉選爲院士，便是對西洋史研究的一個肯定。而此事對臺灣從事西洋史研究的學者，也應該說是代表了一種希望。作爲中研院的院士，夏也可望在將來爲推動臺灣的西洋史研究，作出不同尋常的貢獻。臺灣史學界的這些已經發生或者即將發生的變化，充分反映了臺灣政治與社會變化之後對歷史研究的重大影響。面對這些變化，史語所的唐史專家陳弱水，曾撰文呼籲史學界同仁就學術資源的分配問題，加以慎重考慮。陳以自己在海外（加拿大）教學的經歷爲例，指出臺灣人的本土認同，使得臺灣史研究頓成顯學，但臺灣處在中國文明的邊緣，還應當重視中國史的研究，輔以亞洲史和西洋史，以獲致一種平衡的歷史意識。⑬陳弱水的看法，在目前並不一定代表多數人的意見，但他所提出的臺灣史、中國史和世界史的關係問題，則爲許多人所重視。臺灣的歷史教育在近年的變化以及學界與社會對它的關注，是一個突出的例子。

---

⑫見《歷史：理論與文化》創刊號（1998・7），頁1-5。

⑬陳弱水〈傳統中國史研究與臺灣史學的未來〉、《當代》，111（1995・7），頁104-113。作者將該文影印贈予筆者，並對題目作了改動。

四、歷史教育與歷史認同

隨著臺灣史的興起和臺灣人本土意識的加強，原來視爲理所當然的、以中國史爲主的歷史教育，受到激烈的挑戰，面臨深重的危機。而解嚴之後臺灣政治民主化的開展，也使得教科書的編寫，逐步由教育部統編，制定統一的部定教材，逐步改爲向學界、社會開放，採取公開競爭的方式，於是，圍繞著歷史教科書編寫的問題，在臺灣史學界引起一波波的爭論，而其中1997年有關《認識臺灣》國中教科書的辯論，最爲激烈。

戰後臺灣光復以後，國民黨政府爲了徹底清除日本統治在臺灣的影響，十分重視教材的重新制訂。1945年，臺灣行政長官公署便擬訂了「臺灣省中小學教材編印計劃」，同年又成立了「臺灣省中等、國民學校教材編輯委員會」。次年，該委員會改組爲「臺灣省編譯館」，具體負責教材的編寫和制訂。國民黨從大陸撤退來臺以後，以國立編譯館取代臺灣省編譯館來負責中小學教材的編訂。1968年以後更是實行所謂「統編」的政策，將中小學的教材書，特別是國文、歷史、地理等課程，一律交由國立編譯館編訂，教育部則負責設定課程標準。因此，臺灣的教科書，長期以來反映了國民黨政府以「正統中國」自居的政策，其歷史教材便自然以中國史的教育爲主，輔以西洋史，而有關臺灣的歷史與文化，則篇幅非常之小，只佔百分之四左右。[144]

---

[144] 戴寶村觀察道：「在國中本國史三冊教科書中，臺灣史教材只占全部課文內容的百分之四．〇三，其分量微乎其微」。氏著〈歷史教育與國家認同——國民中小學臺灣史教育之檢討〉，《臺灣島、臺灣省、臺灣國》，頁7。

這一歷史教育的結果是，臺灣的學生對中國大陸的人文歷史、地理景觀，耳熟能詳，如數家珍，而對臺灣的本土文化，則感到陌生，甚至還有些不屑一顧。由於臺灣學生從小就樹立了自己是一個中國人的概念，在進入大學之後，也就自然而然地選擇研究中國的歷史與文化。據統計，在1975年以前，臺灣歷史研究所的碩士論文，百分之八十六以上都以中國史爲題，而在1965年以前，研究中國史的人數更是高達百分之一百。⑭在本土意識覺醒以前，這種情形被視爲理所當然，但隨著臺灣「正統中國」地位在國際上的消失，臺灣人開始回顧自己的過去，這種「大中國主義」的教育，便開始受人質疑，受到挑戰。

1990年以前一直以「在臺灣的中國人」自居的杜正勝，在其早年的成長過程中，便受到中國文化的薰陶：初中三年級閱讀了沒有標點的《史記》，以後又涉獵中國文史哲的典籍名著，「中國古典文化遂漸漸在我成長的過程中織入，成爲人格的一部分」。⑯杜正勝的經歷，可以說是目前成年的大多數臺灣人所共有的經歷，所不同的只是興趣、愛好和職業所造成的對中國文化的感悟和體會的程度的深淺而已。對於他所親身經歷的臺灣歷史教育，杜正勝在1997年作了批判的回顧：

> 過去五十年臺灣的歷史教育便充滿著大中國主義，甚至狹窄化

⑮見彭明輝〈臺灣地區的歷史教學與研究，1945-1995〉，發表於「政治大學文學院成立四十週年、『四十年來臺灣人文教育回顧與展望』學術研討會」，(1998・12)，頁29-31。

⑯杜正勝〈認識臺灣眞的這麼爲難嗎？〉，氏著《臺灣心、臺灣魂》(高雄：河畔，1998)，頁162。

> 成大漢沙文主義。從小學到大學，臺灣史沒有自己的地位，只附屬於中國史系統中，在呼應大中國主義或大漢沙文主義時，順筆提到而已。標準的模式是，明朝內政與開拓一章有一節「鄭成功抗清與臺灣的開發」，晚清外患一章有一小節講甲午戰爭和臺灣割讓，最後便是復興基地的建設，講中華民國在臺灣。所以過去五十年在臺灣受教育的人不但不知臺灣史，對臺灣的文學、藝術、宗教、禮俗也一片空白，但對中國的歷史文化卻有一定程度的知識，而且深入其內心，成為一種不自覺的反應。即使現在，我們很容易在許多場合聽到「我們中國人」如何如何的話題，如果聽到「我們臺灣人」如何反而有些奇怪，這就可以證明過去五十年國民黨對臺灣進行大中國主義之教育的成功。[147]

研究臺灣史的戴寶村，對臺灣自小學開始的歷史教育，以解嚴以前所制訂的教材爲基礎，作了更爲具體的分析。據戴寶村的觀察，國小的歷史教育（含在社會科內），採取由近及遠、由易而難、由現在而過去的原則，以近代偉人對臺灣的開發和建設爲中心，講述臺灣的過去與現在。由此而教授的國小歷史，在內容上有以下的特色：

(1)塑造對中華民族的認同和愛國的情操；
(2)強調中臺關係的一體性，而臺灣是復國的基地，對學生而言，教科書中的臺灣是「中國的臺灣」，而非他們生長之地的臺灣；
(3)「偉人」與臺灣歷史的結合：臺灣是「偉人」光復、建設的臺

[147]杜正勝〈歷史教育與國家認同〉，氏著《臺灣心、臺灣魂》，頁153-154。

灣，非受教育者之先輩開發經營的臺灣；

⑷臺灣史的教育作為反共、抗共的政治教育。

國中開始正式講授歷史，教科書分成五冊，前三冊爲中國史，後兩冊爲西洋史。國中歷史教育的特點與國小階段相仿：「⑴中臺一體之觀念；⑵中國中心與臺灣邊陲之相對關係；⑶臺灣的建設作爲統一中國的藍圖。」但從內容安排上看，國中與國小在歷史知識的傳授方法上，有了明顯的不同：「小學社會科教材由近而遠，從家庭、社區、臺灣、中國、世界循序漸進，而國中的歷史課程完全依由古而今的循序安排；但是國小有專冊講述臺灣島地理、歷史；國中教科書則零碎地參雜在若干章節之中」。這是因爲，臺灣史在國中階段併入中國史內一起講述，但其實眞正講到臺灣的，只有上引杜正勝所講到的幾個零星的事件。⒁

這種以中國爲中心的歷史教育，自然遭到許多具有臺灣本土意識的人的不滿和批評。他們批評的主要目標，集中在四個問題上：即「中國化」、「正統化」、「工具化」和「典範化」。在他們眼裡，國民黨政府的歷史教育，力圖從歷史上追溯臺灣與中國的聯繫，強調臺灣是中國之一部分。在「中國化」的基礎上，國民黨還強調臺灣代表了中國的「正統」，宣稱蔣介石的政權代表了中國文化的正宗。而所謂的「工具化」和「典範化」，指的是美化國民黨來臺以後的成就，把臺灣視爲復興大陸的「工具」和未來建設大陸的「典範」。⒁無庸諱言，批判這四個「化」的目的，是爲了在臺灣歷史教育中「去中國

---

[148]戴寶村〈歷史教育與國家認同〉，氏著《臺灣島、臺灣省、臺灣國》，頁6-7。

[149]參見《意識型態與臺灣教科書》，臺灣研究基金會企劃，頁85-87。

化」，清除中國的影響。

但是，在目前臺灣堅持認爲自己是中國人、臺灣文化是中國文化的一部分的人，也還有不少人。於是，圍繞著所謂「統」、「獨」問題，臺灣的學界和社會就其文化與政治認同，展開激烈的辯論，可以說是此伏彼起。由於觀點不同而導致學術團體的分裂和新學會的成立，也是層出不窮。如在1994年到1995年間，就有「臺灣政治學會」、「臺灣歷史學會」和「臺灣社會學會」的相繼成立，與以前有的、以「中國」命名的學會相抗衡。在臺灣史研究的領域，1987年已經成立了以王曉波、尹章義爲核心的「臺灣史研究會」。但在政治認同上，「臺灣歷史學會」和「臺灣史研究會」處於對立的狀態，前者追求具有「臺灣主體性的歷史觀」，而後者則傾向於注重臺灣史研究的中國框架，並注意大陸臺灣史研究者的成果。⑮

「臺灣歷史學會」所謂「臺灣主體性的歷史觀」，在該會成員對「光復節」的批評上可見一斑。1945年10月25日國民黨在日本戰敗以後以中國政府的身分收復臺灣，是「光復節」的來由。但對此「光復」，「臺灣歷史學會」提出質疑，並在1995年10月21日召開「尋找十月二十五日的歷史定位座談會」，集中闡述他們的觀點。他們認爲，臺灣爲盟軍所戰敗，不值得慶祝。如果要慶祝的話，也只能慶祝戰爭的結束，而不是「光復」。這種立場，其基本態度就是視臺灣爲日本歷史的一部分，而將清代統治臺灣的歷史（或臺灣與中國大陸之間的歷史淵源）排除在外。雖然這是在討論一個有關歷史的問題，但其問題意識則來自現實，即對1945年以來國民黨統治臺灣（特別是

⑮「臺灣歷史學會」出版有《臺灣歷史學會通訊》，集中反映了該會的立場。而「臺灣史研究會」則出版有《臺灣史研究會論文集》三集。

1987年解嚴以前的國民黨）所表示的一種不滿情緒。更主要的是，這一「臺灣主體性的歷史觀」反映了臺灣社會和民眾尋求一種新的民族認同的願望。這一認同臺灣、希望建設以臺灣為主體的民族國家的願望，標誌原有的「大中國」或「正統中國」的認同意識，正在逐漸消失。[151]

但是，就目前的狀況來看，這種對新的認同的追求還在進行之中，尚無法取得共識。上面有關「光復節」的討論，代表的是一個比較激進的例子。但這一討論的出現，也證明臺灣的歷史意識和歷史教育，正在面臨嚴峻的挑戰。因此，歷史教科書的編寫及其發行，不僅會在教育界和學術界引發爭論，而且還往往得到社會和媒體的關注。1997年國立編譯館履行其一貫的、也是最後一次職責（由於教材編寫和使用的進一步開放，教師從2000年起可以在多種教材中進行選擇，因此國立編譯館的教材，已不再是全臺灣統一使用的教材了），編訂了一套《認識臺灣》的國中教科書，分「歷史篇」、「社會篇」和「地理篇」，聘請學界人士撰寫。未料試用本出版以後，在立法院和社會上，激起熱烈的討論，集中反映了臺灣歷史教育的危機。

這一事件的主角是現任故宮博物院院長杜正勝（時任史語所所長），因為他負責主編國中教科書《認識臺灣》的「社會篇」，而他又是歷史學家、中研院院士，同時還擔任高中歷史教育編審委員會的主任委員。更重要的是，杜正勝對臺灣的歷史教育，提出了一套設想，稱之為「同心圓史觀」，因此在有關《認識臺灣》教科書的討論中，

---

[151] 有關臺灣最近有關一些抗戰節日所引起的爭論，參見張瑞德〈紀念與政治——臺海兩岸抗戰勝利五十週年紀念活動的比較〉，收入《紀念七七抗戰六十週年學術研討會論文集》（臺北：國史館，1998），頁1075-1138。

成爲批評者的主要目標。[152]作爲一個歷史學家，杜正勝深深明白歷史教育與國家認同之間的緊密關係。他說：「在現代知識分類中，歷史學應該屬於最可能反映現實社會的一種知識。」由於這個緣故，杜指出，過去的「大中國主義」的歷史教育，受到了政治形勢和意識型態的干擾，沒有反映臺灣在現代國際關係上和世界歷史上的正確位置，而是與中國大陸硬綁在一起。這種歷史教育，違反了歷史的「眞相」；因爲在他看來，雖然歷史可以有不同的解釋，但歷史研究的最終目的還是爲了展現歷史的眞相。不過在這同時，他又寫道：「我常常感嘆臺灣『國不成國』，政治民主化及言論絕對自由，並沒使臺灣更加團結以對付共同的敵人，反而給臺灣帶來更大的混亂。」[153]由此看來，他還是希望歷史教育能結合現實政治的需要，也即在建立臺灣國族認同的基礎上重新解釋歷史，以臺灣本土的歷史意識取代國民黨政府以前提倡的中國民族主義。

爲此目的，杜正勝提出了「同心圓史觀」，其中心問題是如何立足臺灣，看待臺灣與外界的歷史聯繫。用他自己的話說，就是要「由近及遠，從今溯古」。這一「同心圓」由四圈組成，第一圈是鄉土史，第二圈是臺灣史，第三圈是中國史，第四圈是亞洲史，然後第五圈是世界史。[154]這一歷史觀，與以前認同中華民族的歷史觀相比，呈現出一種開放、多層的性質，在歷史觀念上力圖反映臺灣社會本身的多元化和臺灣與外界的多重關係。但是，顧名思義，這一「同心圓」

---

[152] 杜正勝自認與這次爭論「息息相關，甚至是以我爲核心」。此言不差。見〈歷史教育與國家認同——臺灣歷史教科書風波的分析〉，氏著《臺灣心、臺灣魂》，頁157。

[153] 同上，頁149-161。

[154] 杜正勝〈歷史教育的改造〉，同上，頁141-142。

歸根結底還是有一個「同心」的，因此還是具有鮮明的民族史學的一元論傾向。

這「同心圓」的理論，自然是杜正勝首創，但就其實踐的層面觀之，則並非聞所未聞，因爲前述臺灣國小有關歷史知識的傳授，就遵循了這種「由近及遠、從今溯古」的原則。但杜正勝之提出這一理論，則似乎並非由此而得到啓發。身爲史語所所長，忙於深奧的史學研究，杜對國小的歷史教學，想來在這以前不會太多關心。他之提出「同心圓」的理論，與他喜歡外出旅遊、參觀博物館、遊覽歷史名勝有關。杜正勝於1970年代後期在倫敦進修，期間曾在英國旅遊，對其各地的鄉土博物館印象很深。在1990年代初期，他去了耶路撒冷，參觀了該城以古城堡改建的「耶城博物館」。他不免觸景生情：

> 我當時就覺得號稱臺灣古都的臺南能不能有個臺灣史縮影的博物館呢？論實物，也許會比「耶城博物館」更可觀。其他地區也一樣，我們有沒有讓外地來的人簡明扼要地了解當地歷史文化的博物館？我們有沒有激發當地子弟以鄉土為榮，而且讓外地人敬佩的地方博物館？[155]

由此啓發，杜正勝認爲鄉土文化與鄉土歷史，應該得到重視。他寫道，「合理的歷史教育就應該由近及遠」，「我們可以畫一個同心圓，中心點是自己，一圈圈往外畫，從你的家庭、親族、鄰里、鄉

[155] 杜正勝〈鄉土文化與鄉土歷史：兼談鄉土博物館之設立〉，《臺北縣立文化中心季刊》，35（1993・3），頁5。據林富士回憶，這是杜正勝首次提出「同心圓」觀點的作品。筆者感謝林富士的提示。杜正勝對旅遊的愛好，可見其〈行萬里路〉，《走過關鍵十年：文化關懷》，頁329-330。

黨、以至於本縣、本省、全國，最後是世界」。[156]以後，他更從中西史學傳統對鄉土史的重視及其影響，論證鄉土史的教學與研究，能有助培養親切的歷史感。「鄉土史是教育歷史觀念、培養歷史意識而避免流於空談的最佳門徑，一個學習者接受地下考古、地表景觀、建築藝術、宗教祭儀、父老傳述等等不同的信息，這些信息卻是最親切、最生活化的，於是綜合地體會個人在時間洪流與空間網絡中的位置。」[157]

但是，對於杜正勝這一由近及遠的歷史教育理論，熟悉歷史教育的人士則有所不滿，認爲小學裡面已經如此實行，到了國中、高中的階段，照樣循環重複，似乎沒有必要。杜正勝對此的答辯，並不十分有力：「其實近遠、並不是那麼機械的相關，我們是用這樣的概念適度地在小學時放進什麼、國中放進什麼、高中放進什麼、大學放進什麼。」[158]換言之，小學、中學和大學歷史教育的差別，只是知識深淺的不同。不過，這在理論上說說容易，要眞正在教學中，注意分寸，掌握深淺，則並不簡單。

對於杜正勝而言，他之提出「同心圓理論」，其目的只有一個，那就是認同臺灣。而爲了認同臺灣，就必須認識臺灣。雖然杜正勝只負責其中的「社會篇」，但整個《認識臺灣》教科書的編寫，卻顯然體現了他的構想。如前所述，在這以前，臺灣的國中歷史課程，以中國史、西洋史爲主，臺灣史的部分只被零星地提到而已。而《認識臺

[156] 杜正勝〈鄉土文化與鄉土歷史〉，《臺北縣立文化中心季刊》，35（1993．3），頁4。

[157] 杜正勝〈鄉土史與歷史意識的建立〉，氏著《走過關鍵十年：文化關懷》，頁373-374。

[158] 杜正勝〈認識臺灣與歷史教育〉，上揭書，頁399。

灣》的教科書，整個爲國中編寫，表現了臺灣歷史教育的重大變化，難怪社會與政界對之如此關注了。

《認識臺灣》的教科書，其「地理篇」沒有什麼爭議，爭論主要集中在「社會篇」與「歷史篇」。《認識臺灣》的「社會篇」，共分十章，從「吾土吾民」一直到「營造新臺灣」，內容涉及族群關係、宗教信仰、文化生活、經濟發展、民主政治和環境保護。其主要特點是，突出臺灣社會與文化的多元性，不僅在討論文化傳統上強調這一多元性，而且還指出其在族群上的表現。「社會篇」的作者（杜正勝、林富士、彭明輝）沒有把臺灣人的組成，分成漢人與原住民兩大類，而是分爲四大族群：原住民、閩南人、客家人和外省人（新住民），在通篇的表述中，沒有使用「中國人」和「中華民族」這樣的字眼。而且，雖然「社會篇」重視原住民的文化和傳統，但又強調「臺灣是一個移民社會」，把原住民也歸爲移民。這在理論上也許沒有什麼錯，但既是「原住民」，又是「移民」，文字上似有矛盾之處。另外，用「外省人」和「新住民」來稱呼戰後跟隨國民黨政府來臺的人士，一個「外」字，一個「新」字，似乎隱含他們還不是「臺灣人」的意思。如此看來，雖然作者想平等地對待各種「臺灣人」，但在實際上卻對原住民和外省人的地位，有所貶低，而突出了閩南人和客家人的地位。[159]

儘管「社會篇」的作者承認臺灣是一個移民社會，但又強調移民來臺以後「認同臺灣」的精神。在書的起始，作者就寫道：

---

[159]《認識臺灣：社會篇》（臺北：國立編譯館，1999），頁2-3。本書使用的版本是「正式本」，與爭論時所用的「試用本」有所不同。筆者在下面的討論中，將指出其不同所在。

> 臺灣本島南北長，東西狹，形若番薯。有些臺灣人自稱「番薯仔」，並用番薯象徵臺灣人的精神，寫下「番薯不驚落土爛，只求枝葉代代湠（傳）」的句子，很可以代表臺灣人落地生根的心情。⑯⓪

可是，雖然臺灣人想「落地生根」，但「將近四百年來，大部分時間，臺灣人民都不能決定自己的命運」。「原住民且不說，即使是漢人，歷經荷蘭東印度公司、鄭成功父子、清朝的統治、乃至成爲日本帝國的殖民地；任何一次政權的移轉，從未尊重在臺住民的意願。」這裡沒有直接指出戰後來臺的國民黨政府也是外來政權，但作者在下面寫道，臺灣人民的「當家作主」，到了1990年代中期經過公民直接選舉總統才開始，那麼其意思也就十分明確了。⑯①不過如果加以細究，還有模糊不清之處，因爲臺灣在民選總統以後，仍然由國民黨建立的中華民國統治，這一「中華民國」，到底是外來的還是本土的？

從「社會篇」的後面幾章中可以看出，作者其實不把「中華民國」視爲臺灣人的政權；臺灣人還需要進一步努力，「營造新臺灣」，而不是發展建設「中華民國」。在談到臺灣的環境污染時，作者把漢人與西班牙人、荷蘭人和日本人放在一起，都稱爲「他們」，而那個「他們」在統治臺灣時，破壞了臺灣的山川河流、美麗風光，更證明臺灣人有必要「營造新臺灣」。⑯②

像《認識臺灣》的「社會篇」一樣，「歷史篇」也沒有使用「中

---

⑯⓪同上，頁1。

⑯①同上，頁55。

⑯②同上，頁72-79。

華民族」這樣的字眼，而是一律用「漢人」。在「試用本」裡，還儘量避免用「中華民國」，而把1945年以後的臺灣歷史，稱爲「第二次世界大戰以後」。「正式本」才改以「中華民國在臺灣」稱之，仍然隱含「中華民國」並非臺灣人的政府，而只是「在臺灣」而已。⑯³「歷史篇」的作者（黃秀政、吳文星、張勝彥）在「導論」裡，把臺灣的歷史概括了四個主要特點：⑴多元的文化；⑵國際性；⑶對外貿易興盛；⑷冒險奮鬥和克服困難的精神。⑯⁴這一概括，顯然突出了臺灣歷史與中國歷史之間的不同，因爲一般常識中的中國，是一個農業文明的古國，「國際性」和「對外貿易」並不屬其特色。至於第四個特點，指的是漢人移民對臺灣歷史的貢獻，但所強調的不是他們如何將中華文明移植到臺灣，而是他們敢於開拓、創業的精神，又與常人眼中「閉關鎖國」的中國形象，形成對照。

從他們對臺灣歷史的分期來看，也可以看出一些新的、重要的特點。「歷史篇」將臺灣歷史分成六個時期，分別是「史前時期」、「國際競爭時期」、「鄭氏治臺時期」、「清領時期」、「日本殖民統治時期」和「中華民國在臺灣」。這樣的分期方法，削弱了中國大陸與臺灣之間的歷史聯繫，不但與以前郭廷以等人的作法截然相反，而且也與曹永和原來提出的臺灣是中華文明的延伸和擴展的主張明顯不同（教科書作者之一張勝彥也曾採用該主張——參見本書下編第二章）。在「國際競爭時期」，漢人在臺灣的活動，與日本人的活動，相提並論，也沒有提在這一時期以前（十六世紀以前）大陸政權與臺灣之間

[163] 吳文星在〈國民中學「認識臺灣（歷史篇）」科教材編寫的構想與特色〉一文中稱，「第二次世界大戰以後」比「中華民國在臺灣」更爲「中性」。《人文及社會學科教學通訊》，7：5（1997．2），頁36-41，引語見頁38。

[164]《認識臺灣》「歷史篇」（臺北：國立編譯館，1999），頁4。

的接觸。⑯⑤

「歷史篇」的另一個重要不同之處，在於對日本殖民統治臺灣的評介。這一評介的不同，表現在兩個方面：首先是其篇幅之大，不但超過了「清領時期」，而且也超過了其後的、「中華民國在臺灣」的時期。其次是對日本殖民統治正面評介的部分，與以往相比顯著增加。「歷史篇」用兩章來處理「日本殖民統治時期」，其下又分六節，其中「臺灣民主國與武裝抗日」和「政治與社會控制」兩節描述日本的殖民統治和臺灣人的反抗活動。而「殖民經濟的發展」、「教育與學術發展」和「社會變遷」三節，均讚美日本殖民統治時期的臺灣社會經濟文化的進步。最末一節「社會運動」，描述臺灣人政治意識的覺醒和政治參與的活動，對日本統治沒有批評也沒有讚美，屬於中性的處理。由此看出，作者（吳文星執筆）對日本對臺灣統治的評介，是功大於過。這一評介，與他本人在1970和1980年代對日本統治時期師範教育和社會變動的研究，也有了明顯的不同（參見本書下編第二章）。在以前的研究中，吳文星指出了日本人對臺灣人的歧視，而在「歷史篇」中，不僅將其輕輕帶過，而且還認爲日本人在臺灣推行「皇民化運動」的日文教育，「成爲臺人吸收現代知識的主要工具，促進臺灣社會的現代化」。在「社會變動」這一節，吳文星對日本人統治，讚美更多。他提到在那個時期，臺灣「人口激增」、「放足斷髮普遍」、「守時、守法觀念建立」和「現代衛生觀念建立」。在本節「研究與討論」的題目中，還要求學生「訪問學區內長輩，追憶日本殖民統治時期參加社區清潔活動的情形」。⑯⑥這些作

⑯⑤同上，頁14-22。

⑯⑥同上，頁71-81。

法，都突出了日本殖民統治「進步」的方面，與以往歷史書中強調其殘酷、殘暴的方面，形成明顯對照。對於日本在臺灣統治的這些新看法，也爲日本所注意。《認識臺灣》出版之後，日本的「臺灣研究會」將其譯成日文，於2000年出版，於是《認識臺灣》成爲第一本有日文版的臺灣歷史教科書。⑯⑦

正是《認識臺灣》教科書在這些方面所表現出的不同，使得它在試用期間，引起廣泛的爭議。對《認識臺灣》教科書的批評，主要由臺灣史研究會的王曉波、尹章義和那時新黨的立法委員李慶華爲首。他們提出的批評，引起社會各界的注意，媒體也加以廣泛報導，成爲整個臺灣關注的主要話題，大致從1997年6月3日開始，延續了近兩個月。李慶華等人的批評，由二十個問題組成，主要集中在以下幾個方面。(1)不提臺灣與大陸在歷史上的接觸；(2)用「中國大陸」而不是「大陸」，隱含臺灣和大陸爲兩個政治實體；(3)用「清領時期」和「日治時期」，貶低前者，褒揚後者；(4)不談孫中山等人在臺灣的活動和與臺灣人的聯繫；(5)不提臺灣人在日本統治期間所受到的歧視及其慘痛經歷（如慰安婦和充當炮灰）；(6)不提「光復」而用「戰後」；不用「中華民國」而用「二次大戰以後」和(7)用「新臺灣」，提倡臺灣獨立的意識。⑯⑧如果再進一步加以概括，這些批評主要集中在兩個方

⑯⑦《中國時報》2000年6月4日報導。該書由蔡易達和永山英樹合譯，日本雄山閣出版社發行。

⑯⑧李慶華〈認識臺灣或誤解臺灣？〉，（臺北：李慶華國會辦公室，1997）。對於這些問題的總結和批評，可參見Peter Kang, "Knowing Whose Taiwan? Consctruction of the Chinese Identity in the High School History Education of Taiwan,"《花蓮師院學報》，8（1998・6），頁217-235。這些問題針對《認識臺灣》的「試用本」，如「日治時期」和「二次大戰以後」，「正式本」改爲「日本殖民統治時期」和「中華民國在臺灣」。

面，一是反對《認識臺灣》教科書作者貶低臺灣與大陸之間的歷史、文化聯繫，鼓吹臺灣獨立，二是美化日本在臺灣的殖民統治，淡化其殘暴、凶狠的一面。李慶華指出，教科書是「假認識臺灣之名，行爲臺獨鋪路之實」，並要求與杜正勝等作者進行公開的辯論。王曉波則反對教科書作者用「日治時期」，認爲這一表述反映了以日本人爲主體的觀點，而以臺灣爲主體觀之，就應該是「日據」；臺灣雖經馬關條約被割讓，成爲日本國土，然而「我們不願承認這段歷史，就像日本人不會認定是『日據』一樣」。之後，雙方爭論愈益激烈，以至杜正勝在作公開解釋時，聽衆之間出現激烈爭吵。另外，也有人去教育部抗議，要求將教科書停止使用，造成「蛋洗教育部」的尷尬局面。[169]

這些事件的發生，證明《認識臺灣》教科書已經激起一場社會風波，教科書所觸及的臺灣的「認同」問題，已經在社會上受到了廣泛的注意。據其主角杜正勝自己的初步統計，有關這一風波，就有「新聞報導超過二百五十則，社論十八篇，專欄一百篇，還有臺灣流行的讀者投書也將近兩百篇。以上資料只限於公開發行的報紙，電子媒體如電視、廣播的評論和辯論，聽衆call in，以及個別的信函和傳單尚未計算在內」。他自己也感嘆道，這麼多的資料足夠寫一篇博士論文。[170]在爭論中，各方都投書給報紙，而通過爭論，各方的立場也愈

[169] 以上均見《聯合報》的有關報導，1997年6月6日，6月8日，7月12日和7月27日。

[170] 杜正勝〈歷史教育與國家認同〉，《臺灣心、臺灣魂》，頁158-159。有關這次爭論，報章雜誌開闢專欄討論，如《自由時報》(1997・6・16)；《聯合報》(1997・8・10)；《新新聞》，542 (1997・7・27-8・2) 和《當代》，120 (1997・8・1)。

益明顯。反對教科書的那一派，在一篇投書中寫道：「一部日本人統治臺灣的歷史，就是臺灣同胞抗日的歷史，其中展現的民族主義，多半來自中國大陸，這是臺灣同胞的主體性，也是中華民族的主體性，不可忽略，卻被忽略」。而教科書「強調『四大族群』也屬不恰當區分。試問：臺灣有閩南族、客家族和外省族嗎？大家都是漢族！原住民和漢族一樣，可列入中華民族」。⑰

支持教科書的一派，則支持杜正勝希望「認同臺灣」的主張，認爲雖然臺灣人中的絕大多數是漢人，但從大陸移住臺灣的漢人都已經「土著化」和「臺灣化」了，「與現今位於中國的漢人亦相去甚遠」。因此，臺灣有必要「重建臺灣教育主體性」，開展「臺灣的『本國史』教育」，反對和清除大漢沙文主義和虛構的「中華民族」。有的投書則乾脆主張要「獨立於中國之外」，把「中國的回歸中國、臺灣的回歸臺灣」。對他們來說，從認識臺灣到認同臺灣，然後再到臺灣的獨立，都是相互聯繫的重要環節。⑰

值得注意的是，這一爭論中也有原住民對教科書的批評。在《認識臺灣》的「社會篇」，有一處提到當時的漢人將原住民稱爲「番」，引起一些原住民的反對。在杜正勝就教科書進行答辯的時候，原住民盲詩人莫那能起來激憤地歷數漢人不尊重原住民的歷史。在莫那能看來，《認識臺灣》教科書，存在同樣的問題。除了把原住民稱爲「番」，而且還把原住民的歷史放在「史前時期」，把臺灣定義爲一個「移民社會」。教科書的作者還常常稱臺灣有四百年或數百年的歷史，

(171) 投書由蔣永敬、黃大受、尹章義、王曉波、陳昭瑛等人所寫，見《聯合報》1997年7月4日。

(172) 以上投書均見《自由時報》1997年6月6日，7月12日，7月21日，7月23日，7月28日。

等於無視原住民的存在。對於「社會篇」所採的「四大族群」的說法，莫那能也表示反對，提出應該先分成「原住民」和「移民」兩類，然後再往下細分。他指出，「社會篇」提倡族群融合，但實際上則是要由閩南人來「融合」其他族群，因此所謂的族群融合只是「空洞和虛僞的」。[173]

由此可見，雖然杜正勝以「同心圓理論」出發來定義《認識臺灣》教科書的宗旨，但卻受到激烈的挑戰。換言之，有關臺灣的認同問題，觀點紛陳、莫衷一是。杜正勝提出「同心圓」，自然希望臺灣社會能夠「同心」對外，共同建國，但臺灣社會在目前呈現出來的趨勢，卻不是一個「同心」兩字可以形容或概括的。臺灣目前存在的複雜的族群關係及其分化組合的暫時性（temporality），已經無法用傳統民族史學的規範來解釋了。如果我們把臺灣的族群關係比作一個多彩的光譜（spectrum），其暫時性就表現爲在幾乎任何一個時刻，由於某一政治或文化事件，這一光譜就會重新排位，變化出不同顏色的組合。因此，有人甚至已經開始倡導一種「後國家」的概念。[174]這在下章將再詳述。

事實上，從《認識臺灣》作者所劃分的「族群」來看，就已經表現出一種社會多元化的特色。「社會篇」的作者提出，臺灣目前有四大族群，即原住民、閩南人、客家人和新住民，不願採用以往漢人與原住民之間的籠統劃分，也放棄了一般通用的外省人、本省人和原住民的三分法。這一新的「族群」概念和族群的劃分，其形成基礎並不

---

[173] 見莫那能 (Monanen Malialiaves), "Ah Neng's Critique," *Positions*, 8: 1 (2000, Spring)，頁179-200。

[174] 對此評論可參見廖炳惠〈族群與民族主義〉，收入《臺灣民族主義》，施正鋒編（臺北前衛出版社，1994），頁101-114。

穩定，既想考慮政治態度上的差異，又想反映語言和生活習慣上的不同。但即便如此，在日常生活中，人們還是經常根據不同的場合，採用原來的劃分方法，顯示臺灣社會構成光譜的瞬息萬變。

杜正勝在解釋他主編教科書的宗旨時說，他的立場「只有一點，那就是認同臺灣」。[175]但在許多人看來，問題並不在於人們想不想認同臺灣，而是如何認同。臺灣是民主化了的社會，也即人民是臺灣的主人，但人民只不過是一個抽象的、甚至想像的概念；具體的人民是由上述複雜多變的族群關係以及人際關係組成的。認同臺灣的問題於是就變成一個在什麼時刻認同什麼族群的問題。圍繞歷史教科書的爭論，正好反映出族群之間形成共識的困難。[176]

其實，提出四大族群並考察其中的複雜關係，本身就是由於臺灣內外關係的變化，使得臺灣人出現認同危機之後的產物。社會學家張茂桂，對於臺灣的族群問題及其產生的根源，作過不少探討。他一方面指出，族群（ethnic group）這一概念，是西方社會學發展的產物。從韋伯開始，西方社會學家和人類學家開始用「族群」來取代「種族」（race），以突出種族差異之社會性。換言之，在他們看來，現代社會各個團體之間的形成與分化，並不完全是因爲體質、血緣和種族上的差異，更有風俗習慣、政治法律和社會教養的因素。這一重視「後天因素」的趨向，自1960年代以來在西方社會學界，開始普遍流行，使得學者在研究社會階層和團體的分化組合時，比較重視語言、宗教、移民來源、文化特質的使用、自我界定等方面。於是，人們在文化或

---

[175] 杜正勝〈從根扎起，認同這塊土地〉，《自由時報》1997年7月6日9版。

[176] 日本臺灣史專家若林正丈對此有不少論述，見氏著《臺灣：分裂國家と民主化》（東京：東京大學出版會，1992）。

國家認同的差別，就成了區分族群的一個非常重要的標準。[177]

另一方面，張茂桂又考察了臺灣學界對族群問題注意和關心的過程。在臺灣的國際地位沒有改變以前，臺灣從上到下，都被要求以「正統中國」的代表自居，因此唯有漢人與原住民之間，由於種族上的差異才有所區分。而在漢人之間，為了不影響政府與民衆之間的關係，外省人與本省人之間的分別也不予強調。隨著臺灣自1970年代內外的一系列變化，臺灣「中國」地位的喪失和臺灣人本土意識的增強，造成認同上的分化，使人開始注意到所謂「省籍問題」。國民黨光復臺灣之後，外省人佔據了政治、經濟和文化上的強權地位。但在本土化運動興起、特別是解嚴以後，臺灣政治反對運動的參加者則以本省人為主，使得省籍之間的差別愈益明顯，成為政治、經濟活動和社會文化的「組織原理」。隨著臺灣政府內部的本土化，外省人與本省人，也即族群之間原來的「不對等關係」，開始顛倒發展，使得族群之間進一步分化。而這一分化的主因，則是在認同中國還是認同臺灣上的差異。因此，雖然外省人、閩南人、客家人都是漢人，種族上沒有差別，卻能形成不同的「族群」。借用西方社會學家對族群的形成及其與民族國家的關係，張茂桂提出，以閩南人為主的本省人之所以希望臺灣獨立，與族群之間不對等關係的改變、國民黨集權統治的瓦解以及臺灣與大陸在地理上的分隔，都有關係，但更主要的原因是因為臺灣本省人渴求一個屬於自己的「部落偶像」。他們尋求這一「部落偶像」，有Benedict Anderson所說的「想像的」成分，但張茂桂認為對這一偶像的追尋，更有實在的成分。這一實在的成分，表現在

[177] 參見張茂桂〈關於「族群研究」與身分認同政治〉，發表於1997年社會學研討會，中研院社會學研究所。

本省人長期形成的共同的歷史、文化和生活的經驗，如與中國的長期隔離、移民文化的形成和臺灣工業化的成功等等。因此，臺灣人尋求獨立建國，是爲了將其歷史、文化經驗「正名」。[178]

由此可見，四大族群的提出，與臺灣人認同觀念的變化切切相關，而對於認同臺灣的倡導，又與臺灣最近十多年從政府到民間希求獨立建國的政治訴求直接有關。《認識臺灣》教科書之所以會引起如此大的社會反響，激起如此激烈的爭議，正是因爲書的作者直接間接地表達了如上的政治訴求。舉例而言，這一事件的主角杜正勝，一再強調《認識臺灣》對臺灣歷史和文化的描述，比國民黨的「大中國主義」的作法，更符合歷史的眞實，但他也不諱言他的「同心圓史觀」，與李登輝任總統期間提出的「新中原理論」，有相通之處。杜正勝曾在不同場合爲「新中原理論」作詮釋，同時他又指出：「從多元論來看，『同心圓』應該比『新中原』健康，不過同心圓理論的內涵與『新中原』則頗有相通之處。」爲了證明這一相通之處，他特別寫道，貫徹「同心圓」的歷史教學，是爲了使學生有一種多元的歷史觀、文化觀和對人生的博愛精神，而後者正是李登輝所希望的。[179]這一說明，並不容易理解，但卻能表明杜正勝之提出「同心圓理論」，亦有其政治意圖。

因此，從張茂桂借用西方的社會學研究，提出用族群取代種族來分析臺灣的省籍問題、認同問題，到《認識臺灣》教科書的作者之採

---

[178] 參見張茂桂〈省籍問題與民族主義〉，氏編《族群關係與國家認同》(臺北：業強，1993)，頁233-278。

[179] 見杜正勝〈新中原與同心圓——一種新的文化觀〉。另見杜正勝〈文化新中原的寓意與理想〉和〈新中原之我見〉，氏著《走過關鍵十年：文化關懷》，頁295-325，引語見頁325。

用四大族群來分析臺灣社會，又從歷史的角度突出臺灣歷史與中國歷史之間的差異，有著一個邏輯的聯繫。族群關係的形成，依賴「後天的」、歷史和文化的經驗，因此要認識這些族群之間的區分，歷史教育的改造就勢在必需。事實上，據江宜樺的觀察，強調族群之間的差別，反對種族和血緣的聯繫，為有臺獨傾向的人士所常用。江寫道：

> 基本上，獨派民族主義理論不訴諸種族血緣的用意是可以想像的。臺灣住民中絕大部分乃近代以降自大陸華南各地移民來臺者，以血緣論幾乎可以說都屬於漢人。真正與漢人血緣有差距者乃原住民，可是原住民人數極少，並非移民之祖先。強調原漢差別，只能導出原住民獨立建國，而非四大族群共同建國，這是臺獨民族主義論者轉而分析歷史文化或共同利害的原因。⑱⓪

而主張臺灣與中國最終統一的人士，則注意血緣與種族間的聯繫。如陳昭瑛對吳乃德所謂臺灣人有一段「悲情的歷史」的反駁，就是一例。而吳乃德之提出這一「悲情歷史觀」，正是為了強調臺灣人（主要是閩南與客家人）的歷史經驗，已經使得臺灣人與中國大陸人之間，有了明顯的不同。⑱①《認識臺灣》「社會篇」也接受這一「悲情歷史觀」，表示了相似的政治立場。⑱②

其實，無論是強調種族或血緣、還是強調族群差異，都有其根本的缺陷，那就是無法包容臺灣的所有住民，反而會製造一個「它者」

---

⑱⓪江宜樺〈當前臺灣國家認同論述之反省〉，《臺灣社會研究》，29（1998．3），頁176。

⑱①同上，頁179-181。陳昭瑛的反駁見其在《聯合報》1997年6月7日上的投書。

⑱②《認識臺灣》「社會篇」，頁55。

(the other)。這也是民族主義觀念及其史學的致命危險。在國民黨統治的時期,雖然強調五族共和,但又指出漢人與原住民的差別,不管漢人對原住民採取優惠還是歧視的政策,都使原住民感覺有大漢沙文主義的存在,使其認識到自己是一個「它者」。而所謂四大族群,看起來也包容臺灣的所有住民,但由於族群概念的使用就是爲了指出族群之間在認同臺灣上的差異,還把這一差異的形成歸之於歷史的原因,因此外省人與原住民感到自己成爲了「它者」。1997年《認識臺灣》教科書所引起的爭議,使人清楚地看到了這些問題。

五、反省與展望:民族史學之「後」

有關當今臺灣人的認同觀念及其相關的歷史意識的討論,上面的描述只反映了其中的一些方面,並不能概括其豐富的內容。事實上,以臺灣學術界的開放和多元,對於這些問題,已經出現了各種不同的探索,更有人試圖突破民族主義的思維方式,用新的理論和方式來思考這些問題。有趣的是,這些新見,往往出現在史學以外的領域。但雖然如此,這些新理論與新方法,也漸漸爲史學界的人士所注意並且有所採用(如新文化史研究的嘗試),因此也正在影響歷史研究的未來走向,值得重視。

如同上面所說,用族群或者種族來解釋在認同問題上的差異,都容易使某一社會階層或集團成爲「它者」。除此以外,還有一個重要的缺陷,那就是無論從種族還是族群的觀點出發考慮認同問題,都有片面的地方,無法全面地解釋人們在認同意識上的差別。同種族的人有不同的政治態度,選擇爲不同政權服務,屢見不鮮。一個比較突出的例子就是在日本統治時期,不少漢人自願成爲其助手,甚至因此而欺凌、殘殺同胞。而在臺灣本土化運動的發展過程中，也有不少外省籍的人士積極參與，如爲此自焚的鄭南榕，就是一個例子。相反觀之，臺灣本省人中，在文化上認同中國而不支持臺灣獨立的人，也有不少。

這些問題的存在，使得一些關心認同問題的學者，嘗試用不同的思考手段來加以探討。蔡英文便指出，在用民族主義的方式研究認同問題以外，還有一種「自由主義式的」思考手段。後者重視公民意識和人權的培養，主張讓全體公民在自由憲政的體制下，充分表達自己的意見，最後取得在認同問題上的共識。蔡英文寫道：「從『自由主義』的觀點來看，臺灣民族之主體的建構容易走向以某一多數之『族群』爲中心的政治與文化的支配，而產生偏激的『民粹主義』，侵犯性的『民族主義』，或者所謂的『族群』之集體崇拜。」於是，他希望在認同的問題上，能夠同時照顧到由於共同的歷史經驗所造成的族群「歸屬感」和由於個人生活經歷的不同而造成的、不同於這一「歸屬感」的認同選擇。⒀

這種重視個人、或公民的思考手段，顯然比純粹用族群或者種族血緣的觀點出發來考慮認同意識的形成，更能反映現代社會的特點，因而不再落入以往「物以類聚、人以群分」的思維窠臼。在1970年代提出「土著化」觀點而著名的陳其南，在這方面也作了不少努力。作爲一個人類學家，陳其南自然也深知社會階層和族群的重要，但他同時也身體力行，擔任「社區總體營造」的總工程師，提倡社區建設，培養公民意識。在陳其南看來，要想建設一個現代國家，當然要考慮

⒀ 參見蔡英文〈認同與政治：一種理論性之反省〉，《政治科學論叢》，8（1997・6），頁72-29，引語見頁78。

歷史和文化的因素，以及疆域地理的劃分，但唯有公民意識才是國家認同或政治歸屬的眞正基礎。陳其南寫道：

> 在一個現代的國家社會中，其構成的唯一基礎是「公民」，這個公民身分是國家社會型態的最終指涉點。在一個國家社會中，個體成員之間的關係本質必須徹底地第一優先地建立在「公民意識」的架構上，這個「公民意識」必須超越傳統封建的民族血緣與地方地緣關係之上，也必須凌駕近代中國所特有的「黨緣」關係。⒅

而要想普及這一「公民意識」，陳其南認爲必須從社區和職業團體的建設開始。兩者在臺灣都已經存在，但卻沒有能培養公民意識。就社區而言，環境衛生、交通秩序、犯罪防治等問題，一般都仰賴政府的管理，而沒有公民主動參與改造的意識。同樣，職業團體的構成和發展，在他看來也缺乏自主、自律的意識，還是指望政府的指導和干預。⒆

陳其南對「公民意識」的重視，與他對臺灣歷史和文化的構成及其特點的看法，有很大的關係。雖然他在1975年就指出臺灣移民文化在清末的「土著化」，以後爲臺灣學術界具有本土意識的人士所廣泛採用，以論證臺灣歷史與中國歷史的不同，但如本編第二章末尾所提到的那樣，陳其南本人並不認爲這一「土著化」的結果，已經使得臺灣社會和文化獨立於中華文明，即使在此之後過了幾百年的當代臺

⒅陳其南《公民國家意識與臺灣政治發展》(臺北：允晨，1992)，頁12。

⒆同上，頁12-18。

灣，在他眼裡還是屬於中國文化的一部分，其間的不同僅如大陸一些地方文化與中原文化的不同一樣。1987年他將有關「土著化」的論文結集出版，其書名爲《臺灣的傳統中國社會》，將其意思表達得十分明確。⑱⑥

雖然陳其南提出「公民意識」，號召社區建設，意圖突破民族主義思維的方式，但他實施這一設想的方式，則仍然通過政府的干預，由文建會出面領導（他本人在1993至1997年出任文建會副主任委員），並沒有「由下而上」，因此有理想與實際相互脫離的地方，其推行的成效也有可議之處。盧建榮以其親見所聞，對之有所批評。⑱⑦

值得一提的是，盧建榮本人對於民族（國族）認同的問題，近年來特別關注。1999年盧出版了一本新著，題爲《分裂的國族認同，1975-1997》，以小說爲基本材料，陳述、分析二十年間臺灣人在認同問題上的變化。作爲一個歷史學家，他的論述基本上還是以敘述爲主，陳列、排比事實，研究、分析其關係，但該著的出版，若就臺灣史學的發展背景來衡量，有其重要的意義。首先是盧所採用的「新文化史」的取徑，使他不但選擇了這樣一個探討集體心理變遷的題目，而且還在處理上，力求突破，以小說作爲史料，來檢視臺灣的上下層文化在這一認同問題上的互動和交流。的確，小說在現代社會中，扮演了文化交流的重要角色。雖然小說家往往屬於知識階層，成功的小說家甚至成爲社會名流，但其作品能否廣泛流通則往往取決於社會大衆的認可。因此選擇小說、特別是有一定流通量的小說來作爲史料，

---

⑱⑥參見陳其南〈臺灣史研究的政治意涵〉，《歷史月刊》，105（1999・10），頁55-59。《臺灣的傳統中國社會》由允晨出版。

⑱⑦盧建榮《分裂的國族認同》，頁261-271。

使人能一窺大衆社會的心理，比研究少數幾個政治家、思想家的言論，更能反映社會心理和文化的構成及其變化。

其次，盧建榮雖然就職於以研究古代史爲主的史語所，以中國中古歷史的研究爲其本行，但他卻選擇了這樣一個不僅「跨行」（進入臺灣史的研究領域），而且十分「當代」的題目，表現其不滿現狀、力求創新的態度。盧建榮自謂「獨學而無友」，但同時也提到他對「新文化史」的興趣，還能與蒲慕州、王汎森、熊秉眞等數人共享。⑱可見即使在中研院的歷史研究機構，歷史研究從觀念到手段、從理論到方法，都已開始有所變化，其主要表現爲前章所討論的生活文化史的興起；盧建榮的嘗試，只是更進了一步而已。

當然，以小說治史，並非不是史語所的傳統。史語所歷史組的第一任組長陳寅恪，其治史風格的一個重要特點就是運用小說、甚至詩歌作爲史料來寫作歷史。因此，盧建榮以小說爲史料，應該說並沒有背離史語所的傳統。但畢竟時代不同，盧之研究臺灣小說，顯然並不是爲了效法陳寅恪（儘管陳寅恪是其領域的前輩專家），而是出於其獨特的理論關懷，那就是後殖民主義的理論及其對民族史學的反省。在《分裂的國族認同》中，盧建榮並沒有明確提出他自己在認同問題上的態度，但細心的讀者能夠發現，他之寫作該書的宗旨，就是希望人們能跳出民族（國族）主義的思維模式，看到這一思維模式的「分裂」（ambivalence），也即在解釋和解決人們認同意識上的無力和無助。依筆者管見，盧建榮在書名上所用的「分裂」，並不是一般意義上的分裂，即一個物件之分爲兩半，而是取其英文的含義，有心理分裂的意思。後殖民主義理論家借用這一詞語，是爲了表達一種既愛又

⑱同上，頁8。

憎的複雜心理，又可指一件事物既好又壞的現象。[189]盧建榮用來作爲書名，希圖指出的是民族主義思維的那種「似是而非」或「似非而是」的特點。在他眼裡，其實不管是「中國人的認同」還是「臺灣人的認同」，都經不起解構，前者僅有百年來的歷史，而後者經過了中國人、日本人、又中國人，然後到臺灣人的轉變，而在這些國族認同的形成過程中，都不免傷害一個「它者」。《分裂的國族認同》，如此結尾：

> 在「中國人的認同」建構過程中，中國境內多少少數民族被迫放棄自我認同，這一頁中華帝國主義的歷史很易為人所輕忽。我們很容易看出西洋帝國主義和東洋帝國主義之不是，但卻唯獨對中華帝國主義賦予為惡的豁免權。同理，我也不願見到「臺灣人的認同」這股勢力對境內弱小做出「臺灣帝國主義」之舉。[190]

盧建榮力圖超越民族主義歷史思維的用心，在此可謂表達得明白無誤。

盧建榮探討認同問題，從觀點到方法，都與他對新文化史的興趣有關，而新文化史的興起，又與西方當代後殖民主義和後現代主義理論的興盛有密切的聯繫。在臺灣學術界，文學界的人士、特別是從事文學理論、文學批評的學者，對後現代主義和後殖民主義十分熟稔，寫作起來幾乎信手拈來、運用自如。如所周知，後殖民主義和後現代主義，若採一種廣義的理解，均是對所謂「現代性」或「現代主義」

---

[189] 參見 *Key Concepts in Post-colonial Studies*, eds. Bill Ashcroft, Gareth Griffiths, Helen Tiffin (London: Routledge, 1998)，頁12-14。

[190] 盧建榮《分裂的國族認同》，頁298。

的一種反省和批評。而現代社會的形成，與民族國家的建立幾乎同步，因此對現代主義的反思，自然也就包括了民族國家以及相關的政治和文化的認同問題。値得一提的是，後殖民主義和後現代主義並無意提出新的理論建構，但也許正因爲如此，因此它們對現代主義、民族國家和文化認同的解構和批評，便顯得特別犀利。1995和1996年由陳昭瑛挑起，陳芳明、廖朝陽、邱貴芬、廖咸浩等人參與的有關臺灣認同問題的爭論，可以見其一斑。

雖然這一爭論肇始於陳昭瑛在《中外文學》上所發表的一篇題爲〈論臺灣的本土化運動：一個文化史的考察〉，但從其題目來看，陳昭瑛是意圖對自解嚴以來的臺灣本土化運動，做一小結，提出自己的批評。陳昭瑛在寫作中，主要以陳述史實爲主，號爲「文化史的考察」，因此沒有像她以後的批評者那樣，在西方人的著作中引經據典，但她的考察，也顯示她對葛蘭西（Antonio Gramsci）的「霸權」（hegemony）理論和黑格爾的哲學，頗爲熟悉。陳昭瑛的「文化史」回顧，將臺灣的本土意識的形成和內涵，做了細緻的分析與解構。在她看來，臺灣人本土意識的形成，經歷了「反日」、「反西化」和「反中國」三個階段，分別是臺灣歷史和社會變動的產物。在前面兩個階段，臺灣意識與中國意識，在臺灣人心中有重疊的現象；「反中國」階段的形成，只是解嚴之後內外形勢變化的產物，其中包括「美日帝國主義的鼓勵，臺灣在與大陸隔離之下的獨自發展，大中國主義者的『反激』、國共兩黨的打壓都是因素，另有一種很實際的解釋是受到海外臺獨運動的鼓舞」。[191]在「反中國」的階段，所謂「臺灣主

---

[191]陳昭瑛〈論臺灣的本土化運動：一個文化史的考察〉，《中外文學》，23：9（1995・2），頁29。

體性」得到強調，將臺灣與中國、外來與本土、殖民與被殖民、中心與邊緣作二元的對立，但其實際的含義卻是企求擺脫所謂「中心」的控制，「自立爲王，品嘗身居『中心』的『美味』」。因此陳昭瑛認爲，這種主張「臺灣主體性」的觀念，仍然重複了民族主義的思維方式。她質問道，如果照此思維邏輯，那麼倘若臺灣獨立，那麼是否可以也讓身居所謂「邊緣」的原住民「獨立」？甚至，客家族群能否「也可以因不滿福佬沙文主義而走向分離主義？」⑲²她的論文，特別指出了原住民認同的變化和環境文學的興起，希望讀者能注意到這些常常爲各個時期佔據「主導地位」（無論是中國意識還是臺灣意識）所忽視的東西。

饒有趣味的是，陳昭瑛的批評者雖然對其立場不滿，但也像她一樣（陳芳明有所例外），希望跳出民族主義的思維方式來探討臺灣的認同問題。舉例來說，廖朝陽的〈中國人的悲情：回應陳昭瑛並論文化建構與民族認同〉一文，直截了當地指出陳昭瑛的立場，代表了一種「中國人的悲情」，而對臺灣人的「主體意識」，漠不關心。但他處理這一問題的取徑，則似乎更爲激進，希望能對認同這一意識的形成與轉變，作進一步的解構和清理。廖朝陽寫道：「如果本土化運動眞的是用一種絕對命令來取代另一種，只有內容的更換而無法在認知方面有所突破，那麼我們自然可以說，本土文化的主體性與中原文化的主體性是具有同質性的對立兩端，兩者都是『以一元論之整體性來理解歷史現象和文化現象的思想模式』。」換言之，廖朝陽也不願像陳芳明等人所追求的那樣，簡單地以臺灣的「主體意識」來取代「中國意識」，以達到臺灣獨立的目的。爲了避免在思想模式上重蹈覆轍，

---

[192] 同上，頁33-34。

廖朝陽借助齊切克（Slavoj Zizek）的「空白主體」的理論，提出最根本的方法是，避免將認同意識的內涵具體化，只建立一個「空白主體」，即一個空間，可以不斷接納新的內容、改變舊的內容。廖朝陽認爲，只有這樣，有關認同的問題才可以進行充分的、理性的討論，而一旦認同意識有一種具體的內涵，那麼就會產生一種「絕對的道德命令」，影響理性的思考。⑲³

在受到陳昭瑛和邱貴芬代表不同立場的指責以後，廖朝陽更爲明確地指出，如果不將認同意識的主體和內容分開的話，那麼有關認同問題的討論只是在原地打轉而已，並無法有眞正的突破。他打了一個比方，「認同主體」在他的界定下，可以看作是一個杯子，而認同的內容可視爲水。陳昭瑛、邱貴芬雖然立場不同，但都反對像廖朝陽那樣，將認同意識徹底解構。但在廖朝陽看來，他們兩人實際上沒有什麼區別。「一個要用中國認同來成立臺灣認同，一個認爲臺灣認同可以成立自己，其實都是拿水來裝水，也是一種偏執」。廖朝陽的「空白主體」說法，遭到代表不同立場的人的攻擊，可能是他始料未及的。他本人承認，他對認同問題的考慮還尚欠成熟，「希望把問題留給眞正的臺灣史專家」。⑲⁴但是，他從後現代主義的角度對民族主義思維的批評，卻顯出臺灣文學界人士力求在認同意識的理論問題上另闢蹊徑的意圖。

如果說廖朝陽所嘗試的是一種後現代主義的思考方式，那麼邱貴芬則傾向於借用後殖民主義。對於她來說，後現代主義雖然剖析有

---

⑲³ 廖朝陽〈中國人的悲情：回應陳昭瑛並論文化建構與民族認同〉，《中外文學》，23：10（1995・3），頁117-120。

⑲⁴ 廖朝陽〈再談空白主體〉，《中外文學》，23：12（1995・5），頁105-109。

力，但還是代表、甚至增強了優勢階層的影響，對女性和弱勢族群沒有幫助，反而有害。因此，她對後殖民主義情有獨鍾，對廖朝陽提出「空白主體」，頗有意見，認爲如果一切空白，那麼「臺灣在某一個未來的時間點採取中國認同的可能就不能完全封死」。⑲⑸可見她在解構之外，還希望對中國意識做徹底的批評和清理，表現了後殖民主義理論的戰鬥性。但她同時也對民族主義的思想模式，保持足夠的警惕。邱貴芬曾用後殖民主義的理論，對如何提倡和建構臺灣的主體性，有過以下的建議：

> 不少後殖民論述者認為，後殖民社會「抵殖民化」運動並非回歸殖民前文化。以臺灣為例，如果臺灣的歷史是一部被殖民史，則臺灣文化一向是文化雜燴，「跨文化」是臺灣文化的特性，「跨語言」是臺灣語言的特質。在破除殖民本位迷思的同時，我們亦需破除「回歸殖民前淨土淨語」的迷思。一個「純」鄉土、「純」臺灣本土的文化、語言事實上從未存在過。……臺灣語不是俗稱臺語的「福佬話」，企圖以福佬話取代國語的權威正統性，無異複製另一版本的殖民壓迫。⑲⑹

邱貴芬此處的告誡，有所針對性。自1990年代以來，不少臺灣學者的確企圖「重構」、「復興」所謂臺灣的「本土文化」，其中包括語言與歷史。在語言上，中研院出現了「典雅臺語班」，也即福佬話的講習

⑲⑸邱貴芬〈是後殖民，不是後現代——再談臺灣身分／認同政治〉，《中外文學》，23：11（1995・4），頁141-147，引語見頁145。

⑲⑹邱貴芬〈「發現臺灣」：建構臺灣後殖民論述〉，《中外文學》，21：2（1992・7），頁156。

班，由杜正勝創辦。杜正勝認爲，福佬話、或河洛話就是臺語，而「臺語是咱的普通話」。他寫道：「如果我們不排斥有一種代表臺灣的語言，河洛話之爲臺語不過表示臺灣絕大多數人口說的話而已，比較有可能成爲『國語』之外的『普通話』。」⑲⑦此處，杜正勝雖然說臺語是「國語」之外的「普通話」，但其意圖則顯然是希望能把臺語「扶正」，取代普通話，因爲臺語爲臺灣絕大多數人所使用。中研院開辦的「典雅臺語班」，只是福佬話的地位在臺灣急速上昇的一個例子。

如果提倡福佬話是復興臺灣本土文化在語言上的反映，那麼近年對平埔族的研究，則是在歷史方面的表現。本編第二章已經對史學界研究平埔族的狀況，有過比較詳細的討論，此處不贅。與提倡福佬話相比較，平埔族研究的開展更爲明顯地表明了力求「回歸」臺灣本土文化的努力。平埔族的研究者張隆志認爲，「追尋」這些「失落的福爾摩莎部落」的歷史，有助於認識臺灣的「殖民接觸史」。而平埔族的存在，則是臺灣歷史的「獨特而複雜的」歷史經驗。「平埔族群史的重新發現與獲得正視，除了因爲其作爲臺灣歷史上重要的『失落鎖鏈』(missing links)的實證價值之外，更深層的原因，應是其預示了重新理解島嶼臺灣作爲『多族群社會』的歷史特質的解釋前景。」⑲⑧換言之，平埔族的研究既能展現臺灣「殖民」以前的歷史和文化，又能表現臺灣歷史與中國歷史的不同。

的確，在一些提倡臺灣民族主義的學者眼裡，自十六世紀以後，臺灣的歷史就是一段「被殖民」的歷史。陳芳明在近年所發表的一系

---

⑲⑦杜正勝〈臺語是咱的普通話〉，氏著《臺灣心、臺灣魂》，頁239-240。

⑲⑧張隆志〈追尋失落的福爾摩莎部落——臺灣平埔族群史研究的反思〉，收入《臺灣史研究一百年：回顧與研究》，頁272。

列文字，比較突出的表現了這種思維方式。舉例來說，在陳昭瑛發表了〈論臺灣的本土化運動〉一文以後，陳芳明作了一篇較長的反駁。在文中，他首先分析了與臺灣人民有關係的大和民族主義和大漢民族主義，指出這兩個民族主義，都在臺灣建立了「霸權論述」。正是爲了對抗這兩種民族主義，臺灣意識才慢慢誕生並且成長起來。有趣的是，他在文中指出，臺灣意識的誕生，實際上早於中國人的民族意識，只不過由於後者的壓迫，才受到長期的壓抑。陳芳明在文中也借用了後殖民主義的一些觀點，如「反霸權」、「去中心」等等，但他又把臺灣民族主義與中國民族主義相互比較，強調前者早於後者、優於後者，由此來論證後者應該在新的時期獨立發展，可見他的思想模式，並沒有由於接觸幾個後殖民主義的名詞而有根本的改變。[199]

陳芳明的這一作法，爲廖咸浩所間接批評。廖咸浩指出，陳芳明和陳昭瑛都以文化歷史作爲背景來論述認同觀念的形成，不同的地方只是兩人的歷史解釋。對於廖咸浩來說，要想解決認同問題上的困擾，關鍵在於如何尋求突破民族主義思想模式的途徑。他的〈超越國族：爲什麼要談認同？〉一文，從題目上就明顯地表現了他的意圖。但是，與他臺大外文系的同事廖朝陽不同，廖咸浩不主張強調所謂的「空白主體」，而是希望人們注意到認同過程中的實際內容及其內含的問題。因此，他對廖朝陽運用齊切克的理論，有所不滿，認爲廖朝陽沒有注意齊切克在提出「空白主體」的時候，還主張要注意「天生的內在衝突」（constitutive antagonism），也即要注意「主體空白的事實常會與主體對『一個』主體性的過度追求形成一種衝突關係」。換言

---

[199] 參見陳芳明〈殖民歷史與臺灣文學研究——讀陳昭瑛「論臺灣的本土化運動」〉，《中外文學》，23：12（1995・5），頁110-119。

之，在用民族主義的方式建立國家認同的時候，常常會將某一個族群視爲「替罪羔羊」，成爲國家的「敵人」，用來號召和團結除此以外的人。廖咸浩寫道：

> 當我們把國家當成「一個」主體時，它的主體性彷彿就只能有「一個」，如此當然無法跳脫出典型的國族主義式的國家觀。在這個國家觀之下，國家的主體性勢必是同質而封閉的。不能與「主流」文化認同的少數文化必然會受到種種排斥與壓抑，以免造成主體的精神分裂。[200]

在廖咸浩看來，民族主義的思考方式，往往會根據需要，突出某一族群的地位，由此而傷害其它族群。要克服這一現象，不能僅僅靠口頭上強調族群的多元了事，而必須付諸於實際的行動，提供一個讓各個族群都能發言的場所。同時，廖咸浩認爲還必須考慮族群之外構成社會的成分，如性別、階級等等。他寫道，要處理好臺灣的認同問題：

> 我們就不能再迷戀民族主義，膨脹單一族群的「感情」取向；也不能只承認族群的多元，而忽略其他如階級與性別等次團體的存在。至於對待次團體的態度更不能只是消極的認可「誰要獨就讓他獨」，而需要照顧到所有不同團體的需求，積極營造能讓大家生活在一起的和諧氣氛。如此，第一要務就是學習如何溝通與相處，而不是如廖朝陽戒之再三的以「比聲音大」來壓霸別

---

[200] 廖咸浩〈超越國族：爲什麼要談認同？〉，《中外文學》，24：4（1995．9），頁71-72。

人！[201]

由此來看，廖咸浩或許會支持陳其南營造社區的作法。但廖朝陽對廖咸浩的觀點，則頗有反感，作文加以反駁。於是在《中外文學》的雜誌上，廖咸浩、廖朝陽這兩位同姓的臺大外文系的同事，展開了激烈的來回爭辯。雖然兩人都試圖嘗試借助西方的理論來突破民族主義的思維，但在爭辯中，也許是情緒化的因素，雙方最後都以「統」和「獨」這種簡單化的認同範疇來界定、指責對方，與他們討論的初衷相反。[202]

不過，廖咸浩認爲要處理認同問題，必須在注意族群關係以外，還注意階級、性別的不同的觀點，則得到邱貴芬的支持。從女性主義和後殖民主義的立場出發，邱貴芬認爲廖咸浩提出的「國家認同與階級壓迫的問題值得我們再進一步探討」。[203]在她評論許信良《新興民族》一書時，邱貴芬將這一觀點作了進一步的闡述。她肯定許信良認同理論的開放性和混合性，但她同時也指出其根本的缺陷：「從主體性別層次來看《新興民族》，這套國家理論最大的漏洞當然就是它純然以漢人男性爲主體位置來談論國家，而忽視了臺灣歷史過程中女性的記憶和男性記憶的差別。」[204]

---

[201] 同上，頁75。

[202] 廖朝陽、廖咸浩的多次來回爭辯均發表在1995年和1996年的幾期《中外文學》上，此處不詳列篇名和期數。

[203] 邱貴芬〈國家認同與文化認同不可混爲一談〉，《中外文學》，24：5（1995・10），頁127。

[204] 邱貴芬〈歷史記憶的重組和國家敘述的建構〉，《中外文學》，25：5（1996・10），頁13。

這裡，雖然邱貴芬沒有明確指出她所謂的「漢人男性」的主體論述指的是什麼，但其實並不難理解。臺灣目前的族群的組合，如果從女性的角度來看待，其中有不少問題。漢人中的閩南人、客家人和外省人，並不純粹，而是自古以來就由於婚姻的緣故而產生混雜的現象。在早期移民的時候，漢人常與原住民的女子通婚，但由於漢人對原住民的歧視，原住民的妻子往往不見於族譜、家譜，因此有「只有唐山公，沒有唐山媽」的現象。而1945年以後移民臺灣的所謂外省人中，特別是那些服役的老兵，也常常娶本省人的女子為妻。因此如果僅以男性為家長來劃分臺灣的族群，有不少問題，更不能有效地分析那些由族群之間通婚而生的第二、第三代臺灣人的立場。由此可見，用「族群」這樣的概念來構造臺灣的認同，有其根本的缺陷，因為不僅族群的劃分難以明確，而且使用族群還容易掩蓋其它的差別，如性別、階級等的不同。

廖咸浩和邱貴芬分別從階級和性別的角度，指出了用民族主義方式建構國家和文化認同的根本缺陷，進而尋求用新的思維和理論來處理臺灣人認同上的問題。類似的嘗試，不但見於文學界，也見於其它學科。1988年創辦的《臺灣社會研究》，一向以介紹、採用新理論為宗旨，代表了臺灣學界「左派」的立場。在《臺灣社會研究》上撰文的學者，如陳光興、趙剛等人，對民族主義的思想模式，批判更為激烈。廖咸浩等文學界的人士已經指出，如果依靠民族主義、或國族主義來建構或重構臺灣人的認同意識，容易重蹈覆轍，將社會中某一個族群或社團「分化」出去，使其成為「替罪羔羊」。而對陳光興、趙剛等政治和社會學者來說，這一現象不但可能，而且是必然的。因此，克服民族主義的思想模式，抵制臺灣國族主義、或福佬國族主義的抬頭和興盛，是臺灣學界的首要任務。江宜樺寫道：民族主義的思考模式，會把人群中「偶然呈現、性質猶有較大變遷餘地的」特質，固定下來。「而在固定我族形象的同時，往往需要以對比的方式建構另一個（或另一些）特質不同的他族。稱頌我族特質之優秀性、貶抑他族爲相對低劣的族群，藉此鞏固我族成員對自己族群的認可與歸屬感，培養民族的自信心」。㉕對於江來說，這是應該有所警惕的。

趙剛在一篇論文中，激烈反駁了張茂桂解釋西方社會學的理論，證明臺灣人在新的背景下尋求新的國家／文化認同，是一種歷史和心理的需要的論點。趙把張茂桂的理論，稱之爲「巫毒民族主義」，認爲它企圖凌駕於自由主義，訴諸臺灣人所謂的歷史文化心理，來爲臺獨政治服務。趙剛措辭激烈地寫道：

> 臺灣新興的族群民族主義當然還不可比擬於三〇年代納粹種族滅絕或刻在東歐、中歐進行的族群民族主義血鬥，但族群民族主義的發展非常有可能把臺灣帶到這個地步。這兩年朝野兩黨，特別是在選舉動員時，把「外省人」建構為一潛在「民族」敵人，也有了前南斯拉夫諸邦的兄弟屠殺（fratricide）的雛形了。臺灣內部的族群暴力衝突以及外部的與中國大陸的矛盾衝突的危機非常有升高的可能，而最重要的原因是巫毒民族主義進行的自戀與準宗教性的崇拜活動，將妨礙多元認同社會的產生以及利益政治的理性發展。㉖

㉕江宜樺〈當前臺灣國家認同論述之反省〉，《臺灣社會研究》，29（1998・3），頁185-186。

㉖趙剛〈新的民族主義，還是舊的？〉，《臺灣社會研究》，21（1996・1），頁61。

對於趙剛這一指控，張茂桂對其用詞之激烈，表示不滿，認爲不像是學術語言。但他的辯護，則是希望趙在批評他的時候，同時也看到他的認同理論，也主張「在面對對立的民族主義之間所可能發生的激烈衝突，我們必須理解而且戒慎地去避免」。207因此，他實際上也同意民族主義的思維，有其危險性。而對於趙剛來說，這種民族主義的、「本質論」的思想模式，不但會傷害某一族群，還會傷害女性，使其成爲「男性認同政治的犧牲品」。208

在批判臺灣民族主義的基礎上，陳光興爲《臺灣社會研究》寫了兩篇長文，全面探討在臺灣開展「去殖民的文化研究」之可能。所謂「去殖民」，其含義十分廣泛和複雜，但其焦點則在於要尋求在文化和歷史的研究中，清除殖民主義的遺產，而在這一遺產中，民族（國族）主義的思想模式是重要的一個部分。209在陳光興〈帝國之眼〉的長文中，他觀察到臺灣近年本土化運動的興盛、臺灣民族主義的崛起，加上其自七〇年代以來經濟的增長，已經使得臺灣的政府和學界，都有人在嘗試建立一種「次」帝國。臺灣商人之進軍東南亞，以及政府與學界共同製造的「南進論述」，都是重要的表現。但因爲臺灣在經濟和政治上，仍然得依賴西方和日本等老牌帝國主義，因此臺灣只是在尋求建立一個「次級帝國」。在這一「南進論述」中，臺灣一改其原來的「邊陲」地位，而成爲一個東南亞的中心。臺灣人也從被殖民者

207 張茂桂〈是批判意識型態，抑或獵殺巫婆？〉，《臺灣社會研究》，23（1996．7），頁263。

208 趙剛、侯念祖〈認同政治的代罪羔羊——父權體制及論述下的眷村女性〉，《臺灣社會研究》，19（1995．6），頁125-163。

209 陳光興〈去殖民的文化研究〉，《臺灣社會研究》，21（1996．1），頁73-131。

的角色，轉化爲殖民者。支持、提倡這一轉化的學界人士，從小說、歷史等各個角度，加以論證、闡述。如臺灣史的專家吳密察，就從歷史上的例子來說明，其實臺灣在過去也曾有機會成爲某種中心，不是像原來人們心目中以爲的那樣，一直處於被殖民的地位。陳光興對此情形，深感憂慮。他觀察道：「以往以『自由派』或是『本土左派』自居的人士，突然之間快速地向體制靠攏，爲國家機器主導、在野黨背書的南向政策找尋歷史、文化的理論基礎。」這一現象，使他產生不少的「困惑」：「難道這意味著新『歷史』階段的來臨？」陳光興對這個問題的思考答案是，這一現象，只不過是表明臺灣民族主義，已經爲政府「收編」了。原來的臺灣本土意識，是臺灣人反抗殖民論述、主體論述的方式。但「蔣氏中國國族沙文主義的瓦解由臺灣國族主義所延續，李氏的臺灣國民黨福佬沙文主義總結了本省／外省官方設定及動員的鬥爭架構；從歷史——理論邏輯上來看，爲反體制的臺灣國族主義劃上句點」。[210]他的結論是，臺灣的民族主義，事實上已經重複了以往臺灣人所經歷的殖民主義。

根據陳光興的分析，這一臺灣民族主義，產生於全球資本主義「重組的擠壓」，臺灣內部政治鬥爭和「社會力」的「多重壓力」和國家機器的「再結構」，有三個主要表現：「國族營造（nation-building），國家機器（再）打造（state-(re)making），次帝國形造（empire-forming）」。具體而言，

> 這個三位一體的霸權政治的接合主體是父權漢人福佬沙文主義

[210] 陳光興〈帝國之眼：「次」帝國與國族——國家的文化想像〉，《臺灣社會研究》，17（1994・7），頁165和頁203。

> 的國族資產階級。它的統合原則是以臺灣國族主義為基地，企圖收編解嚴後集權體制瓦解過程中散放出來的社會力。這個以國族主義為統合原則的霸權操作延續了蔣家國民黨的策略，將「中共」建構成假想敵（imaginary other）來營造「中華民國」及「中華」國族主義及「大中國」意識，現在仍然同樣地繼承這個傳統將「中共」形塑成巨大敵人，以掩蓋階級、性別、種族矛盾，來「統一」「臺灣」，再鑲入以美帝為霸主的新殖民結構，「向外」剝削處於全球資本主義結構中更為劣勢位置的地區之勞動力、生態及資源。[211]

陳光興用如此激烈的語言來批判臺灣的民族主義思維，其目的是想提倡一種新的思維方式和學術研究，那就是所謂「去殖民的文化研究」。這一文化研究的重心，是想摒棄和超越國族／民族主義，進行「破國族」(post-nation)的邊緣文化想像。這一詞語，其原意指的是「後國族」，但陳光興和他的朋友將它翻譯成「破國族」，取其字音，表現了陳光興對國族主義的強烈批判意識。他們要「破國族」，具體說來就是要破除「國族想像的僵硬路線」、「打破國族必然性的迷思」和承認國族之外、或之內的各種社會、政治結構和團體。[212]而文化研究的開展，就能幫助達到這一目的。

在以〈去殖民的文化研究〉爲題的長文中，陳光興借用了許多出身第三世界國家的學者的有關論著，詳細闡述了去殖民文化研究的各個方面及其宗旨。據他看來，文化研究的一個重要的宗旨，就是非但

[211] 同上，頁205。

[212] 同上，頁210。

要破除國族主義的思維模式，而且也要削弱文化想像中的認同意識，因為認同意識本身，就是殖民主義思維的繼續。陳光興寫道：

> 如果說殖民主義的基本文化基礎是種族歧視，它所造就的認同對象是施暴的殖民者，那麼新殖民主義的基礎則是認可差異性的多元文化主義（遮蓋了族群區分的主體），造就的認同對象是本土自我。或許，真正去殖民運動完成的指標在於自我在高度自覺的意識下去內化它者，這裡的它者不再只是種族、族群的分類，也是階級、性／別，地理位置……所反射的層級化差異都需要透過理解、互動，客觀條件的改變才可能逐漸地超越。(213)

從這樣的批判立場出發，陳光興對一般人用後殖民主義的理論來研究臺灣的認同問題，也提出不少批評。譬如，他認為近年對多元文化主義的提倡，如「四大族群」或「五族共和」等，只是將各種文化加以收集，放在櫥窗裡面展覽，因此未嘗不是主體文化力圖對之「全面控制」的表現。而文建會的社區命運共同體的運動，也是為了將「原先具有去殖民色彩的本土化運動轉化成打造國族文化的先頭部隊」。簡而言之，陳光興的意見是，要想在後殖民的時代對殖民主義的遺產加以清理，就必須走出民族主義的陰影，不為獨立建國的思維所束縛。他指出，提出「臺灣其實一直是世界的中心」，臺灣文化一直有其「自主性」，或重新肯定「日本殖民主義其實比國民黨對臺灣更有貢獻」等等說法，都只是「對殖民主義的反動，並沒有對長遠的文化去殖民運動奠下分析性的基礎，只是在效果上服務於政治的獨立建國運

---

(213)陳光興〈去殖民的文化研究〉，《臺灣社會研究》，21（1996・1），頁100。

動」。㉑④

對於臺灣近年的歷史研究，陳光興的批評更爲激烈。他觀察道，

> 臺灣最近幾年充斥著一種現象，就是大量歷史被重新創造，臺灣史的研究也不斷的風起雲湧，如重審美麗島、二二八或白色恐怖等；……這種大量的歷史的書寫或改寫是在搶奪歷史的詮釋權，這詮釋權是具有前瞻性，而非完全對過去的回溯。很多的歷史書寫常常是從自己的政治立場或意識型態立場而寫，其目的可能是為了獨立建國或鞏固既有的權力結構，重要的作用是非常有選擇性的來組織人民的記憶。㉑⑤

他的這些觀察，並無多少原創性，因爲可以說自古以來，歷史寫作就難與政治相分離。臺灣史學在近年的變化和發展，自然也不是例外。但是，陳光興從一個旁觀批評者的角度，來再次指出這一現象的現實存在，也值得治史者的警惕。

要保持這一警惕，也就需要對以往的歷史研究傳統，作進一步的反省。這一反省的起點，應該還是從本書的起始部分所討論的「史料學派」的實證主義學風開始（日本人在臺灣史學界的影響，似乎也可歸入其內——詳本書上編第一章）。這一傳統在當今的臺灣史學界，仍然有其影響，主要見於兩個方面。第一是歷史觀念的部分；第二是史學方法的部分。從中國近代史學的發展著眼，傅斯年等人的「史料學派」似乎沒有很明顯的理論傾向，其實不然。「史料學派」對歷史

㉑④同上，頁103和頁123-124。

㉑⑤陳光興〈帝國之眼〉，《臺灣社會研究》，17（1994・7），頁206。

眞相的追求、對考證史料的重視，與民國初年的文化變遷有緊密的聯繫。傅斯年等人之所以推崇科學主義，正是由於他們這一代人認爲，中國以往的傳統中太不重視這一點，因此造成近代中國貧窮積弱的局面。因此，他們對眞相、事實的崇敬，正是爲了建立民族史學的需要。易言之，科學主義也還是符合政治需要的。這點在西方近代史學的發展中，也同樣如此。西方史學界提倡科學史學的時候（十九世紀），正是西方國家殖民征服所向無敵的時期；他們以科學主義來告訴非西方的人士一個歷史的「眞相」，那就是唯有遵循西方發展的路向，才能擺脫貧窮和積弱，在現代世界生存立足。於是，科學主義與民族主義相互攜手，主導了二十世紀史學研究的世界性潮流。

臺灣史學的發展，一直朝著科學化的方向發展，而這一科學化傾向，又一直未能眞正擺脫「史料學派」的模式。1960年代中期以來，社會科學予以史學以強大的衝擊，但持續十年以後，便開始爲人所不滿，加以反省。而反省的結果是尋求「社會科學的中國化」，也即把「史料學派」所代表的考證史學重新扶爲正統。1987年解嚴以後，臺灣社會日益走向多元化、國際化，於是有了重新認識歷史的需要。雖然各種探尋的結果和手段已經很不一樣，但史學應該揭示所謂「歷史眞相」的觀念，仍然支配著歷史研究的大部。

舉例來說，史學界最近幾年對以往歷史教育、歷史研究的反省，常常以指責其歪曲歷史「眞相」作爲開始，而他們之改寫歷史，則是爲了重現歷史的「眞相」。杜正勝在爲他參與《認識臺灣》教科書一事答辯時說，歷史研究以「求眞」爲目的，古往今來都是如此，而他之提出「同心圓理論」，是爲了清除原來歷史教育中的「大中國主義」，以給予臺灣學生「眞實與人格教育的歷史」。換言之，他認爲他的「同心圓理論」，才代表了歷史的眞實。他對「大中國主義」史觀的批評，也採用了「史料學派」的方法，鋪陳了中國各代「正史」和府志中的有關記載，指出「臺灣之隸屬中國自清朝才開始」。[216]周婉窈在一篇新近發表的論文中，也作了相似的努力。她收集了許多相關史料，寫作了〈明清文獻中「臺灣非明版圖」例證〉。[217]這些例子都說明，史家的「求真」意圖和運用科學實證的方法，亦可用來展現政治立場，申揚政治意識。指出這一點，並不表明我們應該放棄史家「求真」的理想，而只是想說明，歷史研究「求真」的過程，並不處在一種「真空」的狀態中，而總是與時代、政治的脈搏緊密相連。筆者以為，認識到這一點，不但無害，而且還有助於史家隨時警惕自己的所為，從而更接近「求真」的目的。

從臺灣史學界目前的狀況來看，史學工作者對其史學傳統在觀念和方法兩個方面的反省，似乎還做得不夠，至少在理論的層面是如此（鄧元忠從開展文化史研究的角度，提出「反省史學」，或許是一例外）。[218]當然，文學界、社會科學界人士在歷史意識、認同意識建構上的批評和反省，在某些人看來，也有過於熱衷追隨西方新理論（後現代主義、後殖民主義等）的嫌疑，以至脫離和忽視臺灣的社會現實和具體條件。[219]但是，這些批評和反省，對於史學工作者來說，應當

---

[216]參見杜正勝〈歷史教育與國家認同〉和〈臺灣之隸屬中國自清朝才開始〉，氏著《臺灣心、臺灣魂》，頁149-161和頁176-185。

[217]周婉窈〈明清文獻中「臺灣非明版圖」例證〉，《鄭欽仁教授榮退紀念論文集》（臺北：稻鄉，1999），頁267-293。

[218]鄧元忠〈反省史學初議——從中國史學發展的反省談起〉，《國史館館刊》，復刊第23期（1997・12），頁69-82。

[219]參見廖炳惠〈在臺灣談後現代與後殖民論述〉，收入張京媛主編《後殖民理論與文化認同》（臺北：麥田，1995），頁213-232。

說有他山攻錯之效，至少能讓史家對民族主義史學的內涵，有更清楚的體認，由此或許能有所突破。值得一提的是，在實踐的層面，史學家當中希圖用新的歷史思維、史學方法研究歷史的，也不乏其人。上述盧建榮以新文化史的觀點，研究臺灣人的歷史意識，就是一個顯例。林富士從事所謂「小歷史」的研究，也代表了一種有意思的現象，或許可以與西方史家近年的「微觀史」研究相比仿。[220]除了這些個別的例子以外，本編第三章中所討論的生活文化史，其實也正反映了臺灣史家走出民族史學，也即政治、軍事和外交史的藩籬，開拓新的領域，嘗試新的方法的諸多表現。這一文化史研究的趨向，與反映臺灣社會本土意識的臺灣（民族）史研究之間，犬牙交錯，既有內在的衝突，又有外在的關聯，形成一種錯綜複雜的聯繫，眞切地反映了臺灣內外政治動蕩變幻對史學研究的影響，同時也指出了二十一世紀臺灣史學的基本走向。

[220]林富士《小歷史——歷史的邊陲》（臺北：三民書局，2000）。有關西方史學中的「微觀史」，參見王晴佳、古偉瀛合著《後現代與歷史學：中西比較》（臺北：巨流，2000）第五章第二節。

索引

五劃

六劃

七劃

八劃

九劃

十劃

十一劃

十二劃

十三劃

十四劃

十五劃

十六劃

十七劃

十八劃

二十劃

二十一劃

國家圖書館出版品預行編目資料

臺灣史學五十年(1950-2000)：傳承、方法、趨
向／王晴佳著. -- 初版. -- 臺北市：麥田
出版：城邦文化發行, 2002〔民91〕
面； 公分. --（歷史與文化叢書；20）
參考書目：面
ISBN 986-7895-81-9（平裝）

2. 臺灣－歷史－現代（1900- ）

601.9208 91012873

讀者回函卡

謝謝您購買我們出版的書。請將讀者回函卡填好寄回，我們將不定期寄上城邦集團最新的出版資訊。

姓名：＿＿＿＿＿＿＿＿＿＿ 電子信箱：＿＿＿＿＿＿

聯絡地址：□□□＿＿＿＿＿＿＿＿＿＿＿＿＿＿＿＿

＿＿＿＿＿＿＿＿＿＿＿＿＿＿＿＿＿＿＿＿＿＿＿＿

電話：(公)＿＿＿＿＿＿＿＿ (宅)＿＿＿＿＿＿＿＿

身分證字號：＿＿＿＿＿＿＿＿＿＿（此即您的讀者編號）

生日：＿年＿月＿日 性別： □男 □女

職業：□軍警 □公教 □學生 □傳播業
□製造業 □金融業 □資訊業 □銷售業
□其他＿＿＿＿＿

教育程度：□碩士及以上 □大學 □專科 □高中
□國中及以下

購買方式：□書店 □郵購 □其他＿＿＿＿＿

喜歡閱讀的種類：□文學 □商業 □軍事 □歷史
□旅遊 □藝術 □科學 □推理 □傳記
□生活、勵志 □教育、心理
□其他＿＿＿＿＿

您從何處得知本書的消息？（可複選）
□書店 □報章雜誌 □廣播 □電視
□書訊 □親友 □其他＿＿＿＿＿

本書優點：□內容符合期待 □文筆流暢 □具實用性
（可複選）□版面、圖片、字體安排適當 □其他＿＿＿＿＿

本書缺點：□內容不符合期待 □文筆欠佳 □內容平平
（可複選）□觀念保守 □版面、圖片、字體安排不易閱讀
□價格偏高 □其他＿＿＿＿＿

您對我們的建議：

＿＿＿＿＿＿＿＿＿＿＿＿＿＿＿＿＿＿＿＿＿＿＿＿